高中历史教学设计丛书

总主编　何成刚

高中历史教学设计
经济与社会生活

主　编　刘汝明　赵文龙

復旦大學出版社

内容提要

本书是“高中历史教学设计丛书”中的一册。“高中历史教学设计丛书”（共7册）是依据《普通高中历史课程标准》（2017年版），基于教育部统编历史教材而编写的高中历史教学设计参考用书。

本丛书以培养学生的历史学科核心素养为目标，遵循从“单元教学设计”到“课时教学设计”的基本思路，兼顾各单元间的逻辑联系；大多采用同课异构的方式，编写了适应合格性考试和选择性考试要求的两套教学设计；以史学阅读为前提，注重将史学研究成果转化为教师“教”与学生“学”的有效资源。

本丛书可与“历史课标解析与史料研习丛书”（共7册）配套使用，初中或中职的历史教学均可参考。

总 序

编写高中历史新教材，不容易；用好高中历史新教材，更不容易。

用好高中历史新教材，导向在于培养学生历史学科核心素养，关键在于历史教师要以深度史学阅读为前提。当然，历史教学不等于历史研究，但不可否认的事实是，历史学科核心素养的提出，进一步推动历史教学越来越依赖历史研究，这已成为越来越多的历史教师的"基本共识"。可以说，如果没有深度的史学阅读，深入理解高中历史新教材，创造性地使用高中历史新教材，培养学生历史学科核心素养很有可能流于形式、陷入空谈。可喜的是，重视史学阅读，重视将史学成果和史料资源转化为有价值的教学资源，使之更好地服务于情境创设和问题设计，已成为越来越多的历史教师进行教学设计和教学实践的"基本常识"。"无阅读，不教学""无史料，不教学"的教学理念越来越深入人心。实践证明，在开展史学阅读和史料教学方面进行积极探索的历史教师，专业发展往往会更显著一些。

考虑到高中历史教师日常工作繁忙、无暇进行深度史学阅读的实际情况，我们在复旦大学出版社的支持下，编写出版了"历史课标解析与史料研习丛书"(7 册)，分别是：《历史课标解析与史料研习 · 中国古代史》《历史课标解析与史料研习 · 中国近现代史》《历史课标解析与史料研习 · 世界古代近代史》《历史课标解析与史料研习 · 世界现代史》《历史课标解析与史料研习 · 国家制度与社会治理》《历史课标解析与史料研习 · 经济与社会生活》《历史课标解析与史料研习 · 文化交流与传播》。编写这套丛书的目的就在于为广大高中历史教师深入理解课程标准，深入理解高中历史新教材、创造性地使用高中历史新教材，培养学生历史学科核心素养，提供史学支撑。

为进一步提高高中历史教师创造性使用高中历史新教材的能力，我们基于《普通高中历史课程标准》(2017 年版)，依托史学阅读，遵循史料研习理念，坚持培养学生历史学科核心素养的初心，又编写了"新课标高中历史教学设计丛书"(7 册)，分别是：《新课标高中历史教学设计 · 中国古代史》《新课标高中历史教学设计 · 中国近现代史》《高中历史教学设计 · 世界古代近代史》《新课标高中历史教学设计 · 世界现代史》《高中历史教学设计 · 国家制度与社会治理》《高中历史教学设计 · 经济与社会生活》《高中历史教学设计 · 文化交流与传播》(后出版的几册因有关情况，书名中未出现"新课标"字样)。在进行教学设计过程中，我们遵循从"单元教学设计"到"课时教学设计"的基本思路，同时兼顾各单元内容之间的逻辑联系。考虑到历史学业水平的不同要求，我们针对高中历史新教材中的每一课，基于同课异构设计思路，分别编写了适应合格性考试和选择性考试要求的教学设计①，希望能为高中历史教师进行教学设计和教学实践提供参考和借鉴，以节约备课时间，提高备课质量，达成教学效果。

大家普遍反映，既要在一个课时内完成高中历史新教材一课的教学任务，又要培养学生的历史学科核心素养，对很多高中历史教师而言，是一个难以解决的矛盾。我们编写的每一个教学设计，出发点和落脚点都在于培养学生的历史学科核心素养。但实事求是地说，对一些高中历史教师而言，并不是所有的教学设计都能在一个课时内有效实施。在此，我们想强调的是，我们编写本套教学设计丛书，希望在教材分析、教学目标制定、教学过程设计，特别是史料选取和问题设计等方面，给高中历史教师提供备课和教学的有益参考和借鉴，不希望高中历史教师不考虑学情地运用“拿来主义”，反对“全盘照搬”和“复制粘贴”，因为我们都知道，并不存在可以“放之四海而皆准”的教学设计。

本教学设计丛书亦可供初中历史教师借鉴和参考。

何成刚

教育部课程教材研究所研究员

① 世界古代近代史、经济与社会生活，采用的是“单元设计＋课时设计”的编写思路。

前 言

本书为教育部基础教育课程教材发展中心何成刚研究员总主编的高中历史教学设计丛书中的一册，依据《普通高中历史课程标准(2017年版2020年修订)》和普通高中历史教科书《经济与社会生活》编写而成，供同行们实施高中历史新课程时参考使用。为方便大家理解本书编写主旨，现对本书的编写体例加以简要说明。

《普通高中历史课程标准(2017年版2020年修订)》明确规定了历史课程的育人功能价值，对教学设计和实施、学业质量标准等也提出了明确的要求。本书编写时突出单元教学设计，每个单元包括“单元教学设计”“课时教学设计”和“学习资源拓展”三大部分。

“单元教学设计”部分由“单元学习主题和单元学习目标”“单元学习重点与难点”“单元教与学设计”等内容构成。在梳理各单元内容结构的基础上，提炼单元学习主题；依据课标要求和各单元学习的价值拟定单元学习目标；在分析课时教学内容及其联系的基础上，预估学生学习的困难，确定单元学习重点与难点；单元教与学设计依据单元主干知识和教材预设的问题，梳理单元学习问题链，并提出单元“教与学活动”方式建议。单元教学设计依据历史发展的逻辑和单元学习的价值，着眼于在单元教与学的活动中发展学生的历史学科核心素养。

“课时教学设计”部分是本书的重点，也是单元教与学实施思路的具体化。课时教学设计充分尊重本模块统编版教科书的内容逻辑，包括“学习目标”“学习重点”“学习难点”“教与学活动”等内容，其中主体内容是“教与学活动”。在每课教与学的活动设计中，我们既强调核心概念理解和知识结构的建构，更注重通过“情境—问题—任务—活动”驱动课堂学习的深入，训练历史学科关键能力，提升历史认识水平，从而达到发展历史学科核心素养的目的。情境创设、问题设计和学习指导设计时，特别关注学业质量水平4的要求，试图在史料(材料)研习中实现知识结构建构、关键能力提升、历史认识发展等的同步，提升课堂教与学的水平，促进选修选考本模块的同学们的综合素养发展。

“学习资源拓展”部分，按课程标准要求和教科书内容结构，每课提供了约10则拓展阅读材料，为师生理解教科书、进行个性化教与学设计提供原始史料、学术资料和学术观点等方面的支撑。这些拓展学习资源，既可以提供给学有余力的同学参考，也可以用来调整教学设计以适应所教班级学生的需求，丰富学习资源和路径，更好地服务本模块课程的实施。

需要说明的是，本书中的单元教学设计和课时教学设计，均是编者基于自己对本模块课程的理解，为大家提供的一种教学实践思路，仅作为一种借鉴，一种参考，一种启发，一种帮助。由于教育的地区差异、教师对本模块课程理解的差异，我们倡导教学设计的多元性、开放性和针对性。特别建议同行们一定要关注所教班级的学生现状与需求，因为在选学选考的背景下，不同专业发展意愿、不同职业追求的学生，对本模块学习的关注点、路径和方法也存在差异，期待各位同行在充分尊重本班学生群体需求的基础上，创造性地利用本书中提供的设计思路和学习资源，做出更丰富、更有创新性的教与学的设计，为选修选考本模块的同学提供更优质的课程研习方案。

在落实立德树人的根本任务、深入推进新一轮课程改革的过程中，我们面临的困难和难题是相同的，但是，我们认为，只有坚持不懈的专业阅读，才能提升我们自身的专业素养，坚持以学生为中心和以学习为中心进行单元教学设计，按历史发展的脉络去组织"史料(材料)研习"式教学，才能最大限度地提升历史学科课程的育人品质。希望我们的粗浅的尝试，能为提高历史学科教育教学质量做出一点贡献。本模块专业性极强，书中难免存在这样那样的不足或错漏，敬请同行批评指正。

编者

2021年3月于北京

目　录

第四单元　村落、城镇与居住环境 / 刘汝明

第五单元　交通与社会变迁 / 孙淑松

第六单元　医疗与公共卫生 / 雷　洋

第一单元

食物生产与社会生活

第一部分

单元教学设计

单元学习主题和目标

1. 课标要求与分析

课标要求：知道人类由食物采集者向食物生产者演进的过程及意义；知道古代不同地区的食物生产及其对社会生活的影响；了解新航路开辟后食物物种交流及其历史影响；了解现代农业、渔业发展过程中，人类在食物生产、储备等方面的进步，认识消除饥饿和食品安全在人类历史上的重大意义。

食物生产与人类的生存和发展息息相关。远古时期，人类长期以采集和渔猎为生。进入农耕定居生活后，食物生产为人类生存提供了相对稳定的食物供应，也为人类从事各种创造活动提供了物质基础。因生产力水平与自然环境的差异，亚洲、非洲、欧洲和美洲的农业各具特色，孕育出各自不同的古代文明。新航路开辟后，世界日益连成一个整体，不同地区的食物物种开始在全球范围内大交流，丰富了人类的食物种类，改善了人类生活，也对生态环境产生了深远的影响。工业革命后，农业生产现代化改变了传统的食物生产方式和储备方式，有利于保障人类的粮食安全和消除饥饿。

现实中，我们每天都食用各种食物，但学生对食物生产及食物演进的历史并不熟悉。学习本单元，需要明晰食物生产的历史阶段性，概述不同历史阶段食物生产的主要特点，并在特定的历史条件下分析食物生产、加工对人类社会发展的影响，进而认识食品安全与社会稳定、发展、进步的关系。

2. 单元学习主题

本单元可围绕“食物生产的发展为人口增长和人类文明进步提供了物质基础”这一主题展开，重点培育学生的唯物史观、时空观念和历史解释等学科核心素养。比如，唯物史观的培育，可通过不同地区农业的出现所带来的影响等问题的分析，引导学生认识经济活动对政治思想文化发展所产生的作用，还可以通过分析不同地区生产力发展水平的差异与农业生产形态的关系，引导学生认识生产力在社会发展中的决定作用等。再比如，时空观念的培养，可通过强化不同历史阶段食物生产方式的差异，理解不同历史发展阶段食物生产的影响，也可以通过历史空间的差异理解不同地区食物生产的特色；而引导学生分析食物生产出现、物种交流、现代农业生产等问题所产生的影响，可以发展学生解释历史现象和历史问题的能力。

3. 单元学习目标

（1）通过阅读原始农业、畜牧业产生的相关历史资料，了解不同地区原始农牧业的兴起，认识食物生产出现及不同地区的特点，理解原始农业兴起所产生的深远影响。

（2）通过梳理新航路开辟后美洲作物传播的具体史实、梳理新航路开辟后传播到美洲地区的物种相关史实，建构新航路开辟后世界不同地区食物物种交流的知识结构，认识新航路开辟后全球食物物种交流所产生的历史影响。

（3）通过阅读材料，从生产经营模式、生产方式、育种技术发展和畜牧渔业生产现代化等方面认识食物生产现代化的具体表现，了解近代以来食物储备技术进步的具体表现，认识食物生产现代化的作用，认识食品安全和粮食安全问题的严重性并能提出相应的解决策略。

（4）通过了解不同历史发展阶段食物生产的具体表现及特点，分析食物生产发展变化的趋势及成因，认识食物生产对人类社会发展所产生的影响。

单元学习重点与难点

1. 学习重点分析

本单元的学习重点是食物生产在不同历史阶段的特点及影响。

从本单元各章节的知识结构看，食物生产随着历史的发展及不同地区的自然条件差异而各具特点。从历史发展阶段看，涉及古代、近代和现代三个历史阶段。从空间看，涉及亚洲、非洲、欧洲、美洲等不同地区。在远古时期，因自然条件的差异和生产力的限制，适合食物生产的地区如西亚、美洲、东亚和非洲等地各自发展了独具特色的农业和畜牧业生产。在教学设计中需要引导学生关注不同地区农业生产的特点，充分认识食物生产出现所产生的革命性影响，认识各地农业生产出现对生产关系所产生的影响。在近代社会，重点关注新航路开辟以后食物物种在全球范围内交流的具体情况及所产生的影响。在现代社会，随着科学技术的进步，农业生产和畜牧业生产以及食物储备的现代化则成为现代社会食物生产的重要内容。了解食物生产的现代化有助于认识现代社会食物生产的特点，对食物生产现代化所产生的积极影响及带来的社会问题有全面的认识。

2. 学习难点分析

本单元学习难点是整体把握食物生产发展趋势及阶段性特点，认识和评价不同历史阶段食物生产变化所产生的影响。

食物生产的出现改变了人类社会长期以采集和狩猎为主的生活方式，对人类社会的发展起着至关重要的作用。随着生产力的发展，食物生产在古代、近代与现代社会呈现出不同的方式，把握这种变化并认识食物生产发展的趋势是教学的难点。教学设计中应利用文献、历史地图等材料拓展学生的视野，并通过问题设计，引导学生辩证地评价不同时期食物生产所产生的重大影响。

单元教学设计

1. 单元知识结构

食物生产与社会生活
食物生产的历史演变及其影响

从食物采集到食物生产
1. 人类早期的生产与生活
2. 不同地区的食物生产与生活
3. 生产关系的变化

新航路开辟后的食物物种交流
1. 美洲物种的外传
2. 其他地区物种在美洲的推广
3. 食物物种交流带来的影响

现代食物的生产、储备与食品安全
1. 食物生产的现代化
2. 食物储备技术的进步
3. 消除饥饿与食品安全

2. 主干知识与问题链

课时	主干知识	教材预设问题	问题链
1	从食物采集到食物生产 （1）人类早期的生产与生活 （2）不同地区的食物生产与生活 （3）生产关系的变化	〔思考点〕与食物采集者相比，食物生产者的生活发生了哪些变化？ 〔学思之窗〕恩格斯这段话描述的是什么？发生在哪个历史时期？ 〔问题探究〕上面两段材料对远古人类生活和农业起源的描述有何不同？结合相关史实，谈谈你对这一问题的看法。 〔学习拓展〕查找资料，了解汉朝栽培的蔬菜有哪些种类？	（1）原始农耕和畜牧出现前人类如何获取食物？ （2）原始农业是如何出现的？有什么意义？ （3）列举世界各地食物生产出现的概况及特色。 （4）概括中国古代农业生产发展的简况及特点。 （5）比较西亚和美洲地区食物生产出现的异同，分析形成原因及影响。 （6）总结古代不同地区农业生产的特点，分析古代农业生产对社会产生的影响。
1	新航路开辟后的食物物种交流 （1）美洲物种的外传 （2）其他地区物种在美洲的推广 （3）食物物种交流带来的影响	〔思考点〕食物物种交流怎样影响了人们的日常生活？ 〔学思之窗〕依据上述材料，谈谈甘薯是如何传入中国的。 〔问题探究〕农作物的交流，从哪些方面影响了人类社会？ 〔学习拓展〕查找资料，写一篇小论文介绍美洲的菠萝在中国引种和传播的情况。	（1）新航路开辟后，美洲物种是如何外传的？美洲物种外传产生了什么影响？ （2）新航路开辟后，外来食物物种是如何传入中国的？对中国社会产生了什么影响？ （3）概括新航路开辟后外来物种传入美洲的情况，分析外来物种传入美洲所产生的影响。 （4）新航路开辟后，食物物种在全球范围的交流传播产生了什么影响？ （5）从玉米、马铃薯、辣椒、水稻、小麦中任选一种，介绍新航路开辟后其在全球传播情况，并分析其影响。

续表

课时	主干知识	教材预设问题	问题链
1	现代食物的生产、储备与食品安全 (1) 食物生产的现代化 (2) 食物储备技术的进步 (3) 消除饥饿与食品安全	〔学思之窗〕粮食安全问题产生的原因有哪些？我们应该如何应对粮食安全问题？ 〔思考点〕冷链物流对人们的生活有哪些影响？ 〔思考点〕为什么会出现食品安全问题？ 〔问题探究〕为什么中国会成为维护世界粮食安全的重要力量？ 〔学习拓展〕选择一种你熟悉的食品保藏技术，了解它的起源和发展。	(1) 食物生产现代化出现的背景是什么？食物生产现代化有哪些具体表现？ (2) 比较古代粮食储备与现代粮食储备的异同。分析异同出现的原因。 (3) 人们是如何保存食品的？请举例说明。 (4) 冷链物流产业是如何产生的？对食品保存有什么积极意义？ (5) 粮食安全问题产生的原因是什么？我们应该如何应对粮食安全问题？ (6) 农业现代化与食品安全问题有什么联系？应对食品安全问题，我们应该怎么做？

3. 教与学活动设计

流程	主要内容	教与学的活动设计
单元导入	单元概览与前后衔接	通过阅读分析单元导读的内容，明确食物生产与社会生活的基本内容，初步了解食物生产的演变及影响。 明确本单元的主干知识与学习要求。
第1课时 从食物采集到食物生产	(1) 人类早期的生产与生活	阅读教科书相关内容，分析教师补充的史料，结合思考点提出的问题，了解原始农耕和畜牧出现前人类社会的生活状况及特点。 运用教科书中相关历史资料，结合教师提供的历史资料，认识原始农耕和畜牧业出现的条件及世界不同地区农业和畜牧业出现的概况。通过阅读分析教科书和课外相关历史资料，认识原始农业出现所产生的深刻影响。
	(2) 不同地区的食物生产与生活	通过对教科书及相关文献资料研究，归纳不同地区食物生产的具体情况，比较食物生产在世界各地出现的异同，分析异同的原因及影响。
	(3) 生产关系的变化	运用教科书中的“学思之窗”等相关材料，引导学生分析农业产生以后生产关系的变化。通过“问题探究”，比较历史文献对远古人类生活和农业起源相关记载的异同，培养学生的史料实证意识。
第2课时 新航路开辟后的食物物种交流	(1) 美洲物种的外传	通过阅读教科书和历史资料，梳理美洲物种外传的具体情况；通过文献资料的研究，分析美洲物种外传所产生的广泛影响，培养学生对历史问题的阐释能力。
	(2) 其他地区物种在美洲的推广	对照《早期英属北美殖民地农作物分布图》说明其他地区物种在美洲传播的具体史实，通过阅读分析相关文献资料，认识其他地区物种在美洲的推广所产生的影响。
	(3) 食物物种交流带来的影响	在整体把握新航路开辟后食物物种交流情况的基础上，利用史料阅读、问题探究和学习探究等相关历史资料，从经济结构、饮食习惯、生态环境等角度分析新航路开辟给美洲、欧亚等地带来的影响，引导学生从多元的角度评价新航路开辟后食物物种交流带来的影响。

续表

流程	主要内容	教与学的活动设计
第3课时　现代食物的生产、储备与食品安全	(1) 食物生产现代化	观察"蔬菜温室大棚""铧式犁""现代化养鸡场""袁隆平在田间查看杂交水稻长势"等图片资料，形象感知食物生产现代化的具体表现。通过制作表格等方式，梳理食物生产现代化的具体表现。阅读教科书正文和历史纵横等文字材料，归纳概括食物生产现代化的相关特点。教师引导学生思考食物生产现代化相关的历史事件，认识食物生产现代化出现的原因及食物生产现代化的意义。
	(2) 食物储备技术的进步	通过对比引导学生比较古代和现代食物储备的异同，梳理食物储备进步在粮食储藏和食品保存方面的表现。 通过阅读相关文献资料，分析现代食物储备技术进步的条件，认识冷链物流行业在食物储备方面的作用。
	(3) 消除饥饿与食品安全	通过阅读思考"历史纵横""学思之窗"等栏目提供的相关材料，认识饥荒和食品安全问题产生的原因。在研究相关文献资料的基础上运用课堂讨论等方式，为消除饥饿和保证食品安全提供建议，培育学生的责任感和心怀天下、勇于担当的家国情怀。
单元总结	知识体系建构与单元认识深化	建构食物生产发展的历史演变知识结构图，分析影响食物生产发展的相关因素，引导学生树立食品安全的意识，培养学生珍惜食物的良好习惯。

单元导入

教师设问：请阅读第一单元导读，思考并回答：

(1) 依据单元导读的内容，划分食物生产发展演变的历史阶段。说明划分理由。

早期狩猎生活方式似乎具有稳定性，这表明，人类已能很好地适应环境，每支人群都继承了惯常的应对方法，足够应付各种可能出现的情况。在动植物的生态平衡——早期狩猎者在其中占有一席之地——没有发生重大变化的情况下，人类生活可能仍然依赖于那种适合小股的、四处游荡的狩猎和采集人群的行为方式。如果这样的话，那么人类的文化演变步伐将会更为缓慢，更接近它所发源的生物演化的节奏，而不是突飞猛进的人类历史。

——[美]威廉·麦克尼尔著：《世界史——从史前到21世纪全球文明的互动》，施诚、赵婧译，北京：中信出版社，2013年，第9页

(2) 阅读材料，概括作者的主要观点？你如何评价这一观点？

【设计意图】　通过对单元导读内容的学习，初步了解本单元的时空观念和重要历史事件，整体感知食物生产演变的阶段性。教师引导学生概括威廉·麦克尼尔的观点，作者认为早期狩猎生活方式的结束，结束了人类长期缓慢的生物演化进程。食物生产替代早期狩猎生活方式，开启了人类突飞猛进的进化史。对这一观点的评价，承认食物生产的出现在人类发展史上一个里程碑的基础上，可以开放多元，言之成理即可。

老师讲述：不管我们如何评价这一观点，史学家普遍承认食物生产的出现是人类发展

史上的分水岭，在人类发展史中具有十分重要的意义。长期狩猎依赖自然的人类是如何走出了森林，摆脱自然的束缚，从事农业劳动进行食物生产的呢？食物生产在世界各地是如何出现的呢？这是研究食物生产发展演变的历史首先需要解决的问题。

第二部分

课时教学设计

第1课　从食物采集到食物生产

一、学习目标

1. 通过阅读有关早期农业起源的地图及文字等历史资料，了解世界上不同地区的食物生产和社会生活，能说明农业产生前后人类的生产和生活状况的变化。

2. 通过对教科书及相关文献研究，能归纳、比较不同地区的食物生产，能够将实物史料和文献史料相互印证，说明某一时期某一地区的农业生产情况。

3. 能够运用相关史实来论证有关农业革命的观点，认识到农业革命对人类社会发展的重要意义。

二、学习重点

农业出现后人类社会的变化。

三、学习难点

农业生产对生产关系的影响。

四、教与学活动

【导入新课】

教师讲述：农业对社会生产和生活具有重大的意义。农业的产生在距今1万年左右出现。农业产生前人类的生产与生活是什么样的呢？

【学习新课】

(一) 人类早期的生产与生活

1. 农业产生前人们的生产和生活

教师讲述: 阅读《经济与社会生活》的《远古人类的生活想象图》和正文,说一说农业产生前人们的生产和生活情况。

农业产生前,人们主要的食物就是自然界现成的动植物。据1933—1934年北京周口店龙骨山的山顶洞考古发掘证明,18000年前居住在那里的人们,其谋生手段,除采集植物和猎取野兽外,还在附近的池沼里采捕鱼类和贝类。他们采用的工具是用木、骨和石等材料制作的。由于食物资源的波动性,所以他们的迁徙会非常频繁。人类生活在地球至今,90%的时间都是通过采集野生植物、狩猎和捕捞的手段获取食物。大多数人都在从事获取食物的活动,并没有专业的食物生产,直到距今10000年前农业生产的出现。

【设计意图】 教师设问的意图是通过引领学生阅读分析教材相关内容,了解农业出现之前人类的生产和生活状况。通过教师讲述,引领学生从食物来源、生产工具和生活方式来了解农业产生之前人类的生产和生活状况。

过渡: 农业生产为什么会出现呢? 农业产生的条件有哪些呢? 请阅读下列材料。

2. 农业产生的条件

材料一 农业,确切地说是农耕和畜牧,是在特定条件下和特定地域内才能产生的,其特定条件是:更新世冰期的影响不能太强也不能太弱。太强则使人类无法生存,如欧洲北部及美洲北部地区,在更新世冰期中,欧洲的冰川中心在斯堪的纳维亚山脉,由此向东、南和西南方向推进,掩盖了欧洲大部分地区,形成了巨大的大陆冰川。由于大陆冰川的存在,土地被冰川覆盖,种植根本不可能进行,因此欧洲中部及北部地区未能孕育农耕;美洲北部的情形和欧洲北部的情形一样,当时的维斯康辛冰期发育,平均气温比现在低13℃—15℃,且北部主要是平原,地表被冰原覆盖,人类无法生存,农耕和畜牧也就无法产生。大洋洲、太平洋诸岛及南部非洲等地的人们在外部势力未进入以前,依然过着采集和狩猎为主的生活。

因此,农耕的产生只能在特定的地域——第四纪冰期影响适度的地球中纬度地区,这一地区包括西亚两河流域、南美安第斯山地区、黄河及长江流域。这里的冰期作用适度,既导致人类食物来源减少,同时又没有欧美北部那样的严寒而使人类不能生存。这里的人们在食物相对多一些的季节采集一些食物以备乏食季节需要的过程中,对植物有了一些新的认识,又在贮藏过程中将食物尝试种植,从而萌发了农业行为。待到冰期结束以后,由于食物相对充裕,因此他们有条件也有必要将贮藏的种子用于种植,将一时吃不掉的野兽尤其是幼小的草食及杂食动物的拘系起来。而当这种种植和拘系过程持续进行后,植物种子和动物分别发生了变化。植物种子主要因为贮藏而发生理化特征的变化,贮藏的种子因脱离了原先被土壤覆盖的保暖湿润环境,而处于干燥裸露的环境,再行撒落入土种植,其发芽状况与自然撒落自行发芽大不一样;动物通过拘系以后则主要表现在性情方面发生变化,一些草食动物,如牛、羊相对来说性情较温顺,它们就成为家养动物了,农耕和畜牧随之产生。

——徐旺生:《农业起源和传播对中西早期文明发展影响的比较研究》,载《古今农业》,

1996 年第 3 期

材料二 随着岁月的流逝，人类的祖先逐渐认识到哪些动植物好吃，哪些不好吃，哪些不能吃；并且逐渐了解到在什么季节、什么地点可以采集到什么植物或捕捉到什么动物。这种认识使他们在采集和渔猎活动中，逐渐掌握了一定的主动权和计划性，增加了采集和渔猎的数量，也积累了对动植物生长、繁殖过程及其与自然条件之间相互关系的认识，为农耕和畜牧的出现准备了条件。

采集和渔猎数量的增加为人口的增加准备了必要的条件。随着人类数量的增加、劳动的分工和知识的积累，人类活动的范围逐渐扩大，劳动生产力也逐渐提高。在超出自然界再生速度以后又使得人类祖先面临食物不足的生存危机。第四纪冰川期的气候变化导致大量动植物的死亡和变异，更加重了这一危机。在这种情况下，人类的祖先必须寻找新的生存手段，原始农业随之产生。

——摘编自翟虎渠主编：《农业概论》，北京：高等教育出版社，2006 年，第 9 页

材料三 考古学家在北伊拉克萨威·克米·沙尼达遗址（公元前 10000 年至 9000 年）通过遗物分析，这里的原始人当时仍以采猎为生，冬天则回到沙尼达洞穴。该遗址表明，人类已经从流动的洞穴生活进入野营，开始向定居生活过渡了。定居生活代替了流动生活，就有可能对周围植物的生长、发育有所了解，也有可能把捕到的活动物看管起来。这正是人们学会种植和饲养的必经环节。

——摘编自尚定周、王有文：《从采集、渔猎到农业生产的革命性变革——试论农业起源》，载《世界农业》，1983 年第 11 期

教师设问： 依据材料一、二、三的内容，概括农业产生的条件。

参考答案： 由于自然环境的变化，出现了特定的适合作物栽培的区域，使得农业产生的条件得以成熟；由于人口的增长和食物资源的缩减，天然食物日益供不应求，农业成为人类的迫切需要；人类认识和改造自然能力的提高和定居生活的出现，使种植与饲养成为可能，导致农业的产生。

【设计意图】 教师通过补充相关的文献资料和考古资料，让学生理解农业产生的条件，包括自然地理条件和社会条件，在学生理解材料信息的基础上，让学生概括出农业产生的条件，能力指向从文本材料中提取有效历史信息，进行归纳概括的历史解释能力。

材料四 在全世界许多地方，人类都独立发现了如何种植食用植物，其中最显著的三处为近东、中美洲和中国。约 1 万年前，近东的人类首先开始种植小麦和大麦等谷物。距今八九千年前，中美洲人率先开始种植玉米和豆子等重要主食，而中国人则是培育稻米的先驱。随后又出现其他作物种植中心，如种植土豆的安第斯地区和种植高粱的撒哈拉沙漠以南的非洲等。

——[美]弗里德曼主编：《食物：味道的历史》，董舒琪译，浙江：浙江大学出版社，2015 年，第 17—18 页

教师讲述： 阅读材料四的相关介绍，在世界地图上，找到对应的这些地区。早期的农耕中心有三个地区：西亚、东亚（包括南亚）和中南美洲。西亚是小麦和大麦的原产地，中国的黄河流域和长江中下游很早就种植粟和水稻。中美洲是玉米、马铃薯的原产地。农业产生之后，对人类社会的发展产生了深远的影响。

【设计意图】 教师课堂上可以出示地图，让学生能够有一个清晰明确的空间定位，教师出示材料的意图是引导学生在阅读中能将文本材料和地图进行对应，了解不同地区的农业的发展与分布情况，进行空间定位。通过对农耕起源相对清晰的介绍，为学生接下来的学习奠定初步基础。

3. 农业出现后人类社会的变化

教师设问： 有学者认为，农业的产生可以称作一场革命。它给人类本身或人类社会所带来的，正像一切宏伟的革命所带来的一样，巨大而深远。你是否同意这一观点？请运用下述材料中所提供的相关史实，加以论证。

材料五 人类学会从事农业与家畜饲养，人为地改变了生物过程，从此可以不限于单纯利用自行繁殖生长的动植物可再生资源，而是把野生的生物转到人类能力的控制之下，使之逐渐改变遗传性状，提高生产能力，增加自身产量，为人类提供更多更丰富的东西，从而使人类部分地摆脱自然环境所强加的限制，部分地摆脱包括人类本身在内的自然生态系统的控制，从与动物差不多一样消极地依赖、适应自然，到积极地干预和改造自然。人类摆脱了大自然的奴役，打破了一种相对稳定的平衡，更广泛和深入地适应各种不同的自然环境，生存领域不断扩大，生存能力空前提高，生活资料的生产和人类本身的生产都得到了更大的保障；人类放弃了为寻求食物来源而迁徙不定的生活，逐渐形成了定居的农业村落，新型的文化由此产生，真正的人类文明开始形成。

——田明、刘文利：《试论农业与"新石器时代革命"》，载《内蒙古民族大学学报(社会科学版)》，2003 年第 2 期

材料六 在农业革命之前，大多数人都不得不花费大量时间去寻觅下一顿的食物，除非他们在狩猎成功后能饱餐一顿。因为人类学会了生产食物——而不是采集、狩猎或收集食物——把食物贮藏在粮仓里和畜圈里，他们不得不而且也有能力大批地定居下来。人类的能量一旦解放出来并且投入到许多新的工作中去，随之而来的就是专门的非农业的工艺的发展。因而，像诸如基本机械原理的发现，纺织、犁耕、轮作制陶及冶金术等许多发明的迅速出现，就绝非偶然。

——罗伯特 · J. 布雷伍德：《农业革命》，载《农业考古》，1993 年第 1 期

材料七 根据一些考古学家和古人类学家的判断，从旧石器时代早期到旧石器时代中期，世界人口的年增长率不足 0.001%；而进入原始农业社会以后，即从公元前 9000 年到公元前 3000 年，世界人口的年增长率已提高到 0.03%。按今天的标准来看，这一速度并不快，但与采集和渔猎时期相比已高出 30 倍。

——翟虎渠主编：《农业概论》，北京：高等教育出版社，2006 年，第 11 页

材料八 在近东地区食物生产社会出现的地域中，伊朗的扎格罗斯山地的遗址，堪称为心脏部位。人工土丘(由众多古代的居住遗迹的地层重重堆积而成的类似于自然山丘那样的遗址)形成时的最古的地层大致可以追溯到 1 万年前。在这个土丘遗址中，小村落遗迹一层连着一层。在形成各层堆积的小村落中，当时大概居住着使农耕技术和某种程度的定居性生活获得发展的数以十计的人们。他们的生活中，有饲养的家畜、栽培的植物、土坯造的房屋及简朴的陶器等。

西欧的巨石纪念物中，有的被认为是古代的天象观测台。研究者推测，当时的建造者对

作为基准的尺寸测量单位、毕达哥拉斯的三角形定理、圆周率等的概念都已认知。中美前古典期的奥尔梅克人，从50英里外的采石场搬运巨大的玄武岩雕成巨石人头雕像，他们搬运的石块有的重达20吨以上。当时人们在像上述那样进行巨石的拖移搬运并将其安放到预定位置的作业时，可能已具有相当的关于牵引力、杠杆作用等的知识，并且其作业者大概也一定掌握某些测量知识。

——摘编自[加拿大]史密斯：《农业起源与人类历史——食物生产及其对人类的影响》，载《农业考古》，1989年第2期

参考答案：农业出现后，大大增加了食物的供应，加快了人类自身的增长速度；食物生产的发展促进了定居生活的出现；农业的出现促进了对科学技术的需要，也为科技和文化的发展提供了条件；农业促进了社会分工的发展。

【设计意图】 此环节是要突破本节课的重点内容。农业出现后带给人类社会的变化，是本课的一个重点内容，教材中限于篇幅，提供的主要是结论性论述，所以补充对相关史实的细节描述及其考古学家的考古发现，有助于学生理解教材的相关结论。同时，此环节设计还指向提升学生用史实作为论据论证自己观点的能力。

过渡：随着早期农业的不断传播，世界上不同地区逐渐形成不同的食物生产。

（二）不同地区的农业生产和生活

教师讲述：在农业起源最早的西亚、北非地区，由于气候干旱炎热，创立了灌溉农业。灌溉农业以埃及尼罗河流域最为著名。

1. 古埃及的灌溉农业

材料九　尼罗河和太阳是构成埃及文明的两大生命之源。尽管这个国家的年降水量太少甚至可以忽略不计，但因为有了尼罗河洪水的条件，人口中心才能在三角洲和尼罗河谷得以发展繁荣起来。在远古，这个国家和其人民只依赖尼罗河泛滥的洪水带来农作物收获才得以生存。为了保证这个成果，尼罗河人们总是担心洪水不能如期而至，因为这将导致死亡和毁灭，这也是人们祈祷的主要内容。尽管这个人们担心的灾难从未成为现实，但尼罗河水过低会带来饥馑，而过量的洪水也可造成水患，毁坏庄稼并带来极大破坏。洪水的不可预知是威胁这个国家安全和繁荣的永久的问题。

——摘编自[英]罗莎莉·戴维著：《古代埃及社会生活》，李晓东译，北京：商务印书馆，2017年，第112—113页

材料十　新王国时期，古埃及发明了一种叫“沙杜夫”的提水灌溉装置，它在较高处立起一个支架，支架上横起一条长杆，长杆的一端绑有重物，另一端挂着水桶，利用杠杆原理汲取低地渠道中的水。这种工具能够将处于低洼之处的水抽引到高处灌溉，极大地提高了灌溉技术水平，也使适宜耕种的土地得到较大增加。自“沙杜夫”发明之后，高低处的耕地均能得到灌溉，扩大了耕地面积和耕地灌溉面积，从而促进了埃及农业文明的进步。

——李怡净：《尼罗河灌溉工程与古埃及的国家治理——兼论古埃及文明的形成与社会形态》，载《铜仁学院学报》，2016年第5期

教师设问：① 阅读材料九，概括尼罗河对古埃及农业文明的影响。

参考答案：尼罗河使得古埃及文明得以诞生。尼罗河的洪水使得农作物有了灌溉的来

源，农业得以发展。同时，过度的洪水又会毁坏庄稼。

教师设问：② 阅读材料十，说明古埃及灌溉工程的发展对农业发展的意义。

参考答案：灌溉工程的发展，扩大了耕地面积和耕地灌溉面积，促进了埃及农业文明的进步。

教师设问：③ 综合以上材料，谈谈以尼罗河为中心的灌溉农业对古埃及的国家政治会产生什么影响。

参考答案：为了控制和调节尼罗河水，组织有效的灌溉系统造福尼罗河的聚居人群，必须有统一的中央政府。为了提升水利工程修建的效率，必须确保中央政府的集权，这是古埃及农业文明的现实需要。反过来，如果中央政府的权威丧失、君主专制失去了效能，就会导致水利工程年久失修而无法发挥效用，让土地荒废，产生大的社会动荡。

【设计意图】 此环节设计的三个问题指向不同的学科能力和素养，三个问题之间在内容上和能力指向上都有层次递进的关系，有利于帮助学生深入理解尼罗河流域的农业文明。第一个层级的问题关注知识的来龙去脉，让学生理解尼罗河和古埃及农业文明的关系。第二个层级是让学生通过具体的灌溉工具的发明，来说明灌溉工程的发展对农业发展的意义。其意图在于培养学生运用材料的有效信息，准确阐释历史问题的能力。第三个层级的问题是延伸学生的思考，拓展学生的思维，建构农业文明和国家政治之间的关联。三个层次的问题内容上依次递进，难度上逐步上升。

过渡：在河流附近修建水利灌溉工程，是确保农业文明得以延续发展的重要原因。古代中国精耕细作农业的形成，也与发达的农业水利工程的修建密不可分。

2. 中国的精耕细作农业

教师讲述：精耕细作的农业是我国传统农业区别于其他地区农业的一个重要特征，也是我国古代的农业文明长期领先于世界的一个非常重要的因素。精耕细作，即在一定的土地面积上投入较多的劳动，采用先进的技术措施，进行细致的土地耕作，以提高土地单位产量。精耕细作的农业与农田水利和铁犁牛耕的耕作技术方式密切有关。我们首先来看水利工程的修建。

(1) 水利工程的修建

材料十一 旱则引水浸润，雨则杜塞水门，故记曰：水旱从人，不知饥馑，时无荒年，天下谓之“天府”也。

——《华阳国志·蜀志》

材料十二 渠就，用注填阏（淤）之水，溉泽卤之地四万余顷，收皆亩一钟。于是关中为沃野，无凶年，秦以富强，卒并诸侯。

——《史记·河渠书》

教师设问：依据两段史料的描述，概括水利工程的作用。

【设计意图】 课堂上老师可以出示都江堰水利工程示意图、关中水利工程示意图，明晰相关水利工程的位置，既可以让学生明白水利工程的修建大都在河流附近，又能加强学生的图文对应能力，能将具体的水利工程定位于具体的空间之中，并结合时代概括其作用。

教师讲述：除了都江堰和郑国渠，从春秋战国到汉代，大量的水利工程被修建。这些水利工程的修建体现了国家对水利工程的重视，促进了农业的发展。

(2) 铁犁牛耕技术的普遍推广

教师讲述：春秋时期我国古代已经出现牛耕。战国时期铁犁、牛耕推广。汉朝以后，铁犁、牛耕成为我国传统农业的主要耕作方式。

材料十三

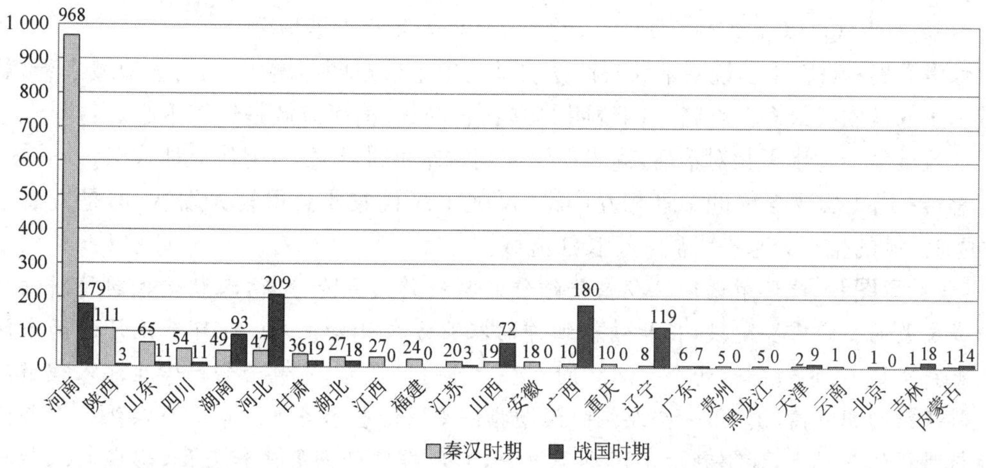

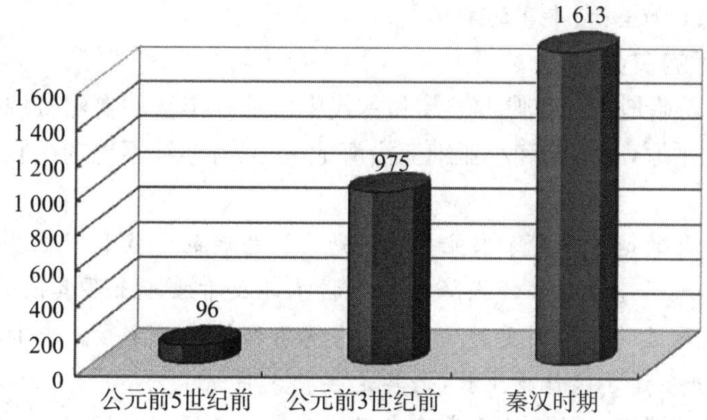

图1　全国出土的先秦两汉时期铁农具数量对比图

——包明明：《秦汉时期铁制农具的统计与初步分析》，载《广西民族大学学报(自然科学版)》，2011年第8期

材料十四　牛耕画像石是汉代社会的缩影。目前出土的牛耕画像石，大都分布在北方地区，如陕西、内蒙古、山东、山西，南方地区只有江苏境内出土两幅。图2为牛耕画像石拓片(局部)，该画像石于1952在江苏睢宁双沟镇东汉墓出土。

图2　牛耕画像石拓片(局部)

材料十五　庐江(今安徽庐江西南)郡"百姓不知牛耕"，"致地力有余而食常不足"。王景为太守，首先修复了著名的水利工程芍陂，又"驱率吏民，修起芜废，教用犁耕，由是垦辟倍多，境内丰给"。……九真(今越南北部)民"不

知牛耕”，“民常告籴交趾，每致困乏”。任延为太守，“乃令铸作田器，教之垦辟，田畴岁岁开广，百姓充给”。

——据《后汉书·循吏传》编写

教师设问：① 分别指出材料十三、材料十四和材料十五的史料类型。

参考答案：材料十三和材料十四属于实物史料，材料十五属于文献史料。

教师设问：② 综合上述三段材料，说明汉代农业生产发展情况。

参考答案：材料十三说明秦汉时期铁农具的出土数量明显增多，从出土地域来看，黄河流域出土的铁农具最多。材料十四说明北方农业发达，黄河流域是经济重心。材料十五说明长江流域生产力水平相对落后，尚未广泛使用铁犁牛耕，还处于刀耕火种状态。

总结：出土文物与传世文献相互印证，反映了汉代农业获得较大发展，但是发展不平衡，黄河流域的生产力水平明显高于长江流域。

【设计意图】 此环节选择汉朝精耕细作的材料作为重点分析，汉朝是我国精耕细作农业形成发展的一个重要阶段，在此精耕细作的农业方式开始推广。此环节设计的两个问题指向史料实证与历史解释，两个问题之间有层次递进的关系，有利于帮助学生深入理解汉朝的铁犁牛耕的推广情况。第一个层级的问题指向史料的基本类型。第二个层级是引导学生在分析材料的基础上，能够利用不同类型史料，对所探究的问题进行互证，形成对汉朝精耕细作农业耕作方式更加全面、丰富的解释。

3. 古希腊地区的农业生产

教师讲述：古希腊地区没有像古埃及和古代中国那样丰富的自然资源——没有肥沃的大河流域和广阔的平原，在希腊和小亚细亚沿海地区，只有连绵不绝的山脉。我们来一起阅读下列材料：

材料十六 迥异的地貌决定了农业生产的地点。当时的气候和现在并无二致。希腊大陆的山脉因盛行西风而造成西部的强降雨。希腊东部及希腊与土耳其间的岛屿相对干旱，而土耳其西海岸及附近的岛屿则更为干旱，如罗德岛和萨摩斯岛等。降雨常为倾盆大雨而不是连绵细雨，这并不适于农作物生长，尤其是谷物。希腊境内80%为山地，所以只能在平原及山间的小片低地耕种。殖民地通常建在耕地肥沃的地区，特别是适于种植谷物的地区。

——摘编自[英]莱斯莉·阿德金斯、罗伊·阿德金斯著：《古代希腊社会生活》，张强译，北京：商务印书馆，2017年，第221页

材料十七 殖民地用船把以谷物为主的各种原材料运到人口过剩的希腊本土，作为回报，得到酒、橄榄油和诸如布和陶器之类的制成品。这种贸易使希腊本国的经济急速发展。希腊的土壤较适于经营橄榄园和葡萄园，而不适于做麦田，所以，既然小麦可以进口，多岩石的山也就可以用来种植葡萄树和橄榄树，故土地的开垦面积大大增加了。

——[美]斯塔夫里阿诺斯著：《全球通史：从史前史到21世纪》上，董书慧、梁赤民等译，北京：北京大学出版社，2017年，第102页

教师讲述：由于特殊的气候和自然地理环境，希腊形成了自己的商业性农业特色，进口粮食作物，出口经济作物，在促进希腊经济发展的同时，也影响了希腊的政治文明。

【设计意图】 教师补充两段材料的目的在于让学生理解希腊独特的气候和自然地理环境，进而理解希腊地区农业生产方式和大河流域的农业生产方式不同的原因。认识到不同

的地区由于不同的自然地理和气候环境，出现了不同类型的文明。

过渡： 在美洲，主要的粮食作物是玉米、甘薯和马铃薯，由于不同的自然地理环境，世界上各个地区逐渐形成了不同的农业文明。同学们可以用列表格的方式梳理一下各地区的农业生产的不同情况。下面我们一起来看食物生产出现后社会生产关系的变化。我们一起来阅读材料：

（三）生产关系的变化

材料十八　定居生活也使部落政治组织取代各游猎民族单独的群体成为可能。部落由一个地区若干村庄的居民组成；每个部落都有独特的语言和风俗习惯，把它们区别开来。有些部落，一般是那些处于原始经济状态的部落，发展很不充分，完全没有定形，几乎还处于游猎群体的水平。还有些部落则已有强有力的首领、原始贵族及平民，不过他们之间的界限模糊不清，那时还根本没有后来的文明所特有的阶级结构。

经济平等和社会地位相同，是新石器时代村社的明显特征。每个家庭都拥有生产生活用品所必需的技能和工具；而且，同样重要的是，每个家庭都有权利使用维持生活所必不可少的基本自然资源。这一点有着充分的保证，因为所有的农田、牧场和其他自然资源皆为村社所有，而村社则是由各家庭自动组成的。所以在部落社会，既没有土地拥有者，也没有无地的耕种者。

部落中社会关系的平等也扩展到部落中的两性关系上。这一平等的根据明确地体现在部落里的女人和男人一样享有自由使用土地的权利方面。一位人类学家在考察了生活在婆罗洲中部、种植水稻的相人后报告说，相人的寡妇在失去丈夫后可以继续种植自己的田地。如果某个寡妇受到孩子的拖累，“她通常会得到村中其他人的帮助。他们会赠予她稻谷和野猪，或者帮助她清理田地，至少在她的孩子们长大成人、帮得上她忙以前是如此”。

妇女们不但在农业方面，而且在村庄诸新行业中也享有与男人同等的权利。人们对公元前7000年小亚细亚的一个居留地的发掘揭示，妇女们种植了当地的植物，用公共烤箱烤面包，织毛纺织品和棉织品，用麦秸编垫子和篮子，还烧制煮饭和储物用的陶器。

——[美]斯塔夫里阿诺斯著：《全球通史：从史前史到21世纪》上，董书慧、梁赤民等译，北京：北京大学出版社，2017年，第36—37页

教师讲述： 进入文明社会后，人们逐渐以不同的部落作为社会活动组织，不同的部落有不同的语言和风俗习惯。由于生产力还比较低下，生产资料属于社会公有。在社会中，人与人的关系平等，妇女也享有和男人同等的权利。

过渡： 但是随着社会生产力的发展，逐渐产生了阶级。我们来一起看材料：

材料十九　手工业从农业畜牧业分离开后，出现了从事交换的商人。他们将积累的财产据为己有，但还有相当一部分社会成员由于各种原因陷入贫困的境地。富有的成员利用自己优越的地位控制了氏族部落的领导权，产生了贵族阶级。大多数氏族部落成员则成为与贵族相对应的平民阶级。无能力偿还债务的平民会因土地被抵押或被抵债而变为无地贫民，甚至沦为债务奴隶。

——摘编自武寅主编：《简明世界历史读本》，北京：中国社会科学出版社，2014年，第17—18页

教师讲述： 从材料中可以得出，当农业产生之后，促进了社会分工，使得穷人和富人出

现，也使得贵族和自由民和奴隶出现，而随着阶级的产生，国家也逐渐形成。

材料二十 基于目前的史料，氏族部落权力组织转化为国家权力组织的途径不止一种。比如，一个部落或部落联盟征服其他部落或部落联盟，把原氏族部落组织变为维持被征服者的暴力机器。古代雅利安人对南亚当地人的征服、古希腊的斯巴达对邻近多利安人的征服并进而形成的国家，是这一途径的案例。再如，氏族部落的首领（首长、宗教领袖、军事领导）因社会矛盾的激化，把手中权力变为脱离社会的公共权力，自己成为不受制约或很少受制约的家天下的国王。这一途径最为普遍，如美索不达米亚的苏美尔人国家、古埃及诺姆国家、中国古代关于禹废除禅让制建立君主世袭制的传说、古希腊雅典和意大利罗马最初的君主国的建立，都遵循这一路径。

——武寅主编：《简明世界历史读本》，北京：中国社会科学出版社，2014 年，第 18 页

教师设问：① 说明国家权力组织形成的两种途径。

参考答案：第一种是通过征服其他部落或者部落联盟获得权力。第二种是通过确立自己手中的权力建立起国家。

② 概括国家形成的特点。

参考答案：氏族部落机关日益脱离社会，转变为与大多数社会成员不相容的、由少部分人行使的、凌驾于社会之上的公共权力机关。

【设计意图】 此环节意在梳理社会关系的变化，帮助学生理解阶级的产生，了解国家产生的途径，理解国家形成过程的特点。此环节设计的两个问题指向学生对于文本概念的理解，第一个问题意在培养学生提取信息、归纳梳理的能力，第二个问题意在总结提取信息的基础上，概括事物特点的能力，有一定的思维层级梯度。

【本课小结】

本课我们主要了解到，人类经过长期采集、渔猎为生的阶段，距今 1 万年前第一次发生了革命性变革，开创了人类社会第一个生产部门——农业。农业的产生是人类历史的伟大转折。关于这一点，有学者就认为，“人类由食物采集者转为食物生产者，社会经济由以采集、狩猎为基础的攫取性经济转变为以农业、畜牧业为基础的生产性经济，这在人类发展史上无疑是一个根本性变化，这一变化可以归之于广义的‘产业革命’之列，即决不是说哪一个局部的变化，不是生产技术应用到哪一个方面所引起的飞跃，而是全局性的，整个生产体系的飞跃变化……生产体系在组织结构以及经济结构方面的飞跃变化”①。

第 2 课　新航路开辟后的食物物种交流

一、学习目标

1. 通过呈现不同历史时期人类物种交流的特点，能够从长时段来认识不同阶段物种交

① 田明、刘文利：《试论农业与“新石器时代革命”》，载《内蒙古民族大学学报（社会科学版）》，2003 年第 2 期。

流的特点，理解新航路开辟后物种交流的特点。

2. 通过表格、文本、地图等多种历史材料梳理物种传播交流的情况，建构新航路开辟后世界不同地区食物物种交流的知识结构。

3. 通过原始史料对于番薯等物种传播途径的不同介绍，感受到新航路开辟之后物种交流的必然性和艰难性。

4. 通过对物种交流的代表作物玉米的深入分析，能够多角度、全面、辩证地认识物种交流带来的全球影响。

二、学习重点

新航路开辟后，美洲和其他地区食物物种交流的表现和影响；食物物种交流给社会经济和人们生活带来的变化。

三、学习难点

食物物种交流给社会经济和人们生活带来的变化。

四、教与学活动

【导入新课】

教师讲述：在上一课，我们一起了解了农业的产生。农业产生后各地的食物物种就一直在不断向外传播和交流。物种交流伴随着人类历史是一个持续发展的过程，具有明显的阶段特征。新航路开辟以前的食物物种交流传播有什么特点呢？我们一起来阅读材料：

材料一 在公元前10000年以前的旧石器时代的漫长岁月里，物种交流是罕有的并且通常是无关紧要的。到公元前2000年为止，在新几内亚、非洲和美洲的物种交流相比欧亚是十分受限的。与亚洲——特别是公元前2000年左右从尼罗河到印度河这一世界上互动程度最深的地区——相比，美洲无论是物种交流还是其他任何种类的互动在规模上都要小一些。

在接下来的3000年左右的时间中，生物交流的速率虽然在加快，但这一过程时断时续，并不连贯。当条件有利于贸易，例如大国用武力取得了广阔地区的和平时，物种交流便开始加快。大致在公元前100年到公元200年这300年中，大汉帝国和罗马帝国分别达到了顶峰。这期间，被统称为丝绸之路的跨亚洲贸易线上的交通变得十分繁忙，在所运输的物品中不可避免地包含有动植物和病原体。中国得到了葡萄、非洲高粱、骆驼和驴，而罗马则获得了樱桃、杏、桃子、核桃，可能还无意引入了天花和麻疹。

此后，由于适宜的政治环境，欧亚历史又先后迎来了两次物种交流大幅增快的时期。其中一次发生在公元七八世纪的唐朝初期。唐朝政府大量进口外来动物、香料植物、观赏花卉等新奇的生物。755年，"安史之乱"撼动了唐朝立国的根基。地理政治局势的稳定性和唐朝对外来事物的包容性都发生了改变，主旋律衰落而不是增长，物种交流的机会也随之减少了。

——摘编自[美]约翰·麦克尼尔：《世界历史中的物种交流》，载《全球史评论》，2011年第1期

教师设问：新航路开辟之前食物物种交流有什么样的特点？

学生活动：阅读材料，思考上述问题，交流讨论。

教师讲述：早期食物物种交流的规模和速度都非常小，食物物种交流非常罕见。后来随着罗马帝国的崛起和丝绸之路的开通，食物物种交流的速度开始加快。但是食物物种交流受到地理政治环境和统治者的对外政策的影响，极其容易中断，食物物种交流局限于区域周边。新航路开辟之后，出现了物种在全球范围内的交流，被称为"哥伦布交换"。我们来看材料：

材料二 "哥伦布交换"比早先的物种交流有着更为深远的意义。与早先的物种交流不同，哥伦布交换涉及了很多截然不同的动植物品种与疾病。因为几千年来，东、西半球与大洋洲的物种都是独立地沿着各自的轨迹进化的。欧洲的航海探险在这些生物地域之间建立了联系，引发了物种的交流，永久性地改变了世界人口分布与自然环境。

——[美]杰里·本特利、赫伯特·齐格勒著：《新全球史：文明的传承与交流(1000—1800年)(第五版)》，魏凤莲译，北京：北京大学出版社，2014年，第201—202页

【设计意图】 引导学生关注新航路开辟之前世界物种交流前后的整体情况，引导学生归纳食物物种交流的特点，培养学生从文本中提取历史信息和归纳概括历史信息的能力。通过教师讲述，引导学生认识新航路开辟前后的物种交流阶段特点，引导学生具有比较不同阶段的事物特征的意识。此环节的设置更有利于学生理解新航路开辟后食物物种交流的变化。

【学习新课】

(一) 美洲物种的外传

教师讲述：在这场物种交流中，美洲印第安人的贡献最大，成就最突出。据统计，美洲印第安人驯化、培育、栽培的和美洲特产的作物有60多种，其中影响很大、流传很广的有10多种。请大家阅读观察"哥伦布大交换"示意图，找找美洲外传的都有哪些物种，它们主要是传到了哪些地区。

教师讲述：由地图可知，美洲此时外传的作物有玉米、马铃薯、烟草和可可，它们主要传入了欧洲、非洲和亚洲，其中传入欧洲的数量要相对多一些。其实，美洲外传的不仅仅如地图上标注的这些，还有番茄、辣椒、南瓜、甘薯等等。同学们可以在学习过程中绘制相关表格或示意图，对美洲外传的物种进行归纳整理。下面我们一起来看看甘薯在中国的传入。

【设计意图】 教师可出示新航路开辟后物种交流的示意图。讲述的意图是引导学生对应地图中美洲物种传播的区域，建立起新航路开辟之后物种交流的区域空间感。

材料三 万历中，闽人又得之外国。……盖渡闽海而南，有吕宋国，……以通商故，闽人多贾吕宋焉。其国有朱薯，被野连山而是。……然悋(lin，吝)而不与中国人。中国人截取其

蔓咫(zhi,长度)许,挟小盖中以来,于是入闽十余年矣。

——[明]何乔远:《南产志·番薯》,载《闽书》卷 150

材料四　万历庚辰,客有泛舟之安南往,公偕往。比至,首长延礼宾馆,每宴会,辄食土产日薯者,味甘美。公觊其种,赂于酋奴,获之。

——《凤岗陈氏族谱》

材料五　据宣统《东莞县志·物产》记载,万历八年(1580 年),广东凤冈人陈益乘船到安南(越南),当地首领用一种名叫白薯的土产招待他,这种土产味道甘美。陈益"觊其种,赂于酋奴,获之"。由于来自番邦,故名之为番薯。

——张箭著:《新大陆农作物的传播和意义》,北京:科学出版社,2014 年,第 31 页

材料六　近年有人在海外得此种。海外人亦禁不令出境。此人取薯藤,绞入汲水绳中,遂得渡海。因此分种移植,略通闽广之境也。

——[明]徐光启:《树艺》,载《农政全书》卷 27

教师设问:依据上述史料对甘薯在中国的传播情况进行辨析。

学生活动:从史料中提取历史信息,运用不同史料信息进行互证,并运用史料对甘薯在中国的传播情况进行解释。

教师讲述:四段材料的来源不同,归纳来看,主要呈现了关于甘薯传入中国的两种不同的说法,如果从史料来源来看,材料六属于当时人的记载,且它是一本农书,所以更为可信。虽然关于甘薯传入中国的途径说法相同,但综合来看,能确认甘薯传入中国是在万历年间,而且甘薯传播的过程非常曲折。甘薯由于本身抗涝、耐旱、耐瘠、味道甘美的特性,最后被聪明的中国人成功引入中国。

教师联系现实生活,拓展讲述:今天的中国已是甘薯生产和消费的头号大国。

【设计意图】　美洲作物的外传是本课的一个重点,这里是在学生归纳梳理的基础之上,选择其中一个物种甘薯进行分析。选择了四段材料对甘薯传播的不同记载,通过具体细节和历史文本材料的研读,既增添了学生学习过程中的探究兴趣,也让学生理解物种传播过程的必然性和艰难性,由点到面理解物种交流传播的特性。

材料七

表 1　1400—1800 年欧洲、亚洲、非洲人口统计　(单位:百万)

时间	欧洲	亚洲	非洲
1400 年	60	235	—
1500 年	81	280	46
1600 年	100	375	55
1700 年	120	415	61
1800 年	180	626	70

——Colin Mc Evedy, Richard Jones. *Atlas of world population history*,转引自:周红冰、沈志忠:《20 世纪前全球化进程中的农业因素——从地理大发现到工业革命》,载《中国农史》,2018 年第 3 期

材料八 玉米、土豆、甘薯三大粮食作物都具有产量高、生长快、对土肥水要求低、对气候适应性强、播种期长、耗工少、受病虫害的影响小、便于储藏、可多种加工等许多优点。它们的广泛传播和全面普及，极大地增加了粮食产量，养活了越来越多的人。玉米在干旱、炎热、贫瘠的非洲作用更大，不知使多少瘦骨嶙峋的黑人得以果腹。玉米、土豆、甘薯等也可用作饲料(包括果实和茎、蔓、叶)，这就大大促进了畜牧业的发展，生产出了更多的肉、蛋、奶，改善了人们的生活，增强了人们的体质。而肉、蛋、奶的多摄入对智力也有所促进。

——摘编自张箭：《新大陆农作物的传播和意义》，北京：科学出版社，2014 年，第 35—36 页

教师设问： 阅读材料，概括美洲三大粮食作物传播的意义。

参考答案： 促进了粮食产量的提高，促进了欧亚非地区人口的快速增长，提高了人们的生存能力，改变了人们的饮食结构，改善了人们的生活。

【设计意图】 美洲作物的外传对人类历史产生了重大影响。教师通过表格材料和文本材料，呈现美洲作物外传对欧洲、亚洲、非洲所产生的重大意义。教师设问的目的是培养学生从不同类型的历史材料中提取信息，归纳概括历史问题的能力。

过渡： 美洲三大粮食作物的传播在很大程度上推进了农业的物质文明和饮食革命。当谈到农作物时，哥伦布交流更多是双向的而不是单向的。美洲作物在向外传播的同时，也有很多欧亚作物传入美洲。它们对美洲也产生了深远的影响。

（二）其他地区物种在美洲的推广

教师设问： 请阅读《经济与社会生活》相关地图及正文，列表归纳此时其他地区传入美洲的物种。

学生活动： 阅读地图与课文，建立合理的时空观念。

教师讲述： 欧亚大陆的主要粮食作物小麦、黑麦、大麦和水稻，各种水果和蔬菜都在美洲找到了合适的生存空间，极大丰富了美洲地区的粮食资源种类。在这些传入美洲的粮食作物中，又以小麦和水稻的传播影响最为深远。我们一起来阅读相关材料：

材料九 西班牙、葡萄牙人最先到达美洲并展开殖民时，首先面临的问题就是解决殖民人口的粮食问题。出于饮食习惯和宗教等原因，欧洲人在美洲大陆殖民初期仍习惯于食用小麦制品。殖民者靠往返欧美的船只运载小麦或者面粉面临较大的成本问题。因此，在新大陆种植小麦就成为一件刻不容缓的事情。以西班牙统治下的墨西哥地区为例，为了更好地扩大殖民成果，保证欧洲殖民人口的生存质量，鼓励种植小麦成为殖民者当局的官方推行政策。并且，由于小麦十分适宜美洲部分地区的自然气候和土壤条件，小麦在美洲地区的产量也逐年上升。到 1535 年，墨西哥已能输出小麦到安的列斯群岛与地峡区两地。17 世纪 80 年代起智利中部的大地产主已经开始向利马运送大量的小麦。至此，美洲地区建立起完备的小麦生产基地，足以供应美洲所需的小麦产量，无需再从欧洲大量进口。

——摘编自周红冰、沈志忠：《20 世纪前全球化进程中的农业因素——从地理大发现到工业革命》，载《中国农史》，2018 年第 3 期

教师设问： 小麦在美洲成为主要农作物的因素有哪些？

参考答案： 殖民者饮食习惯的推动；美洲的自然气候和土壤适合小麦的生长。

教师讲述： 除了小麦、水稻这样的农作物，美洲的猪牛马羊等大牲畜，也都是从欧洲引进的。具体我们看下面材料：

材料十　当时人戏称：有三大动物引领了大征服——西班牙贵族、猪和马。哥伦布的船队里有猪。猪在新大陆上岸后，表现出极强的生命力。在土著人口纷纷死于病菌时，猪却大量繁殖。殖民者随处放养的猪，几乎是他们早期的唯一肉类来源，帮助他们渡过了难关。美洲的第一批马，随哥伦布于 1493 年登陆。马令印第安人感到异常惊恐，他们从未看见过这种高大而快捷的动物。马为欧洲人在与印第安人的战斗中赢得了一定的军事优势。据一位殖民者记载，一名骑在马上的士兵，一小时可以杀死 2 000 名印第安人。马作为畜力的使用，改变了新大陆以人力为主的劳动模式，这种影响是深远的。16 世纪初，牛被引进新大陆的峡谷地带和中美洲。羊也随哥伦布于 1493 年到达。美洲有大片肥沃的草场，特别适合放牧牛群、羊群。膘肥奶足的牛羊为人们提供了肉食和奶类，渐渐取代猪肉，促进了人口的营养和健康。牛羊的皮毛给人们带来温暖，后来发展成皮货贸易。牛仔们放牧牛群，催生了新大陆的特色文化。除这些大动物之外，老鼠也藏在航船中漂洋过海到了美洲，这对美洲的生态链产生了巨大的影响。

——武寅主编：《简明世界历史读本》，北京：中国社会科学出版社，2014 年，第 345—346 页

材料十一　如果哥伦布东行所带的玉米是上帝的赐福，那么他西行所带的甘蔗便是个诅咒。哥伦布年轻时曾为热那亚商人工作，负责采购蔗糖，因此相当熟悉甘蔗的栽培。他明白自己所发现的新土地非常适合生产这种有利可图的产品，于是在 1493 年第二次航行到美洲时，将甘蔗带到希斯潘纽拉。就算他找不到黄金或香料，至少可以制造蔗糖。由于生产蔗糖需要密集的劳力，他必得找到充足的人力才行。而在第一次航行后，哥伦布观察到"印度人没有武器，而且衣不蔽体……只要对他们下令，他们就会工作、播种，或是做任何有用的事"。换句话说，他可以把当地人当成奴隶使唤。

15 世纪 40 年代，葡萄牙人从他们在非洲西岸的新交易站带回大批黑人奴隶，借以提高蔗糖产量。这些奴隶一开始是被诱拐来的，但葡萄牙人很快就同意向非洲奴隶贩子购买奴隶，并以欧洲商品交换。

17 世纪英国人、法国人和荷兰人在加勒比海建立甘蔗园。拓殖者试图奴役当地人，但失败了，主要原因是后者对旧世界的疾病不具免疫力，纷纷死于感染。拓殖者开始直接从非洲进口奴隶，于是开启了大西洋的奴隶交易。在 400 年当中，约有 1 100 万名奴隶从非洲被运送到新世界，不过这个数字低估了苦难的深重程度，因为在非洲内陆被捕捉的奴隶，有半数死在到海岸的路上。

——摘编自[美]汤姆·斯坦迪奇著：《舌尖上的历史》，杨雅婷译，北京：中信出版社，2014 年，第 102—103 页

教师设问： 阅读上述材料，概括其他地区物种传入美洲的影响。

学生活动： 阅读材料，概括材料信息，并运用材料信息说明问题。

参考答案： 丰富了美洲的饮食结构，改变了美洲以人力为主的劳作方式，便利了欧洲人对美洲的殖民统治，推进了经济贸易的发展，催生了美洲的特色文化，也改变了美洲的生态

链结构。物种的交流同时让当地不具备疾病免疫力的人纷纷感染，同时为了种植业的发展，罪恶的奴隶贸易开展并逐渐扩大，给非洲带来了灾难。

【设计意图】 此环节选择外来物种传入中对美洲来讲影响较大的作物小麦及牲畜，通过文本阅读来概括其他区物种传入对美洲产生的影响，培养学生阅读、分析文本，提取有效历史信息，归纳概括历史信息的能力。

过渡： 新航路开辟之后这种双向的物种交流对于人类社会来讲，产生了巨大的影响。

（三）食物物种交流带来的影响

材料十二 起初，欧洲学者将玉米视为植物学上的珍奇品种，但他们很快便发现，它非常适合地中海南部的气候，而且其实是极有价值的作物。到了16世纪20年代，它已立足于西班牙和葡萄牙北部的好几个地区，随即散播到地中海四周，深入欧洲中部，并南下非洲西岸。玉米如此迅速地散播到世界各地，以至于其原产地几乎立刻变得模糊难明。在欧洲，它有各种不同的名称：西班牙玉米、印度玉米、几内亚玉米和土耳其小麦，反映出关于其来源的混淆程度。玉米传到中国的速度导致一些人错误地推断：玉米必然在哥伦布之前便已出现于欧洲和亚洲。玉米之所以传播得如此快，是因为它有非常受欢迎的特质。在对小麦来说太湿、对稻米来说又太干的土壤中，玉米能长得很好；因此，在无法种植已有的欧洲主食作物的贫瘠土地上，玉米提供了额外的食物。同时，它的生长期相当短，而就每单位的土地和劳力而言，它的产量比其他任何谷类都高。正常情况下，播下一定数量的小麦种子，可收成4—6倍的谷实；对于玉米来说，这个数字则在100—200倍之间。

——摘编自[美]汤姆·斯坦迪奇著：《舌尖上的历史》，杨雅婷译，北京：中信出版社，2014年，第102页

材料十三 玉米比小米、高粱和块茎植物都要容易保存得多。因此，酋长和国王们可以通过集中储存、集中分配食物来实现权力的最大化。在非洲西部的林带，玉米推进了比以往规模更大的国家的产生。阿散蒂王国自17世纪70年代后开始进行扩张，而其先头部队就以玉米为食，因为士兵们在远方的战役中可以随身携带这些食物。对于商人驼队来说，玉米也是很好的便携食品。因此，玉米还促成了包括奴隶贸易在内的大西洋非洲的商业化。如果商人及作为他们财产的奴隶找到一种方便携带的食物供应的话，奴隶贸易就更容易深入内陆地区。用大型仓库储存的玉米也使人们可以在西非海岸线臭名昭著的奴隶禁闭营里关押大量奴隶。

——[美]约翰·麦克尼尔：《世界历史中的物种交流》，载《全球史评论》，2011年第1期

材料十四 明清时期，随着玉米种植的逐渐推广，玉米成为一些地区百姓的主食之一，并被看作是适宜备荒的粮食作物之一。玉米在清代被推广种植之后，经常被用来作为家畜的饲料和酿酒的原料，其药用、燃料、肥料等价值亦多被认识和利用。玉米还常被用来酿酒，从而丰富了明清时期的造酒原料。玉米、番薯等美洲高产粮食作物的推广，对于解决明清时期人民的基本食粮、增加明清时期的粮食产量、平抑粮价有着重要的意义。玉米、番薯虽为杂粮，但却能够接济民食，充当农民的口粮。由于玉米、番薯的推广种植，增加了粮食的供应量，使得农民在解决了基本食粮之后，能够将价格比较高的稻谷等粮食投入市场用于商品交换。这在客观上促进了明清时期粮食商品化的发展。而且，玉米、番薯自身也成为了用来交

易的大宗商品。

——摘编自宋军令：《明清时期美洲农作物在中国的传种及其影响研究——以玉米、番薯、烟草为视角》，河南大学2007年博士学位论文，第150—151页

材料十五　欧洲的农民选择种植玉米以抵消不断上涨的地租、创造剩余产品。他们把玉米作为自己的主要食物，而把市场计值较高的稻米、小麦出售到发达地区和工商业城市这些集中消费稻米、小麦的地方。18世纪之前，玉米是农民和城市贫民的主要食品，18世纪之后，玉米逐渐成为肉、奶食品生产不可或缺的饲料资源，成为商品生产转化的中间消耗物，为欧洲的城市化、商业化提供基础保障。

——摘编自阿图洛·瓦尔曼著：《玉米与资本主义——一个实现了全球霸权的植物杂种的故事》，谷晓静译，上海：华东师范大学出版社，2005年，第133页

教师设问：① 阅读上述材料和《经济与社会生活》中的"史料阅读"思考，玉米的传播给全球带来哪些影响？

参考答案：政治：玉米便于储存和携带，统治者通过储存玉米，促进了国家权力的扩张；殖民者通过玉米这种食物加大了奴隶贸易。

农业：农民把玉米作为主要粮食作物，出售稻米、小麦，从而改变了农业生产结构，促进了畜牧业发展，提高了农产品商品化。

商业：商人通过将玉米作为旅途食物，促进了商业贸易和欧洲早期资本主义发展。

社会环境：由于玉米的大量种植，大量的土地被过度开发，带来了严重的环境问题。

② 结合本课所学，提炼全球物种交流所带来的影响。

参考答案：

角度一：

积极：提高了全球农业的粮食产量，使得世界人口增加；丰富了粮食的种类，改变了人们的饮食结构和饮食习惯；促进了畜牧业的发展；促进了全球经济贸易的发展；粮食作为商品在市场出售，促进了商品经济的发展。

消极：破坏了当地的生态环境；促进了疾病的传播；殖民者拓展了殖民地的开发和奴隶贸易。

角度二：

政治：促进了殖民者的殖民活动；加大了国家权力的扩张；促进了奴隶贸易的展开。

经济：改变了农业的生产结构，促进了农产品的商品化；促进了商品经济和全球经济贸易的发展；促进了畜牧业的发展。

社会生活：改变了人们的饮食习惯和饮食结构；扩大了人们食物营养的来源；使得疾病在全球传播开来。

社会环境：对引进物种的地区的生态环境造成了破坏。

【设计意图】　此环节以玉米为切入点，综合分析食物物种交流的影响，既是对前面所涉及的物种传播的影响的补充和深入，也进一步提升了学生多角度全面认识物种交流的影响。

【本课小结】

有学者认为，"地理大发现使得人类文明开始全球化意义上的交流与互动。美洲、大洋

洲地区则相继加入到以欧亚非地区主导的世界经济贸易体系中。而在这场全球化的交流中，农业起到了至关重要的先导作用。正是农业因素在全球范围内的交流与传播，才最终促成了之后工业经济的大发展和全球化时代的最终到来。因此，在工业社会到来前，农业因素是维持并推动全球交流与发展的最大力量"①。通过本课的学习，我们了解了新航路开辟之后物种交流的特点及其影响，在人类食物生产和社会生活中的历史长河中，这一段农业革命引发了一系列变革，改变了人类历史的整体面貌。

第3课　现代食物的生产、储备与食品安全

一、学习目标

1. 通过归纳和分析食物生产和储存的相关历史材料，了解人类在食物生产、储备等方面的进步。

2. 联系学生现实生活，感受食物储存等技术的进步对人们生活产生的影响。通过材料阅读，评析学者关于食物生产和人口增长的观点，提升阐释历史问题的能力。

3. 通过具体案例的分析，认识现代食物生产对人类的意义，感受中国在克服粮食危机方面作出的努力，思考解决食品安全的对策。

二、学习重点

食品生产现代化的特点及意义。

三、学习难点

粮食安全与食品安全之间的关系。

四、教与学活动

【导入新课】

教师讲述：在前两节课，我们了解到食物生产在原始农业产生和新航路开辟之后的发展。工业革命后，食物的生产、储备和加工由传统逐渐走向现代。现代食物生产形成的条件有哪些呢？

---

① 摘编自周红冰、沈志忠：《20世纪前全球化进程中的农业因素——从地理大发现到工业革命》，载《中国农史》，2018年第3期。

【学习新课】

（一）食物生产的现代化

1. 现代食物生产形成的条件

材料一　从美国1910年开始使用拖拉机开始，经过约半个世纪，在欧美便广泛使用；与此同时，以使用化肥、农药、除草剂、饲料添加剂等化学品为代表的化学革命和以通过推广高产新品种、灌溉为代表的绿色革命实现了发达国家和发展中国家的农业技术革命。各国根据其不同特点，形成了各具特色的不同的机械化农业生产形式。它的主要优势是大幅度地提高了农业生产率。

——刘爱民、封志明：《现代精确农业》，载《科技导报》，1999年第11期

材料二　工业革命以前的农业发展缓慢，生产经营规模狭小，生产方式单一，科技含量几乎不存在。18世纪下半叶，随着蒸汽机的出现，工业革命爆发，科学技术开始突破和发展，世界一些发达国家的农业在工业发展的推动下逐渐发生着变化，开始产生了新的农业生产工具、新的农业技术手段、新的管理制度等，农业逐步走向半机械化道路。之所以为半机械化是因为科技的局限性，生产工具仍然较为简单落后，科研活动还没有得到充分的重视和鼓励，农业发展仍然缓慢。半机械化的农业在一定时期内适应了社会与人类的要求，但随着人口的逐年增加、社会的快速发展，社会对粮食等农产品的需求不断增加，半机械化的农业由于缺乏科技的推动发展缓慢，无法适应整个社会的要求。

在社会对农产品、农民对高收入双重需求的推动下，更高的劳动生产率成为了农业发展中极其重要的目标。美国地广人少，劳动力成本相对较高。为了提高劳动效率，美国农业的机械化程度不断提高，除了大量使用拖拉机、收割机、卡车等机械进行规模性生产，还不断改进机械设备，如拖拉机由原来的蒸汽式改进为柴油式。1920—1990年美国的拖拉机数量增加了18倍，农用卡车增加了24倍，谷物联合收割机增加了165倍，玉米收获机增加了67倍。这一时期，美国积极鼓励发展科研活动，使先进的科学技术得到了进一步的发展和运用。

1925年美国国会通过了“珀内尔法”，提出增加对州农业试验站的拨款，1935年又通过“班克黑德—琼斯法”，规定建立地区农业实验室，并规定提供研究经费。美国还利用先进的化学等科学技术，研究并大量使用肥料及农药，以提高土地产出率。与美国不同的是，日本由于人均占地面积狭小，无法利用大型机械进行规模性操作，则更多地依赖高新的科学技术来摆脱土地稀缺的束缚。这一时期，日本大力创新化学化工技术学，广泛使用化学制剂及药物等。

——黄鉴、曾卓然：《世界农业现代化道路变迁》，载《合作经济与科技》，2009年1月

教师讲述： 工业革命后农业机械化的普遍推行，以及先进科学技术的应用，使得现代食物生产得以实现。

【设计意图】　教师出示材料的意图是帮助学生理解现代食物生产的条件。教师讲述的意图是帮助学生梳理回顾食物生产的三次革命，进而理解不同阶段食物生产的特点。

过渡： 现代食物生产的特点和表现有哪些呢？继续阅读材料：

2. 现代食物生产的表现

材料三 国际半干旱热带植物研究所在尼日尔、马里和布基纳法索等国干旱地区的2.5万个农户中开展了微量化肥施用技术的试验和推广应用活动。该技术的关键环节是农户在施肥时，必须使用瓶盖将微量化肥直接施到植物根部。结果表明，该技术的应用能够使这些撒哈拉国家旱地主要农作物的小米增产50%—100%以上。在节约投入、减少环境危害的同时，也使小农户的收入翻了一番以上。

——何昌垂主编：《粮食安全——世纪挑战与应对》，北京：社会科学文献出版社，2013年，第208页

材料四 由湖南杂交水稻研究中心、中国工程院院士袁隆平团队牵头主持的双季优质超级杂交稻种植模式在该省县市建立12个示范基地，实施核心示范面积3.26万亩，除一基地受灾害影响外，11个基地均达周年1 200公斤产量目标，并辐射带动种植面积117.44万亩。临澧县双季超级稻平均亩产1 365公斤，更创下我国长江中游双季水稻单产新高。

——俞慧友：《袁隆平团队"三一工程"喜获丰收》，载《种业导刊》，2019年第12期

材料五 集约化生产方式近几十年来发展迅速，其显著特征是高投入、高产出，规模相对更大，科技更先进，生产效率更高，产品一致性更好，选用品种专一性更强，环境设施、饲料营养及防病措施等要求更严，且多采用封闭或半封闭可控方式。大规模集约化生产企业集中在许多大中城市周边，集约化生产了67%的禽肉、50%的禽蛋、42%的猪肉。中国1996年规模化只生产了20%的猪肉，2006年就增加到64%。集约化方式集现代畜牧遗传育种、饲料营养、饲养管理、疫病防治及其他多项先进技术于一体，极大地提高了畜禽生产率和饲料转化率，提供一致且稳定的批量产品供应，满足了大中城市需求，其积极意义不言而喻。

——何昌垂主编：《粮食安全——世纪挑战与应对》，北京：社会科学文献出版社，2013年，第97页

教师设问：① 阅读上述材料，概括现代食物生产的特点。

参考答案：① 科技在农业生产中起着越来越重要的作用，如使用高效化肥、推广优良品种、机械化、集约化规模化。

教师设问：② 分析现代食物生产的意义。

参考答案：② 提高了农作物的产量；提高了劳动生产效率；增加农民的收入；满足了人们对食物的需求。

【设计意图】 教师出示材料的意图是用具体案例向学生具体展现食物生产的进步，加深学生对于现代食物生产的理解。教师设计问题的意图是要求学生概括特点，分析意义，培养学生从文本中提取信息，概括归纳、分析和解释历史问题的能力。

过渡：人类不仅在食物生产方面取得了巨大的进步，在食物的储存方面，与过去相比，也有了很大不同。

（二）食物储备技术的进步

材料六 千百年来，人们一直使用盐腌、干燥和熏制等方法来保存食材，中国人从古代开始就使用大量的盐来保存鱼和酱油，北大西洋的腌鳕鱼改善了16世纪欧洲的饮食，但这些方法都会影响食物的味道，且未能保存其中大部分的养分。1809年左右，尼古拉·阿佩

尔发明了罐头加工技术，将食物带进了工业时代。巴黎的糖果制造者发现了在密封的玻璃瓶中沸煮食物以防止腐烂的方法。英国人很快就将这项技术应用于更结实的锡罐罐头上，这种罐头很快就成为英国海军军舰的标准口粮。到19世纪30年代，欧洲和美国的商店开始提供鱼罐头和肉罐头。

与适宜加工的猪肉不同，牛肉经腌制和风干后会变得硬而无味。因此，阿根廷、澳大利亚和得克萨斯州的牛被宰杀通常是为了获得牛皮，牛肉则任其腐烂。1867年，牛仔们开通了奇泽姆牛车道，将得克萨斯的长角牛向北驱赶至铁路终点的堪萨斯州阿比林，再由此运往东部的市场。铁路冷藏车出现之后，芝加哥的哈蒙德、斯威夫特和阿莫的肉类加工公司很快就统治了美国的牛肉贸易，其卖出的牛肉价格要比试图以新鲜宰杀来与之竞争的当地屠户的牛肉价格便宜得多。

——摘编自[美]杰弗里·M. 皮尔彻著：《世界历史上的食物》，北京：商务印书馆，2015年，第56、58页

教师设问：① 阅读上述材料，概括食物储存技术的进步。

参考答案：① 由最初依靠大自然的物质来储存食物，到发现保存食物的方法，并将技术应用到其他食品。由长途运输活的牛肉到冷藏车批量运输，降低了运输成本，赢得了价格优势。

教师设问：② 结合你的生活，谈谈食物储存技术对你生活的影响。

参考答案：② 如冰箱储存生鲜食品，防止了食物变质，提供了生活的方便等。

【设计意图】 教师出示材料的意图是通过呈现历史上人类储存食物的具体例子，让学生能够从一个长的时间段来看待食物储存技术的进步，具备一定的时空意识。教师设问①的意图是引导学生在一个发展阶段过程中归纳概括出历史发展的特点。教师设问②的意图是关联学生生活经验，引导学生思考食物储存技术的进步对人们生活的积极影响，培养学生的分析解释历史问题的能力。

教师讲述：由于食物生产技术的现代化以及食物储存方式的进步，粮食的生产量不断增加，在一定程度上消除了饥饿，让世界养活了更多的人口。与此同时，也引发了有关粮食安全的问题。

（三）粮食安全与食品安全问题

1. 粮食安全

材料七 粮食需求不断增加，农业生产却无法跟上它的脚步。2008年出现的粮食价格暴涨，在世界各地都相继引发粮食危机甚至是暴动。从2005年至2008年夏天，小麦和玉米的国际市场价格上涨了3倍，大米价格更是上涨了5倍。由此导致了包括埃及、孟加拉国和中美洲的海地等在内的20多个国家和地区相继发生暴动，并且使全世界贫困层迅速新增7 500万人。近十年来，世界粮食消费量几乎每年都要超过生产量，粮食经济学家约阿希姆·冯·布劳恩指出，“农业生产增长率大致维持在每年1.2%左右，但是，这一增长率却无法赶上人口增长和由此而来的对粮食需求的增加”。

——摘编自卡尔·K. 伯恩：《绿色革命能够挽救粮食危机吗?》，载《世界环境》，2009年第6期

教师设问：请同学们阅读材料和课本上的"历史纵横"与"学思之窗"，思考：

① 这里所说的粮食安全问题指的是什么？

② 引起粮食安全问题的原因有哪些？

学生活动：阅读材料，并与课本内容建立关联，运用知识解释问题。

【设计意图】 教师出示材料的意图是展现粮食安全问题的一个方面——粮食的供给。通过材料，对教材的内容进行了细节的补充介绍，帮助学生理解粮食安全的概念问题，加深学生对教材内容的理解。教师设问①的意图是聚焦本部分的中心内容。教师设问②的意图是引导学生阅读教材，归纳、提炼历史信息，分析历史现象，培养学生解释历史问题的能力，它是对第一个问题的理解的深化。

教师讲述：这里的粮食安全问题主要指的是食品的供给不能满足人口增长的需要。引起问题的原因主要包括：人口增长过快、全球环境和气候的变化、国际政治经济问题、经济危机、对农业的投资不足，等等。其中人口增长问题是现在全球面临的共同问题。根据联合国中等模型展望，到2050年全球人口将达到92亿，所增人口全部来自发展中国家。近些年来，很多国内外专家对中国的粮食供应表示担忧，我们一起来读两段材料：

材料八 1994年9月，布朗在《世界观察》杂志（1994年第9—10期）发表了题为《谁来养活中国》的文章。后来又出版了《谁来养活中国》一书。他在文章和这本书中说："中国人口每年增长1400万人，收入也在迅速增加。随着人口的继续增长，以及人均收入水平的提高，必然使得粮食需求急剧增长。

布朗在上述分析的基础上，提出两个问题：一是中国将来是否有大量进口粮食的支付能力。答案是肯定的。二是若中国大量进口粮食，是否有哪一个或哪几个国家能够足额提供。考虑到上述的诸多因素，布朗的答案是否定的，即"世界上没有一个国家或国家联盟有潜力能够提供如此多的粮食。1980年以来，世界粮食每年出口平均约2亿吨，其中接近一半来自美国，而美国也承受着农田损失和灌溉用水转为非农业利用之苦。预计今后40年，美国人口将增加9500万（包括自然增长和移民），美国可供出口的剩余粮食不会增加得太多"。

——尹成杰著：《粮安天下——全球粮食危机与中国粮食安全》，北京：中国经济出版社，2009年，第406—407页

材料九 中国历来把粮食安全视为国家的生命线，没有任何国家比中国更重视粮食生产和自给自足。半个世纪以来，特别是改革开放后30多年来，中国一靠政策，二靠科技，三靠投资，用不到全球9%的耕地养活了约占全球20%的人口，这是对人类社会的一大贡献。联合国粮农组织总干事若泽·格拉济阿诺·达席尔瓦2012年10月会见中国总理温家宝时情不自禁地称道，"中国帮助联合国粮农组织解决了1/5的世界粮食安全问题，这是中国发展的亮点，当引以为豪"。

——何昌垂主编：《粮食安全——世纪挑战与应对》，北京：社会科学文献出版社，2013年，第31页

教师设问：① 概括材料中布朗的主要观点。

参考答案：材料中布朗认为中国人口增长会导致中国大量进口粮食，但是没有任何国家能够提供中国所需要的粮食。

教师设问：② 结合两则材料，评价布朗的观点。

参考答案：材料表明中国不仅养活了自己，而且还成为维护世界粮食安全的重要力量。可见布朗的分析和结论偏颇。虽然布朗的分析反映了他敏锐的学术眼光和远见卓识，但是他的立论并不准确。中国改革开放40多年来的历史证明，中国人依靠科技的进步和农业政策的推动，很好地解决了粮食安全问题。我国人均粮食占有量远高于国际粮食安全标准线，稻谷、小麦两大口粮自给率已达百分之百。

【设计意图】 此环节是对教材内容的拓展延伸，两个问题设计指向不同的素养进阶。第一个问题要求学生从材料中概括观点，指向学生的概括能力。第二个问题设计指向学生的历史解释素养和家国情怀，要求学生运用材料九的信息去评价材料八的观点，属于历史解释能力的较高层级要求，学生需要分析说明背后的历史原因并加以评析。同时，学生在阅读材料九的过程中，自然感受到中国改革开放40年在粮食安全方面所取得的成就。

过渡：现代农业的进步不仅带来了粮食安全的问题，也使得食品安全从现代食品生产开始，就使得人们的健康面临威胁。

2. 食品安全

材料十　20世纪50年代，日本就成为了世界上使用化肥的大国，其品种多、数量大。为消除大量施用化肥而导致的严重病虫害，日本大量使用农药，尤其在果树和菜地的农药使用量上日本占世界之首。农药、化肥的大量使用给日本农业环境造成了巨大破坏，就农产品自身而言，不仅营养成分，而且产量也有所下降，同时农药残留毒素等给民生也带来了明显的威胁。

——黄崟、曾卓然：《世界农业现代化道路变迁》，载《合作经济与科技》，2009年1月

材料十一　他们使用化学物质保鲜，掩盖食品腐烂痕迹，伪造食品的纹理和颜色。这些食品虽然外观不错，但是变质、掺假、腐烂现象比比皆是。

当时的一份官方食品问题报告描述了一系列降低食品生产成本的化学成分、颜料和防腐剂，这些物质能在人的感官察觉不到的情况下，大大改变伪劣食品的外观、气味和味道。例如，硫酸铜能使发蔫的蔬菜重新变绿，苯甲酸钠能使西红柿停止腐烂，三硬脂酸甘油酯能延长猪油的储存时间，硼砂能去除火腿装罐时的变质异味等。当时防腐剂大行其道，美国没有制度规定要求检验这些化学物质对人体健康的影响。销售掺有大量化学物质的食物不会受到任何惩罚，于是生产和销售防腐剂成为一个新的行业。这些防腐剂大部分是稀释后的甲醛、亚硫酸盐、硼砂、水杨酸、苯甲酸等，对人体都有一定的毒性。

除了想方设法掩盖变质的食物，新的化学技术也给百分之百的伪造品提供了机会。一点褐色颜料加上一只死蜜蜂或者一点蜂窝，放到一罐实验室生产的葡萄糖里，就成为厂家廉价销售的蜂蜜。褐色颜料加上一点调料，就可以把葡萄糖变成枫糖浆。一匙干草种子，加一点调色用的苹果皮浆，就能把葡萄糖变成草莓酱。由于大多数食品是按重量出售，厂家便在商品中加入廉价的虚假成分。如，巧克力里掺入辗碎的肥皂和蚕豆，为了在掺假以后恢复巧克力的颜色，厂商又加入红色的氧化汞(大量氧化汞可致人死命)。

——许俊才：《美国食品安全法案颁布历程的启示》，载《社会观察》，2008年第11期

材料十二　由于大面积栽种单一农作物，需要使用大量的化肥和农药，这种持续了近40年的过度灌溉和过量使用化肥的农业方式导致旁遮普省的土地日益贫瘠。而且，从印度旁

遮普省农民的血液、母乳以及地下水和地里栽种的蔬菜中，都检测出了农药残留物。

——摘编自卡尔·K.伯恩：《绿色革命能够挽救粮食危机吗?》，载《世界环境》，2009年第6期

材料十三 食物的质量安全已经成为全球的焦点之一。从有关部门不定期对食品质量抽查的情况看，当前，我国常见的食品质量问题主要是三个方面：一是卫生指标超标，菌落总数、大肠杆菌群等超出国家强制性标准，个别的甚至超过国家标准许多倍；二是超量使用食品添加剂或使用已经明令禁止的食品添加剂，如苯甲酸、山梨酸含量超标，违规使用已经禁用的人工合成色素、违法使用“瘦肉精”“吊白块”等；三是食品包装、标签等不规范，虚假标签、以次充好等人为“造假”现象也不少。

——卢良恕：《建设现代农业，确保新时期国家食物安全》，载《中国农业信息》，2008年第3期

教师设问：阅读上述材料，概括引发食品安全问题的原因有哪些。

教师讲述：引发食品安全问题的原因有很多，如农作物的单一种植；农业生产过程中过度使用化肥、农药，禽畜饲养中过度使用抗生素；法律法规不健全；在食品加工过程中过度使用食品添加剂，违法使用危害健康的添加剂等。

【设计意图】 帮助学生理解食品安全的表现及原因，帮助学生梳理引发食品安全的相关原因。

过渡：食品安全问题现在已经成为全社会高度关注的焦点，我们应该如何解决食品安全问题呢?

材料十四 近几年来，在某些发达国家，化学肥料的使用密集度已经在下降。在美国，玉米的产量已从1980年每公斤肥料生产42公斤谷实，增加到2000年每公斤肥料生产57公斤谷实。类似的进步也出现在英国的小麦种植和日本的水稻耕作上。使用农药的情形也不再增加，甚至逐渐减少；生物性的虫害防治技术与化学制剂一起被提倡，充分利用了传统与现代的农耕方式。这种混合取向，称为“病虫害整合管理”，可以在蔬菜作物上让农药的使用减少50%。根据联合国粮农组织报告，在某些情况下，这种新做法可以完全根除稻米生产过程中对于农药的需要。

同样，在用水方面也有很大的改善空间。举例来说，人们现在更为注意含水层的管理、雨水收集与储存系统的配置，以及更有效用水的灌溉系统，如滴灌技术的调度。界定明确、可让农民买卖的用水权，也促使农民将水资源集中在最适当的作物上，因而鼓励了更合理的用水方式。

——摘编自[美]汤姆·斯坦迪奇著：《舌尖上的历史》，杨雅婷译，北京：中信出版社，2014年，第197—198页

材料十五 1985年美国颁布《土壤保护计划》，积极鼓励农户开展退耕还林，保护易流失水土，并对退耕还林、还草的农户实行补贴。美国政府对农药的使用也进行了严格规定，要求农户必须经过培训掌握农药的合理使用方法后，到相关机构领取农药使用证才可以使用农药，并大力提倡使用残留期短、危害性小的化学药物，鼓励采用生物防治手段替代化学药物。同时，美国还对生产、使用农药造成环境污染者，以课税的方式对其进行监管。

为在农业方面实现保护环境的目标，日本政府制定了一系列政策法规，如1994年的《环

境保全型农业推进基本方案》、1995 年的《地域环境保全型农业推进方针》、1999 年的《有机农业法》《持续农业法》《新肥料管理法》，以及 2003 年的《农药残留规则》《农地管理法》等。同时，日本大力研究开发低危害、低残留农药，推广实施先进的施肥方式，从而有效减轻环境负担。

——黄鉴、曾卓然：《世界农业现代化道路变迁》，载《合作经济与科技》，2009 年第 1 期

教师设问：阅读上述材料，思考解决粮食安全的有效策略。

教师讲述：食品安全的问题一部分是由于农药、化肥的过量使用，所以发展减少农药和化肥使用的生态农业，同时颁布针对农业生产、农药和肥料使用的相关法规，在食品安全方面，需要科学家研究科学的数据，媒体发挥监督功能，政府能够承担管理责任，等等。大家能够针对食品安全提供什么样的策略呢？

【设计意图】 引导学生思考食品安全的解决策略，通过发达国家在食品安全治理方面的经验，启发学生联系历史解决现实问题，具有一定的社会责任感和使命感。

教师过渡：改革开放以来，我们大力发展粮食生产，解决了粮食的供应问题，在食品安全方面，政府也高度重视此项工作。2015 年颁布了《中华人民共和国食品安全法》，2018 年又进行了再次修订(具体内容大家可以阅读《经济与社会生活》“史料阅读”的相关内容)，取得了较好的效果，咱们来看材料：

材料十六　2019 年，市场监管总局完成国家食品安全监督抽检 24.4 万批次，覆盖 33 大类食品，检验食品安全国家标准指标 558 项，食品安全抽检的总体合格率为 97.6%，与 2018 年持平。其中，日常消费量大的食品合格率继续保持高位。肉制品抽检合格率为 97.0%，较 2018 年提高 0.5 个百分点；粮食加工品、食用油、婴幼儿配方乳粉抽检合格率分别为 98.8%、98.9%、99.8%，与 2018 年持平。市场监管总局食品抽检司有关负责人表示，通过专项整治，餐饮食品、淀粉及淀粉制品的抽检合格率分别较上年提升 0.9 和 2.3 个百分点，均达到 97%；非法添加非食用物质检出率为 0.02%。其中，婴幼儿配方乳粉中“三聚氰胺”连续 11 年零检出。“食品安全没有‘零风险’，但市场监管部门始终坚持‘零容忍’。”市场监管总局食品抽检司有关负责人介绍，对于抽检发现的不合格食品，均由属地市场监管部门依法对该批次产品采取了封存、下架、召回、核查处置等措施，着力防控和化解食品安全风险。

——孔德晨：《中国食品安全稳中向好》，载《大众投资指南》，2020 年第 12 期

【设计意图】 帮助学生梳理教材文本之间的关系，了解中国在食品安全方面取得的成效，增添学生的使命感和责任感。

【本课小结】

有学者认为：“从物质再生产过程看，传统农业和现代农业的区别在于，传统农业主要使用人畜力、比较简陋的农具和农家肥，农产品的加工是很初步的；现代农业大量使用机械、电力、化肥、农药，农产品的加工非常深入。归结到一点，就是现代农业有外源的能量的投入，传统农业则除太阳能利用以外，没有外源能投入。正是由于大量外源能的投入，现代农业才能大幅度提高产量和劳动生产率，使大量农业劳动力从土地上解放出来，去从事其他产业，支持了其他生产和文化事业的发展。但现代农业和现代生活方式过分依赖外源能，把农业

工业化，环境污染、水土流失、病虫害抗性增加等一系列弊端已日益暴露。”[①]我们今天主要学习了现代食物的生产和储备，以及由此引发的食品安全问题。在享受现代农业带来进步的同时，我们要保持清醒的认识，吸收传统农业的智慧，使现代农业走上可持续发展的道路。

【单元总结】

教师讲述： 我们对本单元的学习进行一个总结。请同学们阅读材料，思考问题。

材料一 1798年，英国经济学家马尔萨斯发表《人口论》，他认为，人类的人口数量将会按照几何级数增长，而食物仅仅能够以算术级数增长。因此物质匮乏是人类生存条件的一个永久性特征。人口增长会导致粮食短缺，因为农业和畜牧业的产量与人口数量之间的比例一旦达到临界点，前者就不再能够满足后者的需要。长此以往，人类将会受到战争、饥饿、流行病等灾难的毁灭性的惩罚，千万人的生命被夺走。

——摘编自陈根法著：《有限自由论》，北京：东方出版社，2019年，第146页

教师设问： ① 概括马尔萨斯关于食物生产的观点。

参考答案： 人口增长的速度大于食物生产的速度，物质匮乏会给人类带来灾难。

② 结合本单元所学知识，你如何看待马尔萨斯的观点？

参考答案： 第一种：马尔萨斯的观点不准确，从原始社会到现代社会，人类一直在寻求食物资源的开发，由于技术进步带来了人口的大量增长，人口增长和食物生产的矛盾并未造成马尔萨斯灾难。同时，由于社会和农业技术的进步，使粮食增长超过了人口的增长，虽然这样的增长是以沉重的资源负担、大量使用化肥为代价，仍未被证明是可持续的。

第二种：马尔萨斯的观点准确，虽然从目前来看，大规模的人口增长并未造成马尔萨斯灾难，但是回顾整个人类社会食物生产的历程，我们可以看到每个阶段当人口增长和食物生产发生矛盾的时候，都引发了资源掠夺、殖民、战争等灾难，虽然人类最后都通过技术的进步缓解了矛盾，但是矛盾依然存在。目前，世界上有很多地区已经面临粮食安全问题，同时，人类与地球之间的失衡也在急剧恶化，资源枯竭、生态失衡、环境恶化、气候变暖等问题正在出现，所以我们需要重视马尔萨斯的观点。

教师讲述： 马尔萨斯关于食物生产与人口增长的观点值得我们深思。

通过本单元的学习，我们知道了人类成为食物生产者之后人类社会所发生的翻天覆地的变化，在不同的历史时期，由于生产工具的进步、物种的交流、食物存储技术的进步，都推动了食物生产的发展，也在不同层面丰富了人们的物质生活，推动了社会生活的进步，但是同时也带来了一些负面影响。回顾历史，展望现实，让食物生产创造更加美好生活，应该是我们共同的期待。

---

① 李根蟠：《精耕细作、天人关系和农业现代化》，载《古今农业》，2004年第3期。

第三部分

学习资源拓展

第1课　从食物采集到食物生产

材料一　农业的产生

对于一直以狩猎为基础、过着游牧生活的人类而言，农牧的产生确实是一场重大的变革。若将现代人出现以来的15万年比作1小时，那么，直到最后4分半钟，人类才开始实行农牧，而直到最后1分半钟，农业生产才成为维系人类生存的主要方式。人类从四处搜寻食物到农耕养殖，从自然获取食物到运用技术的转变，是近期且突然出现的现象。

虽然许多其他动物都会采集并储存种子等食料，但只有人类才会刻意培育特定的作物，挑选并繁殖植物的某些优良性状。就如织工、木匠或铁匠一般，农民也创造出有用但并未出现在自然界的物品。他们的做法是运用改良过或驯化过的动植物，好让它们更符合人类的需要。人类用细心打造的工具以全新的方式生产食物，产量远远超过自然生长。其发展的重要性无论如何强调都不为过，因为它们名副其实地使现代世界成为可能。特别是三种驯化的植物——小麦、水稻和玉米——事实证明是最具重大意义的。它们为文明奠定基础，并支撑着人类社会，直到今天。

——[美]汤姆·斯坦迪奇著：《舌尖上的历史》，杨雅婷译，北京：中信出版社，2014年，第4页

材料二　农业产生的意义

人类学会从事农业与家畜饲养，人为地改变了生物过程，从此可以不限于单纯利用自行繁殖生长的动植物可再生资源，而是把野生的生物转到人类能力的控制之下，使之逐渐改变遗传性状，提高生产能力，增加自身产量，为人类提供更多更丰富的东西，从而使人类部分地摆脱自然环境所强加的限制，部分地摆脱包括人类本身在内的自然生态系统的控制，从与动物差不多一样消极地依赖、适应自然，到积极地干预和改造自然。人类摆脱了大自然的奴役，打破了一种相对稳定的平衡，更广泛和深入地适应各种不同的自然环境，生存领域不断扩大，生存能力空前提高，生活资料的生产和人类本身的生产都得到了更大的保障；人类放弃了为寻求食物来源而迁徙不定的生活，逐渐形成了定居的农业村落，新型的文化由此产生，真正的人类文明开始形成。

——田明、刘文利：《试论农业和“新石器时代革命”》，载《内蒙古民族大学学报(哲学社会科学版)》，2003年第2期

材料三　定居生活的弊端

至今为止，农业一直被当作定居生活的必要条件。对人来说，流浪的生活不值得效法，农业的发明与定居生活使人口增加，由此才开辟了通往文明的道路等等，这些都是19世纪的学者们的想法，但是在现代仍进行狩猎采集活动的流浪性民族看来，定居才是真正的疯狂。他们的行动半径宏大，总是带着大量新鲜而且详细的信息；他们不是为了获取食物而到处流动，而是为了选择四散各处的食物源，也就是说将食物匮乏的危险分散开来。的确，定居给人类生活带来了一些好处。但与此同时，由于垃圾及废弃物被丢在居住地附近，昆虫滋生，危害人类的野生动物亦在周围徘徊。再者天花、麻疹、霍乱及其他的传染病亦容易发生。可以说，对于人类，定居生活并不是只有好的一面的。

——摘编自[日]森本和男：《农耕起源论谱系（上）》，载《农业考古》，1989年第1期

材料四　古巴比伦灌溉农业

与埃及的尼罗河不同，两河流域的幼发拉底河和底格里斯河的泛滥时间并不固定，并且河水的变化较大，河水决堤和改道的事情时有发生。河水的泛滥也给人工开挖的运河和水渠造成了巨大的隐患。因此，加固河堤、防止河水泛滥被认为是一项关系到自己与他人的重大事件，以至于国王通过法律予以规定。在《汉谟拉比法典》中有4个条款涉及了对灌溉失责的惩罚。条款如下：

53条：如果一个人甩手（不去）加固他的河堤，由于他没有加固他的河堤，在他的河段中出现了决口，使水冲走了农田（和大麦），那么他应该赔偿他毁掉的大麦；

54条：如果他没有能力赔偿大麦，人们应把他和他的财产卖为银钱，被水冲走了他们大麦的每个家庭成员应平分（赔银）；

55条：如果一个人打开了他的河渠用于灌溉，但是他甩手（不负责任），因此使水冲毁了他邻居的田地和作物，他应该按照（田的单位产量）量出大麦作为赔偿；

56条：如果一个人开渠放水，但却使水冲毁了他临近的已耕种的田地和作物，他应以1“布尔”土地10“古尔”大麦的比率量出大麦作为赔偿。

通过以上4个条款可以看出，每个人都负有加固自己沟渠的责任，同时在进行人工灌溉时要尽心尽职，不能让自己的失误给别人带来损失，否则要加倍赔偿。如果没有足够的财产进行赔偿，那么则要被卖为奴隶，彻底失去人身自由。卖身为奴是一种非常严厉的惩罚，足见政府对人工灌溉的重视。

——宋娇、李海峰：《从年名看古巴比伦时期的灌溉农业与水渠开建》，载《农业考古》，2014年第6期

材料五　我国传统农业的形成发展阶段

我国的传统农业从发展到成熟经历了公元前2070年前后至公元前475年前后大约1600年的粗放经营，和公元前475年至公元1911年大约2400年的精耕细作两个大阶段，而后一个大的阶段又可以分成北方旱作农业、南方稻作农业、多熟制为主的农作制等三个较为明显的时期，每个时期大约都经历了800年左右的形成发展与成熟完善。

大约公元前2070年，人类进入文明社会后，夏朝至春秋时期，经历了大约1600年。由于青铜时代逐步取代了石器时代，青铜农具的出现，是我国农具材料上的一个重大突破，开始了金属农具代替石质农具的漫长过程。夏商西周及春秋是我国传统农业粗放经营的大阶

段，又称作我国传统农业萌芽时期。

公元前475年—公元317年，战国至西晋时期，随着周王室统治的衰落，诸侯称霸，新兴的地主阶级登上历史舞台，新的生产关系的建立促进了生产力的发展。这一时期，由于政治经济中心主要在北方地区，北方的旱作技术获得了长足发展。主要体现在：冶铁业的产生和发展，出现了大量的耕地，中耕、除草、播种、收获等使用铁制农具，牛耕也同时出现，为北方旱作农业的精耕细作起了巨大的推动作用。这是我国传统农业精耕细作大阶段的旱作农业形成发展时期。

公元317年—1127年，东晋至北宋时期，因为北方战乱，人口大量南移，政治经济重心偏向南方，我国历史上首次大规模开发南方地区。东晋时期人口的南移，将北方先进的耕作技术带到了南方，使得整个农业经济结构发生了根本性变化，南方稻作形成发展期，特别是唐代，逐步形成了粮食生产南方为主的格局。隋唐之后由于南北大运河的开通，也开始了我国南粮北运的历史。这是我国传统农业精耕细作大阶段的稻作农业形成发展时期。

公元1127年—1911年，南宋至明清时期，由于"占城稻"引进，使我国南方稻麦轮作复种跨入新的阶段；而域外作物的传入，特别是明清时期美洲高产作物的传入及广泛推广，使得本土作物与外来作物之间进行合理轮作复种，大大提高了单位面积粮食产量和粮食总产量，传统农业逐步形成以多熟制为中心的农业耕作制度。这是我国传统农业精耕细作阶段的多熟制形成发展时期。

——刘旭：《中国作物栽培历史的阶段划分和传统农业形成与发展》，载《中国农史》，2012年第2期

材料六 中国原始农业的地位

1882年瑞士的植物学家德·康多尔最早从生物进化的角度，结合历史地理上的分布，着手从事对栽培植物起源的研究，早在100年前他就已肯定了中国、西亚、南亚及埃及、热带美洲，同是世界植物最早驯化的地区。本世纪初苏联遗传学家瓦维洛夫根据遗传进化的理论，提出凡是集中分布一个物种的大量显性基因的地区，就可能是它的起源中心。经研究他把世界分为8个起源中心，而中国则是第一个起源中心。据瓦维洛夫统计，在全世界已知的666种栽培植物中，起源于中国的有136种，即占20.4%。1968年苏联的茹科夫斯基提出，世界栽培植物可分为12个大的起源中心，中国及其毗邻的日本属第一中心，在全世界2 397种栽培植物中，起源于这一中心的有284种，占总数的12.8%，居世界第二位。1971年美国的哈伦提出世界栽培植物的起源地有三个中心和三个无中心地区。中国黄河下游地区和长江以南地区均占重要地位。

——摘编自董恺忱：《从世界看我国传统农业的历史成就》，载《农业考古》，1983年第2期

材料七 希腊城邦社会的农业特征

如同古代社会的其他文明一样，希腊文明从根本上说是农业文明，其农业特征反映在社会的各个方面。从观念上看，土地被认为是最重要而且最可靠的财富资源，相应地，农业成为高贵的职业，而工商业则被看成是卑贱的职业，不符合上等人的身份，这种观念最为明显地反映在贵族阶层的社会心理中。从社会的经济结构来看，农业是社会的经济支柱，也是城邦最重要的经济来源。社会人口的绝大部分所从事的都是与农业相关的生产，而在古代希

腊历史上的任何时期,从事大规模非农业生产的条件尚未具备。更为重要的是,决定人们社会与政治地位的是农业和对土地的所有权,而不是手工业和商业。希腊城邦制度的一个显著特征是土地所有权和公民权以至政治权利的结合,有公民权才能拥有土地,这也充分说明了土地和农业在社会生活中的重要性。与此相反,无论是从社会地位还是在经济结构中所占的位置来看,手工业和商业都处于次要的位置。首先,从对现有史料的分析来看,手工业的规模十分有限,其主要目的是为了满足自给自足的需要。其次,从希腊城市的特征及其同农村的关系来看,古代希腊城市从根本上说是消费中心和政治中心,而不是生产中心。再次,城邦没有任何旨在谋求利润的商业政策,只有保障城市供应的消费政策,换言之,城邦对商业赖以发展的利润并没有兴趣。最后,古风时代的殖民运动也不能归结于商业与海外贸易的发展。相应地,在希腊城邦社会中不存在工商业阶层与土地所有者阶层矛盾与对立的社会基础,雅典的民主政治也不是工商业阶层登上政治舞台的结果。农业是希腊城邦社会的最重要特征,具有象征意义的是,古代希腊钱币上的装饰图案往往是农作物,而不是其他东西。

——黄洋:《希腊城邦社会的农业特征》,载《历史研究》,1996 年第 4 期

材料八 希腊城邦社会的商业特征

至晚到希腊文明臻于成熟的古典时代,以雅典为代表的希腊社会已表现出极为突出的商业特征。首先,以葡萄、橄榄的种植、加工和海外贸易为代表的商业经济在希腊的经济结构中占据主导地位;社会人口的大多数从事的都是与工商业有关的生产;农业在狭隘的公民集团内部尚不能普及,完全以农为生的人口更是少中之少。其次,构成希腊政治特色的民主制度,既以工商业经济的发达为其根本前提,又以工商业阶层的壮大为其现实基础。最后,所谓"贵农贱商"之说只是表明希腊的农业社会已是"无可奈何花落去",工商业和民主政治的发展正日益危及传统贵族的生存空间和政治特权。

——毕会成:《"希腊农业特征"辨析——与黄洋同志商榷》,载《辽宁师范大学学报(社会科学版)》,2000 年第 1 期

材料九 古罗马的土地占有

在共和国早期,大多数农场由土地所有者以家庭为单位经营。农场自给自足,主要依靠谷物生产,在大地产主吞没大批小农户之后的很长一段时间里,追求自给自足的农耕公民的理想仍然存续很久。

随着罗马对意大利的征服,各部族土地(通常是 1/3)被没收,这引起了强烈的抵制,甚至引发后来反抗罗马的起义。这样的土地成为属于罗马的公地。有些土地分给个人,大量土地划归殖民城。土地成为平民和贵族之间斗争的根源之一,平民成为土地上的佃农或工人,贵族则从土地上获得丰厚利润。

随着罗马疆土的拓展,土地占有的类型也变得更加复杂。在帝国时期,最大的土地所有者是皇帝,他在帝国的许多地区都拥有皇室地产,包括用来采矿和产盐的工业用地。除了皇帝,还有其他许多土地所有者和大小各异的农业用地。这样的地产可能由土地所有者、承租人或者在地主或承租人不在时替代他们打理业务的管家来经营。大型地产可能由许多管家分别经营。其他土地由自治市、部族所有,或由小农以个人或联合的形式自由保有。在土地的买卖、承租、遗弃、恢复以及偶尔被国家没收的过程中,土地的使用权和所有权经常改变。

农业从公元3世纪起开始衰退，有些农场弃耕不用，土地荒芜。

——摘编自[英]莱斯莉·阿德金斯、罗伊·阿德金斯：《古代希腊社会生活》，张强译，北京：商务印书馆，2017年版，第212页

材料十　玉米的神话

墨西哥的阿兹特克人相信，人类被创造了五次，每一次都比上一次更进步。据说在第三次和第四次创造中，墨西哥类蜀黍是人类的主食。最后，在第五次创造中，人类用玉米喂养自己。直到那时，人类才繁荣起来，子孙遍布世界。

位于墨西哥南部的玛雅文化，其创世故事记述在《波波乌》里，书中也提到众神屡次试图创造人类的努力。起初，众神用泥巴塑人，但是，这样做出来的生物几乎看不见东西，又完全不能动，所以很快就被冲洗掉了。于是众神再试一次，这回用木头来造人。这些造物能以四肢爬行，也能说话，但他们缺乏血液和灵魂，而且不懂得崇敬神祇。众神再度摧毁了这些人，只留下几只栖居在树上的猴子。最后，关于如何选择适当的原料，众神进行了冗长的讨论，决定用白穗和黄穗的玉米制造第三代人类："他们用黄玉米和白玉米做他们的肉，用玉米面团做人的四肢。只有玉米面团进入了我们四位先父的肉体，赐予了他们生命。"玛雅人相信自己是这四个男人及其妻子(随后被创造出来)的后裔。

玉米也出现在南美洲印加人用来解释其起源的故事中。据说，在远古时代，住在的的喀喀湖四周的人像野兽般地活着。太阳神怜悯他们，于是派遣其儿女曼科·卡帕克和玛玛·奥克略(他们也是夫妻)来教化他们。太阳神给曼科·卡帕克一支金色的棍子，用来测试土壤是否肥沃、适不适合种植玉米。一旦发现合适的地方，他们便应建立一个国家，并教导人民以正确的仪式崇拜太阳神。这对夫妻的旅程最后将他们带到库斯科谷地，在那里，金色的棍子完全消失于土中。曼科·卡帕克教导人民从事农耕和灌溉，玛玛·奥克略教他们纺织，于是这片谷地成为印加文明的中心。

——[美]汤姆·斯坦迪奇著：《舌尖上的历史》，杨雅婷译，北京：中信出版社，2014年，第10—11页

第2课　新航路开辟后的食物物种交流

材料一　美洲菠萝的外传

长期以来，由于美洲新世界与欧亚非旧世界悬隔，故菠萝的栽培食用仅限于热带美洲地区。15世纪末地理大发现开始，海道节节大通，世界渐渐连成一体，也从此开始了农作物的大交流。最先见识发现栽培菠萝的便是地理大发现中的头号风云人物——哥伦布。他在第二次美洲探险期间，于1493年11月在东加勒比海小安的列斯群岛的瓜德罗普岛(今属法国)见到菠萝，并受到印第安加勒比人款待品尝了它的美味。西欧人对它非常喜欢，惊奇不已。

印第安人栽培的菠萝被西欧人发现后，很快就被探险家、传教士、殖民者传到世界各地。菠萝无种子，靠芽苗繁殖，芽苗耐贮运，这也便利了传播。约1505年，葡萄牙人自他们发现

殖民的巴西把菠萝引入圣赫勒拿岛。这是在美洲以外最早引种菠萝的地区。1548 年,葡人把菠萝引入他们重新发现和殖民的非洲东南部的大岛马达加斯加。1550 年,葡人把菠萝引入印度南部。到 16 世纪末,菠萝的种植已传遍世界大部分热带地区,包括南太平洋的一些群岛。

在欧洲,菠萝于 1514 年引入西班牙。但欧洲气候较寒冷,故菠萝在欧洲只栽培在贵族的温室园里供观赏研究等,后来也供育种。1730 年后,菠萝始在欧洲的少数温暖地区有大田种植。19 世纪初,菠萝引种到夏威夷。在东方,菠萝栽培于 1830 年由荷兰人传入日本的小笠原群岛,1845 年又由荷兰人传入长崎。

——摘编自张箭著:《新大陆农作物的传播和意义》,北京:科学出版社,2014 年,第 247—249 页

材料二　外来作物对美洲生态环境的影响

印第安人有种烟草的传统,但数量非常少。而殖民者大面积地将土地变成了烟草田。无论当地人还是新来者,都不了解大规模种植烟草对环境产生的影响。烟草像海绵一样吸收氮和钾。收获时,人们会将整株植株从土壤中拔出,因此收割和出口烟草,就相当于把养分从土壤中抽出并运上了船。

来自南美的烟草并不是唯一引进的东西。英国人还带来了他们农场里常见的物种:猪、山羊、牛和马。舶来的动物们最初过得并不如意,尤其常被饥饿的殖民者杀了果腹。但到了与波卡洪塔斯联姻后的和平时期,它们就开始成倍增长。殖民者很快就管理不过来了。印第安人醒来时发现,散养的牛、马在田里嬉戏,把他们的收成踩得一片狼藉。如果他们杀死这些动物,殖民者就会举着枪来索要赔偿。几十年间,动物数量暴增。

情况最糟糕的应该是猪。据一位殖民者报告,到 1619 年,"已经有了无数头猪,都被挤到树林里去了"。这种动物机灵、顽强又总要进食,它们吃坚果、玉蜀黍和水果,用铲状的鼻子刨开湿润的土壤,寻找可吃的根。茯苓是一种可食根,它是印第安人在玉蜀黍歉收时赖以糊口的块茎植物。结果猪迷上了茯苓。

从长远来看,最大的生态影响可能来自一种体形小得多的驯养动物:欧洲蜜蜂。1622 年年初,一艘抵达詹姆斯敦的船带来了一些异域玩意:葡萄藤、蚕和蜜蜂。葡萄和蚕始终没有繁殖,但蜜蜂却蓬勃发展。大多数蜜蜂只为少数几种植物授粉,并且对居住环境很挑剔。而欧洲蜜蜂这种随意的小动物,几乎为目所能及的所有东西授粉,什么地方都能住。它们很快遍布美洲各地。印第安人称之为"英国苍蝇"。

——摘编自[美]查尔斯·曼恩著:《1493:物种大交换开创的世界史》,朱菲、王原等译,北京:中信出版集团,2016 年,第 83—85 页

材料三　物种的交流与人类食物结构的演变

美洲作物在全世界的传播和普及具有重要的意义。比如,玉米、甘薯、马铃薯、木薯等粮食饲料作物具有耐瘠、耐旱、高产、抗性强、病虫害少等优点,对近代以来世界的人口持续增长乃至爆炸并维持在目前的 70 亿水平有重要贡献;烟草成为全世界总产值最大的经济作物并引发约五分之一的人有了抽烟嗜好;橡胶成为与钢铁、石油、煤炭比肩的重要工业原料;辣椒改变了许多人的口味;金鸡纳(其提取物为奎宁)降伏了长期严重危害人类健康和生命的疟疾,等等。人类的食物结构发生了自农业诞生、火的使用以来的第三次大变革。人们对美

洲作物的依赖有时也带来意想不到的困苦。例如，马铃薯从新大陆传入欧洲，16 世纪 80 年代被引进英国，渐渐发展成为英伦诸岛重要的粮食和蔬菜。1845—1849 年的爱尔兰大饥荒，100 万人饿死，130 万人移民，肇因就在于作为主要食物源的马铃薯因罹患卷叶病严重减产。

欧洲的奶牛和食用牛奶习惯也在大交流时代慢慢传开。人类从驯化饲养家畜以来，就出于各种目的偶尔食用母家畜产仔哺乳期生成的乳汁。其实人类长期没有专用奶牛、奶牛业、制奶业和饮奶习惯，因为世上原本无奶牛，也无野生奶牛，奶牛是人类在长期养牛用牛的生产实践中慢慢培育、选择，变异形成的专用牛类。奶牛起源于西欧。奶牛饲养在罗马时期已有零星记载，中世纪时期瑞士奶牛的个头已明显增大。专用奶牛的初步形成大概是在中世纪中期。这一时期爱尔兰人的日常食品就包括牛奶奶酪、凝乳、牛奶……中世纪中期的爱尔兰奶牛在品种正在形成和粗放饲养的情况下，每天可产奶 4—6 升。牛油、乳清及凝乳等制品是中世纪中期以降爱尔兰人夏天的主要食品。因为从冬天到初春这段时间，乳牛无法放牧。这一生产生活习惯延续了几个世纪。甚至近到 1820 年，在爱尔兰蒂龙郡流行一句谚语："夏天靠牛奶，冬天靠牛油。"

——摘编自张箭：《人类食物结构演变初论》，载《经济社会史评论》，2016 年第 1 期

材料四 物种交流与人口流动

新旧大陆之间粮食作物的交流与传播，为 15 世纪以后人类文明的深度交往提供了可能。从洲际交往的层面上看，充足的食物来源是人类能够持续跨大洲交流的先决条件和必要准备。在欧洲地区，以马铃薯为代表的高产作物，使得欧洲部分地区的人口数量得到了快速增长，跨区域的人员流动与社会结构的升级成为可能。例如，爱尔兰地区自 17 世纪开始大规模种植马铃薯，在不到 100 年的时间内，人口数量从 320 万增长到 820 万。人口数量的快速增长使得爱尔兰地区人口大量向外迁徙，美国成为爱尔兰人移民的最大目的地。此外，欧洲殖民者占领美洲大陆后，原有的印第安人部落，因为战争、疾病等原因，人口数量大为减少。例如，墨西哥人口在征服时期约达 1 600 百万，一个世纪以后，减少到这个数字的十分之一左右。美洲原住人口数量的锐减，促使欧洲殖民者需要数量巨大的海外移民来弥补美洲大陆劳动力短缺的局面。正是借助于新旧大陆之间农业传播的力量，世界性的人员流动才开始出现，并实现了劳动力资源的全球再分配。

——周红冰、沈志忠：《20 世纪前全球化进程中的农业因素——从地理大发现到工业革命》，载《中国农史》，2018 年第 3 期

材料五 物种交流与病毒传播

"哥伦布交换"中，最出乎人们意料的是病毒、病菌的传播。

欧洲人到达美洲之后，带来了新的病菌，使美洲社会遭到灭顶之灾。虽然在征服新世界的过程中，枪炮发挥了不可低估的作用，但是，死于西方人枪炮之下的印第安人的数量，远远少于死于新瘟疫的数量。可以说，天花、麻疹、百日咳、流行性感冒等传染病是造成美洲印第安人悲剧的罪魁祸首。

在大航海时代以前，美洲并不存在上述病毒。一位印第安人这样回溯昔日的幸福时光："那时，没有疾病；他们的骨头没有酸疼；那时他们没有发烧；那时他们没有天花；那时他们没有胸疼；那时他们没有腹疼；那时他们没有肺痨；那时他们没有头疼。那个时候，人事之道整

齐有序。可是那些外来者来了，令一切全然改变。”

欧洲人对自身携带的病毒已经有了一定的免疫力，但美洲人在这些新来的病毒面前不堪一击。瘟疫很快爆发，几年之间，天花导致美洲新英格兰沿海90%的当地居民死亡。根据一位亲历过这一惨剧的人记录，当时只有20来岁的人才有可能活下来，幸存者无力处理数倍于自己的尸体，干脆放弃家园，逃到附近其他地区，结果进一步感染了更多的人，“村庄成了废墟，没有人再管它。成千上万的印第安人尸横遍野，无人埋葬”。

——武寅主编：《简明世界历史读本》，北京：中国社会科学出版社，2014年，第345—343页

材料六　欧洲畜禽在美洲传播的影响

如果说，美洲生长、出产、培育、驯化的农作物不逊于旧大陆，新旧大陆都培育出许多重要的农作物品种，对农业都做出了巨大的贡献，那么，或许是天意，即由于地球演化的特殊进程，美洲可供驯养的兽类鸟类则很少。到地理大发现开始之时，美洲仅在局部地区有羊驼、美洲驼两种家畜和吐绶鸡、麝香鸭两种并不优良的家禽。此外还有狗和豚鼠——这便是印第安人当时驯养的全部畜禽。而可以作为役畜的羊驼和美洲驼还只限于南美安第斯山区，且驮不动100磅的重物，不能供成年人骑乘。豚鼠还没有兔子大，传入旧大陆后只用作玩赏动物和实验动物；麝香鸭比家鸭稍大，远小于鹅。而旧大陆的家畜已很丰富，畜牧业早已发展起来。

哥伦布第二次远航期间由哥伦布船队和后续补给船队将一些旧大陆的家畜传入了新大陆。1493年9月哥伦布开始第二次远航美洲时，就带上了公母搭配合适的各种畜禽，其中有20几匹马，8头猪，一些猎狗；有数目不详的驴和牛；还有一些绵羊、山羊和鸡；甚至还有骡子。旧大陆最为重要的畜禽，哥伦布船队几乎都带上了。它们中的一些是在加的斯港装上的，一些是在加那利群岛装上的。在横渡大西洋的航行中，以及在探察加勒比海地区时，有一些畜禽死去。但大部分畜禽随人员安然到达，在海地伊莎贝拉登陆上岸，修圈搭窝，被安置下来。

哥伦布带来的欧洲畜禽在美洲生息繁衍，并在最初的殖民活动和开发新区的事业中发挥了重要作用。欧洲的骑兵和猎狗在征服海地乃至征服美洲印第安人的征战中发挥了特殊作用。美洲印第安人均没见过马，对马敬畏莫名。他们最初还认为，西班牙骑兵是有分身术、可人马合一又可人马分离的半神兵，是双头怪物。殖民者带来的欧洲狗除了看家护院、打猎外，在追捕、搜索印第安人，捕捉他们为奴方面也起了独特的作用，据说在对付印第安人时一条狗抵得上10个人。另外，狗还用于品尝、检验美洲的各种动植物食品，以辨别食物是否有毒。欧洲来的牛、驴、骡等则用作役畜。马除了供骑乘，也用于力役。猪、羊、鸡则主要用于食用。

——张箭：《哥伦布第二次远航与旧大陆生物初传美洲》，载《历史研究》，2005年第3期

材料七　物种交流对美洲文化形成的作用

尽管西方文明在美洲明显地占了上风，但早期的美洲文明并没有被消灭，它顽强地生存了下来并被外来的西方文明吸收过去，在美洲形成了东西方文明兼收并蓄而具有美洲特色的新的美洲文化。

哥伦布发现美洲时，他们不仅同土著的印第安人进行以物易物的交换，而且还把欧洲生

产的生产工具、生产方式以及农作物品种、家畜等传到美洲。例如，哥伦布在第二次航行时有17艘大船，带上许多不同职业的人，有教士、士兵、农民、工匠等1500人，带上农业工具，小麦、大麦、柑桔、柠檬、甜瓜的种子，甘蔗幼苗和牛、马、驴、猪、羊等家畜，以及开矿用的炸药和机械，这些对印第安人了解和接受高层次的文化、促进美洲社会的发展无疑是有积极作用的。欧洲移民还通过他们的殖民政策和分配制度把欧洲的政治体制移植到美洲，促进了美洲社会生产力的发展，使美洲的历史发生了新的转折。

——钱明德：《哥伦布发现美洲的主旋律——新旧大陆文化的汇合》，载《世界历史》，1994年第3期

材料八 美洲作物在中国迅速传播的原因

明清时期以来正是我国人口高速增长时期，全国人口从明初的6500—8000万人增加到1953年的58300万人，数百年间人口增加了9倍，而同期耕地只增加了4倍。人多地少，耕地不足，给粮食供给造成了极大的压力。玉米、番薯和马铃薯都是耐旱、耐瘠的作物，一般粮食作物难以生存的贫瘠土壤、深山苦寒地区均可种植，而且产量高。尤其是番薯，因为生长期短、适应性强，在南方一些地区几乎一年四季都可种，农民常常将它在常规作物种植失败后种植，对抗灾救荒起着十分重要的作用，因此备受关注。

美洲作物的传播与商品经济在中国的发展也有着密切的关系。亚洲棉在6—8世纪就已传入中国，但是它取代大麻成为我国衣被的主要原料花了几个世纪，而美洲棉只用了短短几十年的时间就对中国亚洲棉的生产产生了巨大冲击，其重要原因就是中国近代纺织工业和对外贸易事业的发展。其他美洲作物的发展也存在同样的情况，如安徽全椒以前很少种植花生，但"近日种者颇多，为出产之大宗，榨为油，民间日用，大率皆是"。原因是从种植花生所得的收益远远大于其他作物。

——摘编自王思明：《美洲原产作物的引种栽培及其对中国农业生产结构的影响》，载《中国农史》，2004年第2期

材料九 土豆传入欧洲的影响

许多学者认为将马铃薯引入欧洲是一个关键的历史时刻。这是因为，马铃薯开始在欧洲被广泛食用的时间，与欧洲北部饥荒终结的时间大致重合。除此之外，声誉卓著的历史学家麦克尼尔认为马铃薯带来了一个帝国："马铃薯，通过养活迅速增加的人口，使少数欧洲国家得以在1750年至1950年间统治世界的绝大多数地方。"饥饿的终结帮助维持了政治的稳定，使得欧洲国家能够从美洲的银矿获利。土豆推动了西方的崛起。

哥伦布大交换不仅给欧洲和北美带来了产量超高的土豆，还带来了生产率超高的安第斯土豆种植技术，包括世界上最早的高浓度肥料：秘鲁海鸟粪。几个世纪以来，安第斯山区的居民都在开采这些沿海岛上由鸟类排泄物堆积成的巨量矿藏。几百年来，运肥料的船舶满载着鸟粪横渡大西洋，很多专家认为，它们同时也带来了导致马铃薯枯萎的一种类似真菌的生物，这导致了爱尔兰大饥荒。按某些标准来衡量，这场饥荒是有史以来最悲惨的一次。

不久以后，土豆遭到另外一个外来物种的攻击：科罗拉多土豆甲虫。惊恐的农夫们选择了第一种无机农药：各种形式的砷制剂，并踊跃地将其喷洒在田野中。生产更加有效的砷制剂的竞争催生了现代农业企业的第三个组成部分：现代农药工业。在20世纪50至60年代，改良作物、高效肥料和人造杀虫剂完成了系统综合，创造了"绿色革命"，引发了农业生

产力的爆炸式增长。这种爆炸性增长改变了从美国伊利诺伊州到印度尼西亚的农业，并且引发了今日愈演愈烈的关于食品供应的政治争议。

——摘编自[美]查尔斯·曼恩著：《1493：物种大交换开创的世界史》，朱菲、王原等译，北京：中信出版集团，2016年，第231—232页

材料十　不同地区物种的差异性

从植物学上看，美洲的作物完全不同于旧大陆熟悉的作物。其中有些作物是欧洲、亚洲和非洲农民以前所知作物的极其有价值的补充。例如，美洲作物玉米迅速传播到中国西南部、非洲和欧洲东南部。在中国，马铃薯的重要性远不如植物学上与它无关的甘薯，甘薯大量种植在不能种植水稻的山坡和以前的荒地上。在欧洲，这种关系正好相反，因为更寒冷的气候适合起源于安第斯高原的作物，而欧洲夏季的温度还不足以使甘蔗成熟。

——[美]威廉·麦克尼尔著：《世界史：从史前到21世纪全球文明的互动》，施诚、赵婧译，北京：中信出版社，2013年，第277页

第3课　现代食物的生产、储备与食品安全

材料一　现代农业

一般认为，今天意义的现代农业始于二战后(1840年英国工业革命完成至二战前这段时期的世界农业发展称为近代农业，此前的统称为传统农业或者古代农业)，是在近代农业的基础上发展起来的以现代科学技术为主要特征的农业。

但是，若从土地、劳动力、资本和科学技术等农业生产力四大要素的角度看，更有学者将1840年前后英国工业革命完成至今的世界农业发展统称为现代农业，以英国工业革命建立起市场经济体系作为现代农业起始的里程碑性标志。研究发现，农业生产力发展的不同阶段，生产力四大要素在其中的地位与作用是迥然的，传统农业以劳动为主导(因此称其为劳动密集型)、劳动生产率低下，以传统农业为基础的国家基本上还处在农业社会；现代农业以资本和科学技术要素为主导(资本密集型、技术密集型)、劳动生产率高，以现代农业为基础的国家则进入工业社会，农业生产力水平基本上由国家工业化、城市化水平决定，表现在工业为农业提供资金、装备和技术的能力，以及城市消费农产品和转移吸收农业劳动力的能力。因此，把世界农业按照原始农业、传统农业、现代农业等三阶段划分，既体现了生产力中要素配置作用的一般经济学规律与本质，也反映了农业综合生产力发展的总体水平，同时还考虑了农业与其他产业、科技、经济、社会发展的相互影响。这样认识和划分农业的发展阶段，有利于今天人们对现代农业产生与发展深刻的经济、政治和科技等历史背景及其相互关系的理解，特别是市场、资本、工业、科技、城市对现代农业的催生、引领与主导作用，把握现代农业的内在本质，也有利于人们对中国发展现代农业、建设社会主义新农村历史任务面临的多重性、复杂性、长期性和艰巨性的深刻理解。

——戴小枫、边全乐、付长亮：《现代农业的发展内涵、特征与模式》，载《中国农学通报》，2007年第3期

材料二　科技对农业的作用

智利和阿根廷是世界上热带水果的主要生产国。20 世纪 90 年代初，地中海果蝇侵入南美，给水果生产造成严重影响，许多农户被迫停止种植生产那些受果蝇危害严重的水果，并且为了能出售无虫水果不得不定期施用大量农药。但是，主要水果进口国家，由于害怕在进口果品中携带的地中海果蝇的侵入，对这些地区的水果进行严格检疫并拒绝其进口，或者要求对水果进行昂贵的收获后处理。每年给这些国家的水果生产造成数亿美元的损失。

联合国粮农组织和国际原子能机构核技术应用联合司研究开发了昆虫不育技术的生物防治办法，可有效防治乃至灭绝危害严重的地中海果蝇。该技术是利用辐照技术使大规模饲养的目标害虫雄性不育，然后将这些雄性不育害虫投放到野外与野生雌虫交配，进而阻止其后代的繁殖，从而控制乃至灭绝害虫的整个种群。智利经过若干年努力，已经根除了地中海果蝇，该国已成为国际公认的无地中海果蝇的国家。这为其价值几十亿美元的水果出口业的扩大提供了广阔的前景。

——摘编自何昌垂主编：《粮食安全——世纪挑战与应对》，北京：社会科学文献出版社，2013 年，第 210 页

材料三　现代食物生产的进步

根据中外农业科技史专家的研究结论，人类在渔猎、采集农业阶段，每 500 公顷土地只能养活 2 人；进入刀耕火种的原始农业阶段，每 500 公顷土地可以养活 50 人；进入连续种植的农业文明阶段，每 500 公顷土地可以养活 1 000 人；而在资本技术集约型经营的现代农业阶段，每 500 公顷土地供养的人口猛增至 5 000 人。特别是 20 世纪 80 年代以来，荷兰人选择将有限的土地资源用于发展高附加值的畜牧业和园艺业，发展以温室技术工程为代表的现代设施农业，园艺作物基本摆脱了自然条件的约束，使 1 公顷温室的生产水平超过 100 公顷大田作物种植的产出规模，目前荷兰一个农业劳动力每年生产的农产品可以供养 112 人。这样的生产增长速度在世界农业史上是从来没有过的。

——张新光：《20 世纪以来世界农业发展中几个带有规律性的问题》，载《上海农村经济》，2008 年第 5 期

材料四　西欧传统农业的发展与转化

西欧是工业化、城市化发展较早的地方，而这二者的发展与传统农业的发展与转化也有着十分紧密的联系。工业革命首先于 18 世纪末出现于英国，先传至西欧、再传遍欧洲大陆其他地方，并将欧洲从农业社会变成工业社会。工业化发展对传统农业的深刻影响首先表现在受雇于制造业、矿业、运输业及服务业等的人口增加，由于他们多源自农村但相对集中于城市，农村向城市的不断移民使得农业人口相对数与绝对数先后下降。20 世纪初西欧多数国家农业人口开始停滞，二战结束后则急剧下降。城市居民人口、收入增加及生活水平提高导致了对畜产品、蔬菜水果等总需求量的增加，促进农民放弃谷物生产而转向此类高收入农业生产活动。

其次在于工业发展给农业提供了愈来愈多的投入，农民也开始购买并利用愈来愈多的农场外的投入，如农具由木制向铁制向机器的转变，肥料使用由有机肥向无机肥的转变都是制造业发展的结果，而动力方面由机械动力、电力代替人、畜力更得益于此。农业生产中的迅速机械化就被认为是二战结束后英国农业最明显的变化之一。

另外，与工业化密切联系但又不完全等同于工业化的是运输条件改善对农业生产的巨

大影响。现代运输方式出现以前主要依赖畜力牵引的陆上运输及水运，前者不仅速度慢、量小且受道路状况影响，后者则相对要快且量大。因此英国、法国、荷兰等地的运河系统均相当发达，19世纪蒸汽船用于运输更加强了水运的便利。铁路的出现带来了更大的变化。铁路运输比水运快捷、量大且便宜（海运例外）。防腐保鲜技术的发明对农业发展亦有同样大的作用，如冰箱的制造使得易烂易腐食品的储藏、长途运输成为可能，某些畜产品如肉则可以通过就地屠宰获得而不必活畜运输，鲜奶则可以供应离产地很远的消费者，防腐保鲜与铁路运输的联合使农产品无远弗届。

——摘编自张家炎：《传统农业的转化：西欧经历与中国发展》，载《农业考古》，1998年第3期

材料五　现代化食品工业

现代化食品工业的出现需要两个前提：一是现代化的工业手段对食品所进行的大批量生产，二是现代性的城市居民对食品所提出的大规模需求。在两者一拍即合的情况下，一种来自工业生产线而非厨房的方便食品出现了。1810年，罐装食品实验成功并开始为人们提供食品；1836年约瑟夫·科林公司生产的沙丁鱼年产量10万罐。1880年法国西海岸的食物罐装工厂每年产出5亿罐沙丁鱼罐头；1833年，蒸汽动力机器被运用到面包生产中，强有力的机器使面包轻而易举地被大批量生产；19世纪30年代末，乔纳森·迪克森·卡尔发明了饼干塑形机，将大量饼干从一条面团上切下来，以最便捷的方式制成大小一致的几何图形，这些都是独立工匠用手工难以完成的；1865年，采用李比希发明把牛肉利用机器压成块状，使南半球过剩的牛肉成为北半球人们餐桌上的快餐；1874年，浓缩牛肉汁被大量生产和销售……目前，世界上的方便食品已超过100多万种。工业化生产和规模化经营使食品产量提高，质量稳定，标准趋向统一，从而更能满足人们对于食物卫生、营养等方面的需求。

——陈炎、李梅：《中西饮食文化的古代、现代、后现代特征》，载《中国文化研究》，2009年秋之卷

材料六　中西方不同的饮食文化

西方工业革命以后，随着农业的进步，化肥、农药的使用，土地相对充裕，农产品的人均占有量大量增加，畜牧业在农业中的比重进一步的增加。食的问题在他们那里得到完全解决，肉食占整个食物结构中的主体部分，无主副食之分，肉食的天然可口不需过多的调味品和花样众多的烹调术就能使人们常吃不厌；此外，近代科学的发展，人们已认识到食物中热量和蛋白质的作用，所以把食物仅仅看作是给人这部机器添加原料而已，生活的意义则在吃以外的领域中得到体现；再则，欧洲文化主要着眼于认识自然，随着新教伦理的传播，是否进入天堂取决于自身的成就的大小，西方人形成一种重奋斗、轻享受的生活模式，忽略了对口味的追求。

但是由于中国农业生产出占世界17%的粮食，却养活22%的人口，不能提供人们足够的饮食原料，所以农业所履行的一部分功能，交给烹饪来完成，由烹饪来“弥补”其中的不足，因此主要形成于近代的中国饮食文化，承担了双重功能，中国近代的农业及农业结构与饮食文化的关系，其衔接点也就在此。

——摘编自徐旺生：《中国饮食文化与晚近农业结构关系探析》，载《农业考古》，1995年第1期

材料七　绿色革命的原因

绿色革命是指1960年以后欠发达国家在小麦和水稻生产方面所发生的变化。用“革命”一词表明人与其主要粮食作物之间产生了一种全新的关系；而“绿色”一词则暗示了这一过程中所用的科技是良性的，强调了人与粮食作物之间的关系是积极的。作为粮食生产领域的深刻变革，绿色革命在促进粮食生产的同时推动着世界农业从传统向现代转型。

大多数人把绿色革命的原因归结于人口过剩和粮食紧张。绿色革命的发生确实与人口过剩、粮食紧张有关，然而人口过剩、粮食紧张只是其中的一部分原因。除人口过剩、粮食紧张外，还有其他的原因：第一，作物育种学、土壤肥力学和水利的发展使新的生产方式成为可能。没有农业科学的发展，没有农业技术的改进就没有提高粮食产量的可能。第二，从事农业科学研究和农业技术改进的专家希望将自己辛苦研究得出的成果转化为现实的农业生产力，他们工作的价值也只有在粮食增产的实践中才能得到体现。第三，采用新技术的农民希望借助这一新的生产方式更好地控制和利用他们的每一分土地，让每一分土地都有更多的粮食产出。第四，负有治理国家和社会职能的政府出于维护国家安全、社会稳定的需要，不希望“治下的国家因粮食紧张而受制于别人，治下的社会以粮食紧张而迁怒于自己”。政府鼓励农民多生产粮食，支持农技人员从事粮食高产的研究。第五，人与粮食作物的相互依赖关系迫使人们与粮食作物共同进化，共同成长。综上所述，可以看出，绿色革命不是单方面原因促成的产物，而是多方面原因共同作用的结果。

——摘编自吴思郡：《帕金斯绿色革命观点及启示》，载《世界农业》，2015年第1期

材料八　绿色革命对环境的影响

第一次绿色革命始于20世纪50年代的墨西哥，产生大规模影响则是在60年代后期，通过采用高产现代品种，加以化肥、农药、灌溉和机械等技术的配合，目的是提高粮食产量，缓解二战以后不断增长的世界人口对粮食的需求。在绿色革命实施以来的20多年里，世界及许多发展中国家的粮食产量都得到大幅度的提高。

第二次绿色革命始于1973年，Cohen-Boyer开发了以基因工程为核心的现代生物技术，实现了基因片断在不同生物体之间的转移。现代生物技术在农业中的运用具有广阔的前景，堪称农业技术史上的又一次革命，也有人称之为基因革命，或者“二次绿色革命”。转基因作物具有较大的增产潜力，虽然其直接增产效果尚不明显，但在减少病虫害损失方面效果明显，这一点已经在许多国家得到证实，因而间接地增加了粮食产量。

第一次绿色革命在提高农业产出方面取得了巨大的成功，但同时也产生了一系列的环境负面影响，这是人们始料未及的。现代高产品种需要大量灌溉用水、化肥的配合，二者缺一不可。大面积推广一种或极少数品种容易形成单一农业，更有可能遭受病虫害的入侵，随之带来的便是大量杀虫剂、除草剂等农药的使用。由于灌溉用水、化肥、农药等的集中投入，与之相关的环境问题也日益凸现。

新的绿色革命以基因技术为核心，因而有人称新绿色革命为基因革命，并且认为新绿色革命对环境更为有利。那么新绿色革命真的更有利于环境的可持续发展吗？从目前人们对环境的担心来看，新绿色革命可能带来难以预测的环境负面影响，比如产生超级杂草、超级害虫、杀死非目标生物、减少生物多样性等，而且这种影响更加不确定，其结果可能是毁灭性的。FAO的专家也认为，人类对基因革命新技术环境影响方面的认知程度远不如对基因产品

的安全性那么深刻。由此看来,与第一次绿色革命相比,新绿色革命未必就对环境更为有利。

——摘编自张立英:《对绿色革命的反思》,载《粮食科技与经济》,2009年第5期

材料九　英国食品法的颁布

随着工业革命在英国的开展,食品贸易日益扩大,在巨额利润的驱使下,食品市场上掺假、制伪、掺毒等现象不断发生并愈演愈烈,构成19世纪英国最主要的食品安全问题。19世纪前期,由于对市场上销售的食品或饮料的成分和质量缺乏有效的控制,食品安全问题达到了前所未有和无法想象的程度。1850年《柳叶刀》杂志组建"卫生分析委员会",专门调查和报告"(英国)所有阶层消费的固体和流体食品"的质量,著名医生阿瑟·哈索尔出任首席分析师。哈索尔的调查表明,19世纪中期英国食品的搀假达到了一种令人发指的地步。就面包而言,在哈索尔随机挑选的49份样品中,毫无例外地都含有明矾,其中就有"联盟面包公司"的产品,该公司曾在《泰晤士报》上刊登广告宣传其面包"完全纯正","不含有明矾和其他任何有毒的物质"。在哈索尔检测的面粉样品中,几乎有一半掺有明矾……牛奶掺有10%—50%不等的水。对于茶叶,哈索尔发现伦敦至少有8家工厂将已经泡过的茶叶烘干,将其批发给奸商,然后再由他们出售给普通消费者。

《柳叶刀》杂志的打假行动,获得了英国舆论界的空前支持与响应。1860年7月议会通过了温和的《食品搀假法》,即《地方政府打击食品和饮料搀假议会法》。它是近代以来英国"第一部试图管理所有食品的单一立法"。

至1914年第一次世界大战爆发,经过半个多世纪的发展,初步建立了比较成熟的食品安全监管体制。

——摘编自魏秀春:《英国食品安全立法的历史考察,1860—1914年》,载《世界近现代史研究》,第七辑

材料十　中国食品安全法规的颁布

2003年,我国在原国家药品监督管理局的基础上组建了国家食品药品监督管理局,并被赋予食品安全综合监督、组织协调和依法组织查处重大事故的职能。2004年,国务院印发《关于进一步加强食品安全工作的决定》,对我国食品安全监管主体进行了明确界定。2008年9月,在卫生部的"三定"方案中,又将综合协调食品安全的职责由国家食品药品监督管理局划入卫生部,同时将食品卫生许可,餐饮业、食堂等消费环节食品安全监管职责由卫生部划给国家食品药品监督管理局。至此,我国食品卫生治理理念被食品安全治理理念所取代,进入了分段监管,相互配合的综合监管阶段。2006年我国出台了《中华人民共和国农产品质量安全法》,2009年《综合性的食品安全法》正式出台,食品安全的综合治理有了基本的约束性规范,并且,为了更好地协调各部门的监管工作,2010年2月国家正式组建成立了国务院食品安全委员会,委员会办公室承担了食品安全的综合协调任务。2012年国务院再次出台《关于加强食品安全工作的决定》,对食品安全监管工作做出了进一步的要求,并将食品安全纳入地方政绩考核,食品安全治理真正纳入核心执政任务之一。2013年11月12日,党的十八届三中全会通过《中共中央关于全面深化改革若干重大问题的决定》,对食品安全治理进行了明确表述。

——摘编自王常伟、顾海英:《我国食品安全保障体系的沿革、现实与趋向》,载《社会科学》,2014年第5期

第二单元

生产工具与劳作方式

第一部分

单元教学设计

单元学习主题与学习目标

1. 课标要求与分析

课标要求：了解劳动在社会生产中的作用，以及历史上劳动工具与主要劳作方式的变化；认识大机器生产、工厂制度、人工智能技术等对人类劳作方式及生活方式的影响；理解劳动人民对历史的推动作用，以及生产方式的变革对人类社会发展所具有的革命性意义。

依据课标，本单元要突出三个学习要点。一是了解历史上劳动工具不断改进的情况，认识劳动工具改进与劳作方式的变化。人类历史上劳动工具的变化，经历了从石器、木器到铁器工具的演进过程。铁器工具的使用大大提高了生产力。进入农耕时代后，人们在改进劳动工具的同时，开始借助畜力、自然力（如水力和风力等）以及机械力的传动（如灌溉中的水车等）来提高生产能力。劳动工具改进带来了人们劳作方式的变化，个体劳动的能力不断增强，农业呈现出精耕细作的发展趋势，手工业出现劳动分工与协作，商业贸易中运输能力大大提高。

二是工业革命和科技进步影响人们的劳作方式及生活方式。工业革命后，出现大机器生产，能源动力得到发展，电力、石油、核能等在生产中广泛应用，加上工具机的发明与应用，机器制造的技术发展，彻底改变了人们传统的劳作方式；工厂制度普遍建立，股份公司出现，流水线生产、科学管理等出现，极大地改进了人类生产组织形式，促进了人类社会进步；现代科技广泛应用，人工智能技术的应用与推广，极大地提高了人们的劳动生产效率，人们开始了一种新的工作方式和生活方式。

三是生产方式的变革对人类社会发展具有的革命性意义。一般认为，生产方式是生产力和生产关系的总和，指社会生活所必需的物质资料的获得方式，以及在生产过程中形成的人与自然界之间、人与人之间的相互关系的体系。教与学的活动中，融入唯物史观基本原理，认识生产力的发展推动了生产方式的变革，从而推动了人类社会从低级到高级的发展，是本单元学习的非常重要的内容。

学生因为学习生活成长经历的局限，特别是城市里的学生，大多数缺乏对劳动工具的直观了解。教学时，既要用直观的图文引导学生认识不同时期生产工具是什么样子的，也要结合其他学科的知识引导学生认识工具进步的表现，从而认识不同历史时期劳动工具的革命性变化对社会进步的意义。可以利用学校附近的有利条件，设计实践活动，调查了解本地区生产生活中仍在使用的典型工具或代表性能源，通过查阅历史文献梳理演变历程，进行探究学习。也可以同物理等相关学科教师合作，了解新能源、新机器的科技原理，理解科学技术对机器改进的作用，理解新能源、新机器对人类生活的影响，还可以设计适合学生的简单劳动工具制作的活动，体验工具改进对人类生产生活进步的促进作用。

这一单元学习中，理清劳动工具改进的历史脉络，分析工具进步、劳作方式改进对社会发展的重大作用，加深运用唯物史观分析历史变化的思维训练，是学习过程中要格外重视的几个方面。

2. 单元学习主题

本单元学习主题可以设置为“生产工具改进与生产方式变革是人类社会进步的根本动力和重要标志”。

通过《中外历史纲要》的学习，学生已对中外古代农业、手工业历史发展有了一个大致的了解，本单元是对必修课所学内容的延伸和拓展，要加深劳作工具改进、劳作方式变化促进生产生活变革的认识。例如，“古代的生产工具与劳作”一课，学习的重点是生产工具的变化、劳作方式的演变，通过梳理课文内容可以知道：劳动工具材质的变化，认识人类从石器、铜器到铁器时代工具制作水平的进步；劳动工具形制和功能的发展，古代农业从刀耕火种到铁犁牛耕的发展过程，古代纺织业从简单缝制到纺车普及的发展过程，以及陶瓷业、金属冶炼技术的进步，与《中外历史纲要》上册第一单元社会形态演变的相关知识联系起来，引导学生理解这些变化对古代社会发展的作用。这样就紧扣了本单元的学习主题，实现了必修课程和选择性必修课学习价值的整合。

本单元学习时，要将传世文献和考古资料相结合，将图片和动画资源与文字阅读相结合，充分发掘教材，创新学习情境，落实学科核心素养。例如，本单元在培养学生时空观念和历史解释素养时，先要引导学生厘清基本史实，知道生产方式变革的具体脉络，能够将不同时期的生产工具定位于特定时代，还要通过分析史料，充分理解生产力发展与生产方式变革间互为促进的关系，运用唯物史观的基本原理解释其对社会进步的作用。

3. 单元学习目标

（1）能在阅读材料的基础上知道生产工具、劳作方式的变化，通过阅读文献、图片等材料，梳理生产方式变革的历程，概括原始农业出现到工业革命到科技革命等不同阶段生产方式变化的表现及阶段特征。

（2）能在阅读材料基础上理解生产变革对于人类社会和生活的影响，联系互联网技术和人工智能对社会生产生活带来的影响，深入理解科技进步对于人类生产、生活方式的影响，认识科技创新驱动社会发展的现实意义。

单元学习重点与难点

1. 学习重点分析

本单元学习重点是：古代农业生产工具、劳作方式变化；工厂制度及其对人类生活的影响；新科技革命及其对人类生活的影响。

生产工具是人们在劳动过程中用来对劳动对象进行加工的物件。它处于劳动者和劳动对象之间，起传导劳动的作用。劳动工具是劳动资料主要的、基本的部分。人类劳动是从制造和使用工具开始的，这是人类劳动过程独有的特征，是人类劳动区别其他动物活动的根本标志。农业产生于新石器时代，人们最初用以制作农具的材料是石头、树枝、兽骨和蚌壳，以石头为主。青铜技术的发明和应用，是夏、商、西周时代社会发展的重要标志。受到多种条件的制约，青铜农具在数量和质量上都没有达到影响农业发展的程度，更多的则表现为象征性的意义。春秋初年，已用铁制农具。战国时期是铁制农具广泛使用的时期。汉代开始，铁制农具迅速在全国普及。在纺织工具中，新石器时代的陶制纺轮，汉代的纺车和提花机都是其中的代表。在陶瓷业工具中，以胚车、匣钵、支钉等工具为代表。在金属冶铸业中，制作小型金属器具使用土炉、锤和锉等，制作大型金属器具使用坩埚和范。

农业家庭式劳作方式。它是小农家庭为基本生产单位，在小土地分散式经营中，通过男耕女织的生产方式，形成的一种自给自足的经济形态和特定的生产与生活格局。农业庄园式劳作。它是以地主大土地所有制为基础，以庄园内生产为主要内容的劳作方式。东汉末年的庄园发展与军事有密切的联系，庄园不仅是生产组织，还是军事组织。在十六国和南北朝时期，这种武装化、堡垒化的庄园就是北方普遍存在的坞堡。

工业革命时期，伴随着大机器生产，出现了工厂制度。工业革命实现了从工场手工业到机械化的大工业的飞跃。为适应机器大生产的要求，工厂制度成为最普遍的生产组织形式。它将生产资料和工人集中在一起，通过使用机器进行大规模生产，极大地提高了社会生产力；工厂制度下的工人，一方面受严格纪律的约束，另一方面又受到精密分工的机器的支配，成为机器的附属品。洋务运动揭开了中国近代工业化的序幕。民族资本主义工业的产生与发展，也促进了中国工业化的进程。

工业革命后，人们的生活方式也发生了变化。历史上科技革命所引发的产业革命主要是通过技术产品替代了人的体力劳动，实现了人类身体上的解放。而以人工智能为基础的新技术革命则将在一定程度上直接替代人的脑力劳动，进一步实现人类全方位的解放。

由于战争的需要，在二战中，主要参战国都投入了大量的人力、物力致力于高科技武器的研究，大量高新科技成果纷纷问世。继 1945 年世界上第一颗原子弹爆炸成功后，1946 年第一台电子计算机问世；1947 年，晶体管发明；1957 年，第一颗人造地球卫星成功发射，等等。以这些高科技成果的出现为标志，人类又一次开启了新一轮科技革命的大门，国防工业进入了“原子时代”，民用工业也开始进入“电子时代”。在这次新科技革命中，电子计算机技术、网络技术、人工智能技术、航天技术、海洋技术、生物技术和新材料技术蓬勃发展。中华人民共和国建立后，在新技术革命的相关领域研究取得大量突破性成果。

随着生产力的巨大进步，新的生产领域出现。劳动方式的巨大变革，改变着经济增长模式和管理方式，也导致社会阶层结构和产业结构发生变化。网络和智能手机的使用改变了人类文化生活方式和对世界的认知。

2. 学习难点分析

本单元学习难点是：工业革命以来生产方式的变革及其对人类历史、社会生活的影响。

近代以来大机器生产、工厂制度、智能技术的出现，加快了社会前进的步伐，使得生产方式的变革此起彼伏，不仅推动了社会生产力的大飞跃，也给人们的劳作方式与生活方式带来深刻的影响，生产方式的变革对人类社会发展具有革命性的意义。影响人们劳作方式及生活方式的重要因素有三个：第一，工业革命中大机器生产，尤其是生产能源多样化（电力、核能等）的广泛应用，彻底改变了人们传统的耕作方式；第二，工厂制度的普遍实施，人们开始了一种新的工作方式和生活方式；第三，现代科技革命以来，智能技术的应用与推广，进一步改变了人们的生活。

在本单元的学习中，要结合《中外历史纲要》上下两册已学内容，认识不同领域生产方式的变化，重点理解变化的原因是生产力的发展，同时其又反过来促进了生产力的发展，二者相辅相成。在理解变化的基础上，与现实生活相联系，认识生产方式的变化对自己生活的影响。

单元教学设计

1. 单元知识结构

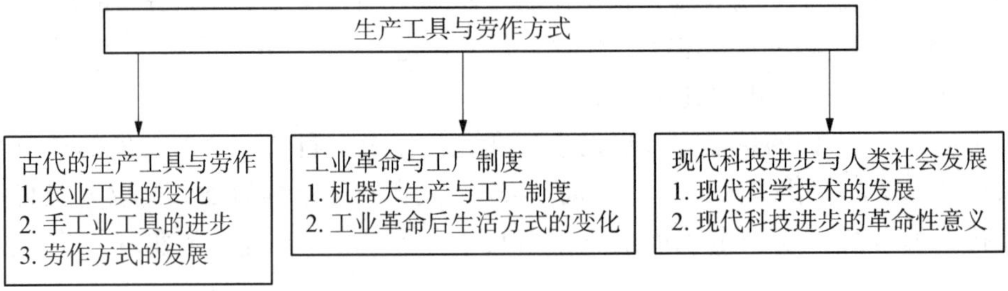

2. 主干知识与问题链

课时	主干知识	教材预设问题	问题链
1	古代的生产工具与劳作 (1) 农业工具的变化 (2) 手工业工具的进步 (3) 劳作方式的发展	〔思考点〕耕作工具和灌溉工具的进步,是怎样促进农业生产发展的? 〔学思之窗〕农业家庭式劳作对社会的发展起到了怎样的作用? 〔问题探究〕阅读材料并结合所学,说说战国时期的主要生产部门用铁器作为生产工具的情况。 〔学习拓展〕渔业也是古代经济的重要组成部分,举出一种古代渔业工具并加以说明。	(1) 农业生产工具在材质方面变化的表现有哪些?逐一说明农具材质变化带来的社会影响。 (2) 古代水利灌溉工具中的典型代表是什么? (3) 举例说明,古代手工业生产工具进步的表现。手工业技术革新对社会进步的积极影响。 (4) 说明小农经济和庄园经济的概念并分析对社会发展的影响。
1	工业革命与工厂制度 (1) 机器大生产与工厂制度 (2) 工业革命后生活方式的变化	〔思考点〕工厂制度对工业生产起到了怎样的作用? 〔学思之窗〕工业革命对生产力的发展带来了怎样的影响? 〔思考点〕工业革命是怎样改变人们的生活节奏的? 〔问题探究〕结合时代背景,分析恩格斯为什么这么说。 〔学习拓展〕观看这部电影,想一想它反映了工业时代怎样的问题。	(1) 工业革命时期,工厂制度出现的原因是什么?概括工厂制度的特点及影响。 (2) 工业革命、洋务运动与中国民族资本主义工业的产生,三个历史事件的关系是什么?分析中国晚清时期工业化发展的特征及影响。 (3) 举例说明,工业革命后生活方式变化的表现。
1	现代科技进步与人类社会发展 (1) 现代科学技术的发展 (2) 现代科技进步的革命性意义	〔思考点〕人工智能技术有哪些表现? 〔学思之窗〕结合材料,思考原子能给人类生活带来了怎样的变化。 〔思考点〕现代技术进步给你的日常生活带来了哪些变化? 〔问题探究〕结合材料,思考人工智能技术在救灾方面发挥了怎样的作用。 〔学习拓展〕谈一谈你对"自然科学和人文社会科学之间日益呈现交叉融合趋势"的理解。	(1) 现代科学技术发展出现的背景和重大成果。 (2) 现代科学技术发展对于人类的生产生活产生的巨大影响。 (3) 比较工业革命和现代科学技术发展。 (4) 说明两次工业革命和现代科学技术发展对中国产生的重大影响。

3. 教与学活动设计

流程	主要内容	教与学的活动设计
单元导入	单元概览与前后衔接	通过阅读分析单元导读的内容,明确历史上劳动工具的变化和主要劳作方式;认识近代以来大机器生产、工厂制度、智能技术等的出现对改变人们劳作方式及生活方式的意义;充分认识生产方式的变革对人类社会发展所具有的革命性意义。 明确本单元的主干知识与学习要求。

续表

流程	主要内容	教与学的活动设计
第1课时 古代的生产工具与劳作	(1)农业工具的变化	阅读教材相关内容,分析教师补充的史料,结合"思考点"提出的问题,了解古代农业发展的表现及影响。
	(2)手工业工具的进步	通过对教科书及相关资料研究,归纳纺织业、陶瓷业、冶炼金属业等手工业部门生产工具的进步表现。
	(3)劳作方式的发展	运用教科书中的"历史纵横"等相关材料,引导学生了解古代农业和手工业的劳作方式的发展演变过程。通过"问题探究",比较历史文献对远古人类生活和农业起源相关记载的异同,培养学生的史料实证意识。
第2课时 工业革命与工厂制度	(1)机器大生产与工厂制度	阅读教材相关内容,分析教师补充的史料,结合"思考点"和"历史纵横"等提出的问题,了解工业革命时期,伴随着大机器生产,出现了工厂制度。中国的洋务运动和民族资本主义工业的产生与发展等早期工业化的实践。
	(2)工业革命后生活方式的变化	运用教科书中的"历史纵横""学思之窗""思考点"等相关材料,引导学生了解工业革命后生活方式变化的表现。
第3课时 现代科技进步与人类社会发展	(1)现代科学技术的发展	通过阅读"思考点""学思之窗"等栏目,以及教师补充的相关材料,了解在这次新科技革命中,电子计算机技术、网络技术、人工智能技术、航天技术、海洋技术、生物技术和新材料技术的蓬勃发展。中华人民共和国建立后,在新技术革命的相关领域研究取得大量突破性成果。
	(2)现代科技进步的革命性意义	通过阅读"思考点""史料阅读""问题探究"等栏目,以及教师补充的相关材料,了解新科技革命对当前生活的革命性影响。
单元总结	知识体系建构与单元认识深化	通过梳理本单元内容,从整体上把握生产方式的变革及生产方式变革对人类生活的影响。

单元导入

图1

图2

教师讲述：这两幅图片来自电影《摩登时代》，第一幅是主人公查理在工厂流水线工作，第二幅是他被当作喂食机器试验品。流水线的工作方式、机器喂食的方法，都是工业革命带给人们生活的变化。工业革命以后，机器大生产取代手工工场，产业工人逐渐成为一个阶层，挣扎生活在社会底层，这是我们高一学习过的内容。本单元我们要在以往学习的基础上，深入细致地了解人类的生产方式变革，包括农业革命、工业革命、新科技革命。生产方式包括生产工具和劳动者的关系、生产力和生产关系的关系。本单元我们一起学习农业、工业、科技领域的生产方式变革。

第二部分

课时教学设计

第4课　古代的生产工具与劳作

一、学习目标

(1) 能够通过传世文献、考古文物、图片等史料，了解古代农业、手工业生产工具和劳作方式变化的历史脉络，并能够在特定历史时期中分析生产工具改进对人类生产生活的影响。

(2) 能够将本课两部分内容结合起来学习，运用生产力决定生产关系等唯物史观的基本原理解释社会演变的历史现象，能够体会古代人民的劳动智慧，形成对中华文明的认同感、自豪感。

二、学习重点

铁犁牛耕、农业和手工业劳作方式。

三、学习难点

劳作方式变化的影响。

四、教与学活动

【导入新课】

图1

图2

教师讲述：学习中国古代史时，我们已经知道春秋战国时期，各国通过变法确立了土地私有制，以一家一户为主体男耕女织的小农经济开始占主导地位。请大家回顾学过的内容并思考，出现这个变化的原因是什么？

参考答案：铁犁牛耕出现，生产力提高，农民大量开垦荒地，各诸侯国必须承认土地私有才能保证赋税收入。

过渡：铁犁牛耕的出现是古代农业发展的一次重大变革，这之后确立的小农经济是古代社会统治的根基。那么，铁犁牛耕是如何出现的？古代农业生产工具经历了哪些变化？今天我们就要学习这部分内容。

【学习新课】

1. 工具材质变化：从石、木、蚌到金属

材料一　图3为骨针，旧石器时代晚期；图4为耒耜，新石器时代中期；图5为石斧，新石器时代中期；图6为铜斧，商。

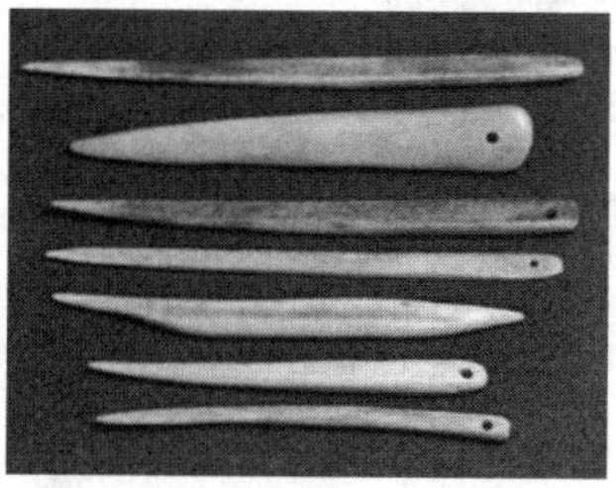

图3

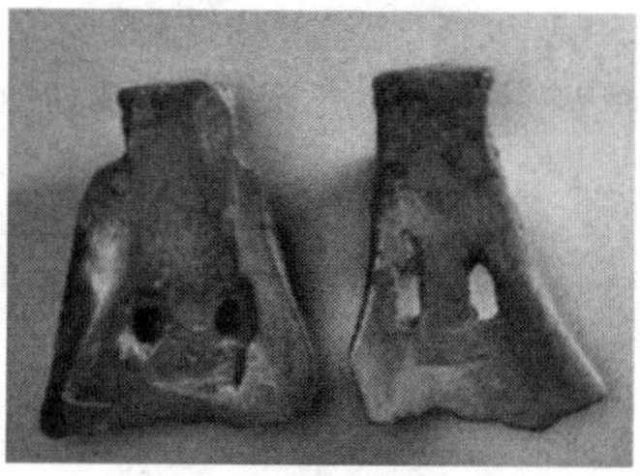

图4

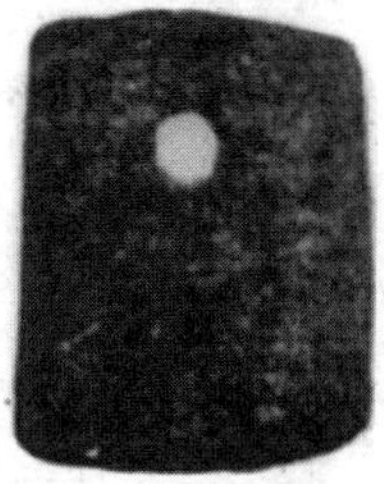

图5

图6

——图3来自科学百家讲坛，http://baijiahao.baidu.com/s?id=1662323828158155126；图4来自中国国家博物馆，http://www.chnmuseum.cn/zp/zpml/kgdjp/202008/t20200824_247228.shtml；图5来自周昕著：《中国农具通史》，济南：山东科学技术出版社，2010年，第15页；图6来自奇迹天工——中国古代发明创造文物展，http://blog.sina.com.cn/s/blog_5543107d0100abaf.html

材料二

仰韶文化和龙山文化遗址的考古发掘表明，在史前时期烧制陶器的陶窑中，当温度达到金属矿石的熔点时，金属铜及其化合物的出现是完全可能的。因此考古学家认为，中国发明铜器的时代也许早于龙山文化时代，但比较普及是在龙山文化时代。当然，这一时期仍处于铜器与石器并用时代。

1989年在江西省新干县发现一座商朝方国诸侯大墓，墓中出土成套青铜农具——铲、耒、耜、犁、镰等。但是由于青铜器的名贵，青铜农具的实用性是大成问题的，农业生产的工具主要还是先前的木器、石器、蚌器。

——摘编自樊树志：《国史十六讲》，北京：中华书局，2006年，第19、21页

教师讲述：阅读课本，结合材料一，回顾已经学习过的古代社会变迁与农业生产工具演变的历程，并通过图片直观体会农业生产工具材质的变化。阅读材料二，知道新石器时代晚期人类已掌握冶铜技术，商朝已出现青铜农具。但由于青铜器贵重，农业生产工具主要还是

木器、石器、蚌器。并结合课本，知道冶铁技术出现相关史实。

【设计意图】 引导学生通过阅读史料，了解从石器时代到铁器时代工具材质的变化情况，培养学生辩证、全面认识问题的能力。能将石器时代、青铜时代、铁器时代定位于具体时期；能够利用多条史料相互印证，对青铜器的使用范围形成全面认识。

2. 工具形制变化：从刀耕火种到铁犁牛耕

（1）农业

材料三

图7　砍砸器（旧石器时代早期）

图8　尖状器（旧石器时代中期）

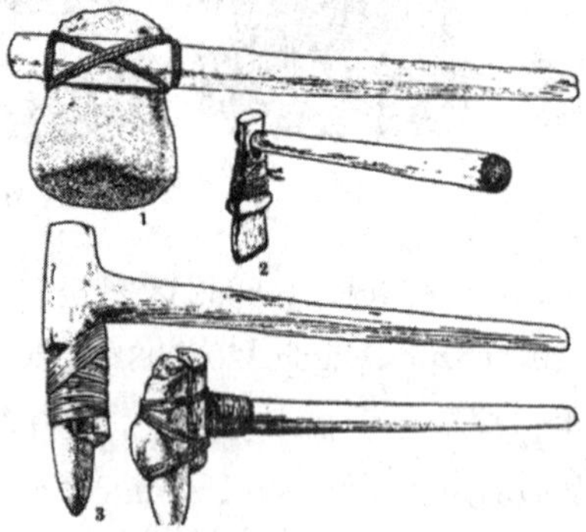

图9　石锤、石锄复原图（新石器时代中期）

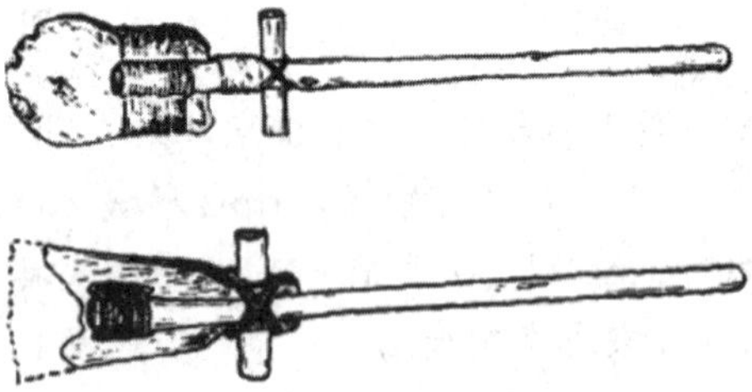
图10　耒耜复原图（新石器时代中期）

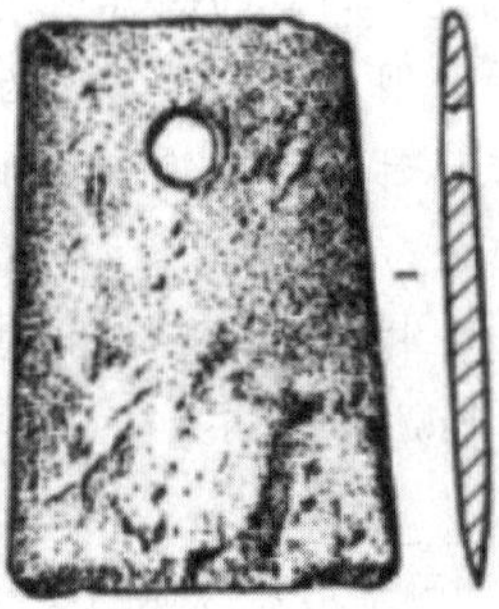
图11　石铲（新石器时代晚期）

图12　铜锄（西周晚期）

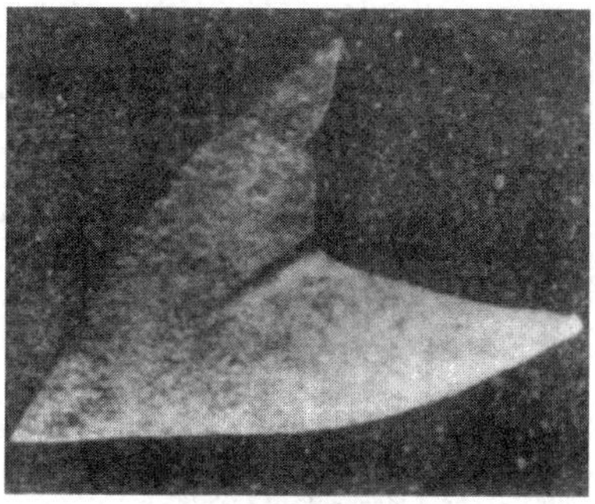

图 13　铁铧(秦)

图 14　铁犁牛耕(汉)

——图 7 来自中国国家博物馆：http://www.chnmuseum.cn/zp/zpml/kgdjp/202008/t20200824_247221.shtml；图 8 来自 360 百科：https://m.baike.so.com/doc/4553021-4763606.html；图 9—图 14 来自周昕：《中国农具通史》，济南：山东科学技术出版社，2010 年，第 44、36、18、122、282、291 页

材料四　夫范、中行氏不恤庶难，欲擅晋国，今其子孙将耕于齐，宗庙之牺为畎亩之勤。

——《国语·晋语》

材料五　牛耕法大约起源于春秋后期或春秋战国之际。牛耕的推广和普及是一个缓慢的过程。战国时代牛耕的使用还很稀少，这可以从当时的文献对牛耕记载的缺乏以及铁犁出土的罕见得到验证。出土的极为有限的战国铁犁主要分布在黄河中下游一带，犁的形制也比较简单，主要是 V 型犁，犁首钝角 120°左右，两侧铁叶长不及 10 厘米。这种犁是木制犁床，冠以铁制犁头，纵使牛耕起土也不能太深。直到西汉前期，牛耕的使用还只局限在某些特定地区，主要是黄河中下游一带，在幅员广大的其他地区并不通晓铁犁与牛耕，而且即使在黄河中下游地区，也只有少数农家有能力使用它们。汉武帝末年，治粟都尉赵过大力推广牛耕，并改进田器，牛耕遂逐渐普及。

——李恒全、李天石：《铁农具和牛耕导致春秋战国土地制度变革说质疑》，载《中国社会经济史研究》，2005 年第 4 期

材料六　据《东汉观记》记载，章帝时张禹在徐县开蒲阳旧陂，垦田四千余顷，得谷百万余斛，每亩产量在两三斛之间。比《汉书·食货志》所记西汉的亩产量高出一倍以上。

——翦伯赞主编：《中国史纲要》，北京：北京大学出版社，2015 年，第 116 页

教师讲述：阅读材料三，直观了解中国古代农业生产工具的变化，知道这体现出从刀耕火种到铁犁牛耕的发展趋势。阅读材料四，学生要能将此史料定位于“三家分晋”之后，即战国时期，读懂“宗庙之牺为畎亩之勤”，说明春秋战国时期牛已经用于农业生产。阅读材料五，运用唯物史观理解牛耕的普及是一个缓慢的过程，黄河中下游较早使用，牛耕技术也经历了不断提高的过程。经西汉时赵过的改进、推广，牛耕逐渐普及。阅读材料六，比较东汉与西汉粮食产量，理解农业生产工具改进对农业发展的作用，是提高生产力的主要途径。

【设计意图】　图片史料结合文献史料，引导学生了解古代农业生产工具的变化，重点学习铁犁牛耕的出现及普及。知道铁犁牛耕技术的不断进步是生产力进步的表现，能通过阅读史料将铁犁牛耕的出现定位于春秋战国时期。利用关于牛耕的多条史料，形成互证，对铁

犁牛耕的出现及普及形成深入认识；能通过两汉时期材料对比，总结出农业生产工具改进对农业发展的作用。

(2) 灌溉

充分利用课本“史料阅读”和关于灌溉工具的讲述，引导学生学习灌溉工具的改进，重点区分翻车和筒车的异同。

(3) 手工业

过渡：纺织是古代手工业最重要的分支，根据考古发现，山顶洞人已经会使用骨针缝制兽皮。此后，经历了陶纺轮、纺车的进步。我们通过材料来学习纺织工具的发展。

材料七

图 15 提花织机(汉)

图 16 脚踏纺车(南宋)

——何堂坤、赵丰撰：《中华文化通志·纺织与矿冶志》，上海：上海人民出版社，1998年，第86、63页

教师讲述：观察材料七中的图片，阅读课本引文——王逸的《机妇赋》，知道古代劳动人民不断改进工具的史实，通过文学作品体会古代纺织场景。

【设计意图】 以课本内容为主体，补充相关图片，了解纺织工具改进的历史史实。能够认识出土文物、文学作品各自的史料价值，明了史料在历史叙述中的基础作用。通过学习生产工具的进步，能够对中华民族传统文化产生认同感。

教师讲述：阅读课本相关内容，自主学习陶瓷业和金属冶炼业的发展，知道相关名词、概念。根据考古发现，战国以后出现铸造铁农具的范，这一步证明铁农具在战国时期逐渐普及。要知道东汉时期的水排是以水为动力的水力风箱，提高了冶铁生产效率。

3. 劳作方式发展

(1) 农业：集体劳作、家庭式劳作、庄园式劳作

过渡：生产工具的改进促进生产力提高，生产力的提高促使生产关系变化。这个过程是如何发生的呢？

材料八 载芟载柞，其耕泽泽。千耦其耘，徂隰徂畛。

——《诗经·周颂·载芟》

材料九 小农经济的产生，一方面是由于铁农具的出现带来生产工具革命性的变革，另一方面是由于私有制观念的发展，刺激了人们对于财产的私人占有欲，更主要的是对于土

地、生产工具的占有，两者的有机结合，使西周时期的集体耕作生产的劳动形式迅速崩溃，小块土地的小农经济生产方式随之应运而生。

——洪煜：《战国秦汉时期的小农经济》，载《史学月刊》，1994 年第 5 期

材料十　战国秦汉时期小农家庭一般是五口、占地百亩。男耕女织似乎是中国封建社会前期的一个标准的小农经济家庭生产模式。这种人口数量的形成，主要是由于商鞅变法，在其废井田、开阡陌使民得买卖的同时，又规定“民有二男不分异者，倍其赋”。商鞅的规定，对秦朝小农家庭人口结构有影响。汉承秦制，贾谊在《陈时政疏》中亦云：“故秦人家富子壮则出分，家贫子壮则出赘”，所以晁错谈到农家人口时仍说“今农夫五口之家”，这也反映出是由于中国的多子继承制度所造成的，这种制度在战国时便已成为社会习惯。到了汉代，诸子平分财产的继承制度，即已完全确立。

——洪煜：《战国秦汉时期的小农经济》，载《史学月刊》，1994 年第 5 期

材料十一　光武母家南阳樊氏“治田殖至三百顷，广起庐舍，高楼连阁，波陂灌注，竹木成林，六畜放牧，鱼蠃梨果，檀枣桑麻，闭门成市，兵弩器械，赀至百万”。

——翦伯赞主编：《中国史纲要》，北京：北京大学出版社，2015 年，第 120 页

教师讲述： 阅读材料八，知道《诗经》是描述春秋战国时期社会状况的文学作品，知道其史料价值。读懂“千耦其耘”描写的就是农业集体劳作的场景。阅读材料九、十，通过材料理解小农经济即课本所说家庭式劳作取代集体劳作的原因，以及家庭式劳作产生后，对古代社会结构的重要影响，男耕女织、五口之家的小农经济成为古代社会的统治根基。阅读材料十一，将此材料描述场景定位于东汉光武帝时期，通过阅读材料，知道这描写的是东汉田庄中的生产，总结出田庄具有自给自足的特征。

【设计意图】　本环节补充相关史料，引导学生通过阅读史料理解生产工具的改进和生产关系变化间的关系，从而将本课两部分内容结合起来学习。能够通过材料信息，将材料场景定位到具体时空当中。能够认识不同类型史料所具有的史料价值，文学作品也在一定程度上反映社会现实。能够运用相关史料对史事提出自己的解释，总结田庄的特征。

(2) 手工业：手工业家庭、手工业作坊

过渡： 农业经历了从刀耕火种到铁犁牛耕的演变，手工业作为古代经济的重要补充，又具有哪些形态呢？

材料十二　大多数学者相信中国的官营手工业是由殷商的专业氏族演化而成。统治者为了充分利用这些专业氏族，便授予这些氏族的领袖以官职，命令其掌管这些专业生产，于是许多氏族的专业生产单位便变成了官营的专业生产单位。

——摘编自赵冈、陈钟毅著：《中国经济制度史论》，北京：新星出版社，2006 年，第 375 页

材料十三　宋代的民间印刷工业很著名。许多印书作坊内部分工精细，有雕工、刻工、印匠、装裱匠。另有“作头”及“把总”的监工工头。规模更大的企业有自己的编辑部，下辖各类编辑人员；有印刷所，雇佣各类工匠；更有自己的书店，有经理和店员，自行担任发行业务，即“日辑月刊，以冀速售”的出版事业。有的规模更大，包括有自己的造纸厂，从造纸、编书、印刷、发行，全部连锁作业，印刷的书籍行销全国。

——赵冈、陈钟毅著：《中国经济制度史论》，北京：新星出版社，2006 年，第 408 页

教师讲述： 阅读材料十二，了解官营手工业的起源，知道除课本中家庭手工业和手工业

作坊的划分外，手工业也分为官营手工业和私营手工业。阅读材料十三，了解除课本介绍的纺织业、陶瓷业外，还要了解印刷业的发展，以及全面理解古代手工业在古代经济中的地位、作用、发展状况。

【设计意图】 本环节通过引导学生阅读材料，全面了解手工业生产方式的概况。能够了解手工业的起源，理解空间和环境因素对认识历史与现实的重要性。

【本课小结】

- 古代的生产工具与劳作
  - 生产工具
    - 农业——材质：从石、木、蚌到金属；形制：从刀耕火种到铁犁牛耕
    - 灌溉——翻车、筒车
    - 手工业——纺织业、陶瓷业、金属冶炼业
  - 劳作方式
    - 农业——集体劳作、家庭式劳作、庄园式劳作 → 男耕女织的小农经济
    - 手工业——家庭手工业、手工业作坊（工场）；官营手工业、私营手工业

图 17　内容结构

教师讲述： 这节课学习了古代生产工具和劳作方式的变化，大家通过这节课的结构图(图 17)思考：促使这些变化产生的原因是什么？

参考答案： 铁器的使用及逐渐普及；生产力的提高；土地私有制的确立。

教师讲述： 请同学们结合《中外历史纲要》上册的知识结构，对古代农业、手工业生产工具与劳作方式变化及原因进行小结。

第 5 课　工业革命与工厂制度

一、学习目标

(1) 通过梳理本课知识，了解工厂制度的形成，及其带给中国的影响，知道洋务企业和近代民族资本主义企业即是工业革命后西方工厂制度传入的结果。

(2) 能够联系现实、结合史料理解工业革命给人类社会和生活带来的影响，能够在特定的历史条件下运用唯物史观基本原理分析问题。

二、学习重点

工厂制度、洋务企业、工业革命影响。

三、学习难点

机器大生产对社会发展的影响。

四、教与学活动

【导入新课】

图 1　纺织儿童的手

图 2　清扫烟囱的儿童的手

教师讲述：这是英国 1976 年发布的两枚邮票，主题是纺织儿童的手和清扫烟囱的儿童的手，是为了纪念主导保护童工权利的两位社会改革家而发布的。为什么在 20 世纪会发布这样主题的邮票呢？通过今天的学习我们一起来寻找答案。

【学习新课】

1. 机器大生产与工厂制度

材料一　集中的手工工场规模大、工人多，有些工场甚至拥有一二千名工人。它不但同机器大工业一样，进行以剥削雇佣工人为基础的大生产，而且有精细的分工，并使用许多专门化的生产工具。精细的分工，把生产过程分成不同工序和生产工具的专门化，是工场手工业的一大进步。它使机器的出世有了可能，因为机器本身就是许多专门工具的结合。

——王民同著：《英国工业革命》，北京：商务印书馆，1980 年，第 7 页

材料二　纺织工人开始与农业脱离，专门从事纺纱和织布，以工资为唯一的生活来源……1771 年他（阿克莱特）开办了第一座纺织工厂，用水力作为织机的动力。这是建立近代机器大工厂的开端。

——刘宗绪主编：《世界近代史》，北京：高等教育出版社，2011 年，第 119 页

材料三　美国的方法则强调标准模式中的无穷变化，从而使装备资料和消费资料的生产成为可能……美国的激进思想可能主张赋予普通人大批量生产的复制品，这些复制品和原件几乎没有什么区别……美国崇尚标准化，强调实用价值，为大众着想。

——马克垚主编:《世界文明史》,北京:北京大学出版社,2004 年,第 596 页

教师讲述: 阅读材料一、二,知道机器大工厂的出现过程是:分散的手工工场到集中的手工工场到机器大工厂,集中的手工工场是机器大工厂的前身,二者都具有专业分工。工业革命后,阿克莱特开办了第一座纺织工厂。阅读材料三,结合课本关于工厂制度、标准化生产的论述,了解工厂制度的内涵和运行过程。

【设计意图】 通过阅读材料,引导学生理解从手工工场到机器大工厂的发展过程。在学习机器大工厂生产和工厂制度时,能够尝试运用材料作为证据论述自己的观点。能够把握工厂制度和工业革命间的联系,用课本中的特定术语对其特点加以概括和说明。

过渡: 工业革命前后,英国经历了手工工场生产到机器大生产的转变,这个变化是一帆风顺的吗?

材料四 1733 年,在凯伊发明飞梭获得专利特许状时,曾遭到强烈反对,最后迫使发明者流亡到法国去。机器一出世,英国的广大工人和失业者,便展开了波澜壮阔的捣毁机器的斗争。1758 年,埃弗雷特制成的第一台水力剪毛机,被 10 万名失业者焚毁。1764 年,哈格里夫斯制造的第一台"珍妮"纺纱机,被手工纺纱工人捣毁了。1813 年,英国政府颁布《捣毁机器惩治法》,规定对破坏机器者处以死刑,进一步加强了对工人运动的镇压。

——王民同著:《英国工业革命》,北京:商务印书馆,1980 年,第 38 页

教师讲述: 阅读材料四,补充机器出现之后所遇到的阻碍,即捣毁机器的史实,了解社会的发展不是一帆风顺的。尽管诸多机器的发明者遭到了不公正的对待,但机器还是不断普及。

【设计意图】 通过阅读材料,与上文所述机器大工厂发展过程形成对比,引导学生通过多种材料全面、辩证地认识问题。能够利用不同类型材料,对工业革命时期出现的问题和遇到的阻碍形成全面理解。能够选择、组织和运用相关材料并使用相关历史术语,对机器大生产的利弊提出自己的认识。

2. 洋务企业与中国民族工业

材料五 作为官营手工业制度的延续,鸦片战争后中国人所办的近代工业首先是以官办的形式出现的,也可以说是已经衰落下去的官工业制度借洋务运动之机又复兴起来。洋务派引进先进的生产和机器设备,以官办、官督商办、官商合办等形式,投资兴办新式工矿企业和交通运输业。这些新式企业是中国人最早创办的近代化产业,中国近代的工厂制度也由此而产生。

——刘佛丁、王玉茹:《中国近代工厂制度的产生及其产权运作的特征》,载《西安电子科技大学学报(社会科学版)》,1999 年第 4 期

材料六 光绪二十二年(1896)10 月,双方达成协议,把"官机"折价 50 万两作为大生纱厂的股金;另招商股 50 万两,合共 100 万两。这样,大生纱厂的创办方案便从官招商办改为官商合办。

——章开沅著:《论张謇》,北京:经济日报出版社,2006 年,第 33 页

教师讲述: 阅读材料五,知道中国工厂制度的产生过程。阅读材料六,知道官商合办的内涵,进而引导学生理解中国洋务企业、近代民族工业与西方工业的区别。

【设计意图】 通过具体材料,引导学生了解中国近代工厂制度的产生及其特点,以及与西方不同之处。能将中国工厂制度的产生定位于鸦片战争后洋务运动时期。能够从材料中

提取官商合办的信息，进而帮助理解中西企业的不同之处。

过渡： 工业革命后形成了工厂制度，推动了西方和中国的近代化。在学习后，请大家思考，机器大工业生产、工厂制度对社会生产生活产生了哪些影响？

3. 工业革命对人类生活的影响

(1) 积极：城市化、交通运输、时间观念、教育发展

材料七　工业革命还引起了世界各地前所未有的城市化浪潮。以往城市的规模取决于其周围地区所能生产的粮食数量，因而人口最稠密的城市都分布于大河地区和冲积平原，如尼罗河流域、肥沃的两河流域、印度河流域和黄河流域。随着工业革命的展开和工厂制度的建立，大量人口涌入新的工业中心。由于能够从世界各地获得粮食，这些新增城市人口也就得以生存下来。与此同时，技术和医学上所取得的重大进步也能够消除以前曾大批害死城市居民的瘟疫，甚至使城市生活变得更可忍受、更令人满意。这些进步中较重要的包括：充分供应洁净水、改善集中排水系统和垃圾处理系统、保证充足粮食供应以及预防和控制传染病。因而世界各地的城市都在以极快的速度向前发展，到 1930 年时城市人口已达 41 500 万，占人类总人口的五分之一。

——[美]斯塔夫里阿诺斯著：《全球通史(第 7 版)》，董书慧等译，北京：北京大学出版社，2005 年，第 495 页

材料八　我们现在已经走了 15 英里了，火车在将要横跨一个又宽又深的峡谷时停了下来。史蒂芬孙把我放下来，带着我走到谷底。为了保持铁路的水平高度，史蒂芬孙建造了一个壮观的 9 拱高架桥，中间的一拱高 70 英尺。通过它我们看到了整个美丽的山谷……然后我们回到了其他人那里，给发动机供了水，因为发动机不能掉头，车厢被挂在后面。现在我们以它的最高速度——每小时 30 英里出发，比鸟的飞翔速度还要快(因为他们曾经用猎鸟做过试验)。你难以想象切开空气向前跑的感觉是怎样的——它的动作也是无比圆滑的。

——[美]斯塔夫里阿诺斯著：《全球通史(第 7 版)》，董书慧等译，北京：北京大学出版社，2005 年，第 487 页

(2) 消极：工人待遇、环境污染

材料九

图 3　童工在矿井里运煤

表 1　1842 年矿区童工人数占比

	童工所占百分比(%)		
	低于 13 岁	13—18 岁	总计百分比
英格兰	13	16	29
兰开夏郡	12	17	29
德贝郡	17	23	40
约克郡	13	25	38
南达勒姆	13	16	29
诺森伯兰郡和北达勒姆	13	18	31

——徐聪聪：《英国工业革命时期青年矿工的生存状况》，载《祖国》，2019 年第 2 期

材料十　施鲁斯伯里镇马歇尔先生的工厂里雇用了年纪极小的童工(那里有很多6岁的儿童在做工)，所以霍斯曼先生上午开工的时间往往比以前早。如果有童工打瞌睡，监工就拿着棍子在车间里转一转，然后碰碰那个童工的肩膀说："到这儿来。"屋子一个角落里有一个铁槽，里面装满了水，他就抓起这孩子的两只脚，把他的头浸到水槽里，再放他回去把一天的活干完……

——[英]罗伊斯顿·派克著：《被遗忘的苦难：英国工业革命的人文实录》，蔡师雄等译，福州：福建人民出版社，1983年，第106页

材料十一

表2　英国1800—1950年的煤消费量

年份	消耗量/百万吨
1800	10
1856	60
1869	97
1900	167
1913	189
1929	176
1938	181
1950	194

19世纪末的英国，其大气污染可能是最糟糕的。1881—1885年的大气污染记录显示，在冬季的12月和1月，伦敦中心地区所拥有的明媚阳光的天数只是其他四个城市同类天数的六分之一。在之后的40年里，尽管首都的天空慢慢变得明朗起来，伦敦冬季日照也从没有超过这些地方所享受的一半，甚至夏季的伦敦也难以享有充足的阳光。

——布雷恩·威廉·克拉普著：《工业革命以来的英国环境史》，王黎译，北京：中国环境科学出版社，2011年，第14—15页

教师讲述：请同学们阅读材料七、八，结合课本内容，了解工业革命后人类生活方式的积极方面的变化，包括城市化、交通运输、时间观念、教育发展等方面内容。阅读材料九、十、十一，结合课本狄更斯《双城记》所述，引导学生展开理解工业革命给人类生活带来的消极影响，包括工人待遇、童工问题、环境污染等方面。

【设计意图】　通过图片、表格、史料等多种史料，补充课本之外工业革命后人类生活方式的变化，全面展示工业革命给人类生活带来的影响。将唯物史观运用到历史学习中，辩证看待工业革命的影响。利用不同史料，形成对工业革命影响的全面理解。

【本课小结】

材料十二　英国工人破坏机器的运动，由于统治阶级的残酷镇压而逐渐沉寂下来。但是，在19世纪20年代，随着工人阶级觉悟的不断提高，他们又开始了新的斗争。

——王民同著：《英国工业革命》，北京：商务印书馆，1980年，第38页

教师引导： 请同学们根据这节课所学工业革命、工厂制度的影响，思考：工人阶级开始了什么新的斗争？为什么会发生这样的变化？

参考答案： 寻求民主权利、组织工会、宪章运动。

教师讲述： 请同学课后梳理本课知识结构，总结材料阅读和运用信息的基本方法。

第6课　现代科技进步与人类社会发展

一、学习目标

（1）通过梳理本课内容与现实生活的联系，理解现实社会发展与现代科技进步的关系，认识现代科技进步对社会信息化的作用。

（2）通过材料阅读与问题思考，理解现代科技进步中取得的诸多成就及其应用的意义，理解新科技革命给人们生活、劳作方式带来的改变，认识科技进步对社会发展的作用，并明确“创新驱动发展”的时代责任。

二、学习重点

现代科技进步的成果及其应用、生产方式的变化。

三、学习难点

现代科技进步对社会进步的影响。

四、教与学活动

【导入新课】

教师讲述： 图1反映的是现在人工智能技术在企业、在生活中运用的场景，“机器”已经成为我们生活中不可或缺的部分。请大家想一想，在日常生活中有哪些运用到现代科技的例子？今天我们要学习现代科学技术的发展，以及这些技术对社会生活的影响。

图1　分拣机器人

【学习新课】

1. 现代科学技术的发展

材料一　工业文明为了维持财富的持续增长，不断征服自然。由此引发了能源枯竭、环境污染等危机。与此同时，计算机技术、电子通信技术、空间技术、生物技术、新能源技术、新材料技术等高新科技，为世界带来了一种以信息控制为核心的新工业革命。

——李克、朱新月著：《第四次工业革命：新常态下中国制造迎来千载良机》，北京：北京理工大学出版社，2015 年，第 22 页

材料二

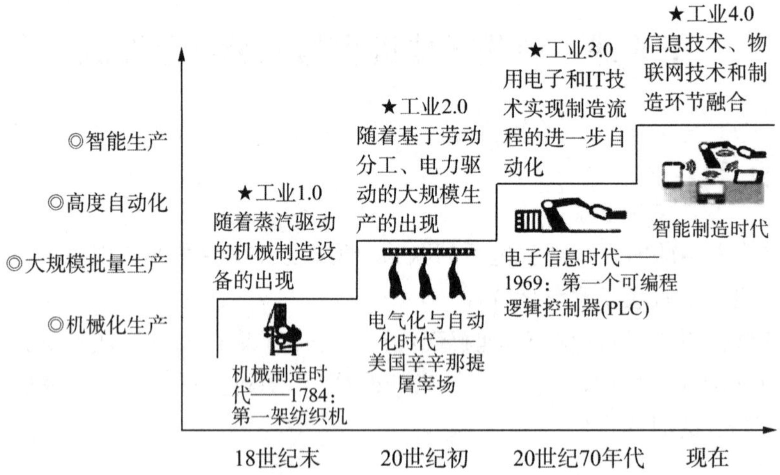

图 2　工业 4.0 的定位

（根据德国工业 4.0 工作组 2013 年最终工作报告整理）

——李克、朱新月著：《第四次工业革命：新常态下中国制造迎来千载良机》，北京：北京理工大学出版社，2015 年，第 7 页

教师讲述：结合第 4、5 课内容，理解工业革命以后科学技术发展的趋势，经历了机器制造时代、电气化和自动化时代、信息时代，正在进入智能制造时代，即第四次工业革命，人工智能技术是第四次工业革命的核心内容。

【设计意图】 梳理工业革命以来生产方式的几次变革，引导学生体会当今科技革命在历史发展中的地位和意义。将工业革命以来的历次重要变革定位于特定的时间和空间框架下。能够运用相关材料并使用相关术语，对第四次工业革命出现原因提出自己的解释。

(1) 计算机及其发展而来的互联网、人工智能技术

教师讲述：结合课本内容，了解计算机和人工智能技术的发展，继而在此框架下梳理航天、航海、生物、新材料等科技进展。

(2) 航天技术：以导航的发展为例

材料三　全球卫星导航系统从应用的角度可分成以下 10 类：航空、航海、通信与导航的融合、人员跟踪、消费娱乐、测绘、授时、车辆监控管理、汽车导航与信息服务、军事。

——曹冲、荆帅主编：《北斗导航：定位精准时空》，上海：上海科学普及出版社，2018 年，第 11 页

教师讲述：可以看出，导航定位技术进步，促进了社会生活的进步。

(3) 海洋技术、生物技术、新材料技术

过渡：阅读课本内容，了解世界其他国家及中国在海洋技术、生物技术方面的成就，并

结合下列材料加深对现代科技发展的认识。

材料四　简单地说，纳米技术就是用原子和分子制造物质的技术。现在做一件衬衫，需要用大块的布，经过裁剪缝纫，浪费大量的边料。将来，我们做一件衬衫，需要多少个原子和分子，就用多少个原子和分子，一个不多，一个不少，世界将变得多么环保！想象一下，当你在电脑上设计出一条花布裙子，击一下制作键，不一会儿，就在桌子大小的"纳米魔箱"中传送出一件你需要的花裙子。

——罗振主编：《第四次工业革命：纳米技术》，长春：吉林人民出版社，2014 年，第 10 页

材料五　作为 21 世纪三大主导技术之一的纳米技术已成功应用于大气污染的治理。利用纳米技术治理有害气体主要体现在如下几个方面：①利用纳米材料所具有的催化活性，一方面，催化降解气体中的污染物；另一方面，提高燃料的燃烧效率，从而减少废气的排放；②利用纳米材料(颗粒、介孔固体)的巨大表面而具有的优良吸附性来吸附分离气体中的有害成分。

——吴何珍著：《纳米技术与环境保护》，合肥：合肥工业大学出版社，2013 年，第 85 页

教师讲述：阅读材料，从现实生活出发体会北斗导航系统对我们日常生活的影响，更好地理解其对我们生活方式带来的转变。说明什么是纳米技术，以及纳米技术在当前的应用情况。

【设计意图】　通过阅读材料图、材料，引导学生了解当前前端科技的发展现状及其应用，强调我国在尖端科技领域的成就，培养学生的民族自信心、自豪感。能够将材料信息作为论据论证自己的观点，论证新科技革命的诸多应用领域。通过了解我国当前在尖端科技领域的成就，产生对民族、对国家的认同感。

2. 现代科技进步的革命性意义(生产力、生产方式)

材料六　在以机器大工业为特征的 200 多年的工业社会中，机器大大解放了人类的体力劳动，如一部起重机可以举起几十吨重的物件。电子计算机具有人的某些智能，它安装在机器上，能使机器自动化，大大减轻了人类的脑力劳动。目前电子计算机每秒可以进行上亿万次计算。这是社会生产力的一次重大的革命。

——摘编自黄顺基著：《新科技革命与中国现代化》，广州：广东教育出版社，2007 年，第 31、33 页

材料七　计算机技术、现代通信技术、人工智能技术和音像影视技术在教育领域中的广泛应用，不仅改变了传统的以课堂、书本、教师为中心的教育模式，而且把教育的重点放在培养学生获取知识、运用知识和创造新知识的能力上，随着经济社会的发展，随着信息技术的广泛应用，教育信息化成为历史发展的趋势。

——黄顺基著：《新科技革命与中国现代化》，广州：广东教育出版社，2007 年，第 45 页

材料八　在文化传递过程中，所用的传媒不同，传播的效果也就大不相同。如课堂讲授，容纳的学生最多不过两三百人，如果把它放在互联网上，可以使全世界的网民在任何时候、任何地点受益。互联网克服了传统媒介所受的时间、空间限制，极大地加速和方便了人们之间的信息交流。

——黄顺基著：《新科技革命与中国现代化》，广州：广东教育出版社，2007 年，第 46 页

材料九

——http://baijiahao.baidu.com/s?id=1657695854885499224

教师讲述：阅读课本相关内容，结合材料六、七、八，总结现代科技进步对人类社会产生了哪些革命性影响。要能够总结出对生产力、生产方式、生活方式等诸多方面的影响。生产方式包括经济增长模式、企业管理模式、社会阶层结构、产业结构等方面；生活方式又可细化到教育、文化领域。

观看材料九两幅图片，要能知道现代科技进步也带来了负面的影响，材料九就是其中的一个反映。

【设计意图】 结合课本内容和其他补充材料，引导学生全面理解现代科技进步的革命性意义。将唯物史观运用到历史学习中，有意识地从辩证的思维认识、解释历史现象。能够选择、组织、运用相关材料并使用相关术语，对现代科技进步的意义提出自己的解释。

【本课小结】

过渡：根据本节课所学内容，联系生活实际，完善表格内容。

	计算机技术	航天技术(空间技术)	海洋技术	生物技术	新材料、新能源技术
内容					
意义					

【设计意图】 引导学生在课本及课堂诸多学习内容中，简明扼要地总结出主体内容，并运用术语总结其意义。能够选择、组织、运用相关材料并使用相关术语，对现代科技进步内容及其意义提出自己的解释。

【单元总结】

教师引导：请同学们根据本单元所学内容，对人类社会经历的劳动工具、劳作方式、生产方式、生活方式的变化做一梳理。

	劳动工具	劳作方式	生产方式	生活方式
农业社会	手工工具	男耕女织	精耕细作	农业为主
工业社会	机器	工厂	机器大生产	工业为主
信息社会	计算机	自动化工厂	自动化生产	服务业为主

教师讲述：劳动工具和劳作方式的革命性变化是本单元的两个核心概念，是生产方式变革的前提，生产方式的变革又带来了人类生活方式的变化，四者环环相扣，共同促进社会发展。课后要梳理生产方式的变化，将本单元核心概念和内容梳理清楚，理解社会的发展脉络，能够认识历史事物发展的来龙去脉，知道农业社会到信息社会的发展过程。

第三部分

学习资源拓展

第4课　古代的生产工具与劳作

材料一　农业劳动工具演变

在中国各地新石器时代农业遗址中，出土了大量石斧、石锄、石耜、石刀、石镰、骨耜、骨镰、蚌镰、角锄等农具。木质农具不易保存，出土较少，但从民族志的资料看，原始农业时代耜锄一类的木制农具是很普遍的。

——李根蟠著：《农业科技史话》，北京：社会科学文献出版社，2011年，第95页

据初步统计，出土战国铁器的地点见于黑龙江、安徽、江西、江苏、浙江、广东、广西、四川、云南、贵州等23个省、自治区。秦、楚、燕、齐、韩、赵、魏诸国的广大地区都有铁器出土。战国铁农具的种类很多，有铧、锄、铲等。

——李健民：《战国时期铁农具的考古发现与研究》，载《农业考古》，2005年第1期

材料二　灌溉工具

唐宋时期，中国南方农业开始出现了由平原向山地推进的趋势，随着山区农业的发展，尤其是水稻的登山爬岭，水利问题愈来愈突出。南方山区溪涧纵横，水资源相当丰富，只是由于田高水低，难以利用，必须创设或者引进某种灌溉手段。筒车正是根据丘陵山地农田灌溉的特殊需要而创设的。

——王利华：《连筒与筒车》，载《农业考古》，1997年第1期

材料三　春秋时期桔槔的使用

子贡南游于楚，反于晋，过汉阴，见一丈人，方将为圃畦，凿隧而入井，抱瓮而出灌，搰搰然用力甚多而见功寡。子贡曰："有械于此，一日浸百畦，用力甚寡而见功多。夫子不欲乎？"为圃者仰而视之，曰："奈何？"曰："凿木为机，后重前轻，挈水若抽，数如泆汤，其名为槔。"

——《庄子·天地》

材料四　翻车的使用

时有扶风马均，巧思绝世，傅玄序之曰："……居京都，城内有地，可以为园，患无水以灌之，乃作翻车，令童儿转之，而灌水自覆，更入更出，其巧百倍于常"。

——《三国志·魏书·杜夔传》

材料五　筒车

水能利物，轮乃曲成，升降满农夫之用，低徊随匠氏之程（法式）。始崩腾以电散，俄（顷

刻)宛转以风生。虽破浪于川湄(河边),善行无迹;既斡(斡旋)流于波面,终夜有声。

——唐・陈廷章:《水轮赋》,载《全唐文》

材料六　提花机

纤纤静女,经之络之(牵经引络)。尔乃窈窕淑媛,美色贞怡(美丽的容颜贞静和悦)。解鸣佩,释罗衣(轻软丝织品制成的衣服),披华幕,登神机(灵巧器械),乘轻杼(纺织工具梭子),揽床帷。动摇多容,俯仰生姿。

——《全后汉文》卷57

材料七　官营手工业

从古文献中可以看出,殷商时代已产生氏族专业化。有些氏族专门生产某种产品,最后这些产品名称竟变成了这些氏族的姓氏,也就是以其产品或职业作为本族的标帜。李亚农判定:索氏是绳工,长勺氏、尾勺氏是酒器工,陶氏是陶工……

——赵冈、陈钟毅著:《中国经济制度史论》,北京:新星出版社,2006年,第368页

材料八　中国庄园式劳作的特点

三国至隋代,北方广大地区为预防游牧民族的侵扰,建立坞堡,坞堡内以宗族集团为核心,拥有部曲。部曲各有自家的私有经济,但对坞主负有封建义务,不能随意离开主人和土地。南方的情况有所不同。南方的土地大部分是移民拓殖而来,大地主封山占水,修营别业,招徕农民开发,即"募招浮客,分耕其中"。在这种分种制下主人向田客抑配,有时配给耕牛、种子,生产过程和收割分配时都由田主或知庄、典计等监督。《汉书》记载:"豪民侵陵,分田劫假,名三十,实什税五。"此外,有时还有一定的劳役。在这种制度下农民的依附性较强,而独立自主性较差。这主要是因为社会动荡,农民在政治上要依靠地主的保护,而在经济上要依靠地主的支持。这种经济、政治上的依赖,导致了人身依附。

——高德步、王珏著:《世界经济史》,北京:中国人民大学出版社,2001年,第76页

材料九　西欧庄园经济特点

庄园都是(西欧)封建社会经济结构中主要和正规的组织细胞。庄园有两种起源,一种是罗马的庄宅,另一种是古代的农村公社。中世纪的庄园事实上是罗马制度与日耳曼制度的混合。罗马庄宅是富有的地主占有的大农场,奴隶和隶农为地主耕作。随着制度的变迁,隶农变为农奴,耕种自己的"保有地",而奴隶逐渐解放而接近于农奴,他们为了得到一块份地,不得不无偿地为原来的主人耕种自营地。同时随着国家的衰败,国家行政权力日益被领主获得,领主在自己的庄宅上行使行政权力。与此同时,在原有的日耳曼公社中,发生了渐进的封建化过程。由于连年内战,军役负担沉重,各种封建的强暴行为使自由民无法承受,不得不接受封建领主保护,将土地交给封建主,而自己变成农奴。这样,村庄的土地也变为领主的封建领地了,而这种公社的封建化是整村完成的。

庄园是封建主经营地产的一种特定形式,种份地的农民必须服无偿劳役以耕种领主自营地。为了强制农民从事这种劳动,封建主对农民具有行政、司法上的权利。封建主往往派管家主持生产,还设置房屋、仓库、马厩,置办必要的农具,喂养牲畜家禽,还有一些初级手工业及农产品加工业,以使它能供应封建主一应生活所需。

——高德步、王珏著:《世界经济史》,北京:中国人民大学出版社,2001年,第112—113页

材料十　东汉庄园经济

<table>
<tr><th>墓画中东汉官员的庄园</th><th>汉光武帝刘秀外祖樊宏田庄</th></tr>
<tr><td>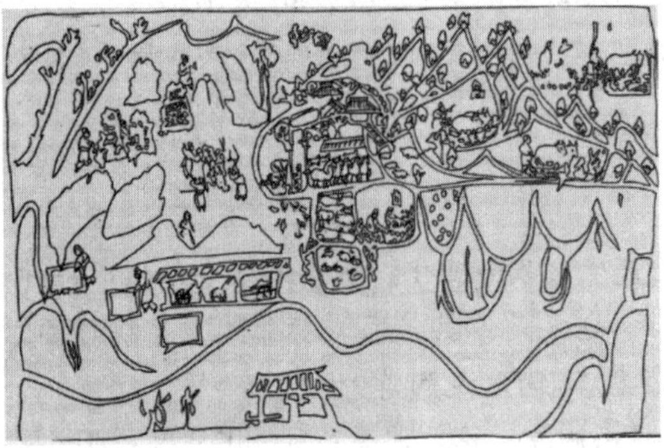
墓画说明：墓画中是一座山峦环抱、疏林掩映的庄园，画面中部有廊舍、坞壁和厩棚、栏圈，畜养着马、牛、羊、猪、鸡等，近旁有园圃和车库。右上方有农人扶犁耕地，左边有采桑、沤麻的场面。
——顾森：《汉代存世壁绘》下，载《荣宝斋》，2004年第3期</td><td>广起庐舍，高楼连阁，波陂灌注，竹木成林，六畜放牧，鱼蠃梨果，檀棘桑麻，闭门成市，兵弩器械，赀至百万。
——《后汉书·樊宏传》</td></tr>
</table>

材料十一　瓷器生产

经历了隋唐的发展，瓷器已成为人们日常生活不可缺少的用具。唐时人们的起居生活仍保持着席地而坐，用矮几、矮塌的习惯，居室陈设相当简单。宋时，台、几、床、柜等起居用具纷纷进入家庭生活……皇室、权贵、士大夫，以至富商大贾为渲染豪华、富贵及风雅，着力收藏和陈设工艺瓷器，对瓷器的观赏和艺术价值提出了越来越高的要求。……入宋后瓷器大宗出口，特别是南宋后，瓷器的出口占有重大的分量。瓷器的大量制造，是要有精湛的技艺工艺作保证的。这时期的制瓷技术已经达到纯熟的程度，工艺水平不断提高。

——摘编自杜石然：《中国科学技术史》通史卷，北京：科学出版社，2002年，第639—640页

第5课　工业革命与工厂制度

材料一　工业革命的技术发明

奠定了工业革命基础的是许许多多的技术发明，这众多的技术发明按其科学原理和在生产中的应用，又可分成若干技术发明群：主要有纺织机械技术群（各种纺纱机、织布机、轧棉机、纺织加工机械、印染工艺等），蒸汽动力技术群（各种蒸汽机、蒸汽动力装置、汽锤等），冶金采（煤）矿技术群（各种炼铁炼钢法、冶炼炉、采煤采矿技术和设备、选矿法等），交通运输航海技术群（火车、轮船、蒸汽马车、铁路、公路、运河、港口等），机械加工金属制造技术群（各种机床、压力机，用以加工制造零部件装配成机器）。它们的发明发展和广泛应用引起了、推动了、造就了、完成了工业革命。

——张箭：《论工业革命的开端》，载《自然辩证法通讯》，2009年第4期

材料二　18—19 世纪西欧农业生产的情景

18 世纪的耕地景象

19 世纪初的人力脱粒机

驱动着一台脱粒机的移动式蒸汽机　约 1840 年

蒸汽机犁地演示　约 1851 年

——[英]查尔斯・辛格等主编:《技术史》第Ⅳ卷,辛元欧主译,上海:上海科技教育出版社,2004 年,第 121 页

材料三　城市交通发展

伦敦作为第一个工业化国家的都城,这个在农业时代崛起,经由工业时代而进入现代社会的大都市,在其城市的发展历程中,现代城市交通体系的建构无疑是一个不可或缺的重要组成部分。

1863 年 1 月,世界上第一条城市地铁在伦敦开通。1884 年,首都铁路公司和伦敦地区铁路公司将各自的地铁终点连接起来,形成了一个内环的地铁线。至 20 世纪初,伦敦已经拥有一个相对完善的城市地铁系统。

1849 年伦敦的铁路不到 30 英里,1880 年却已经超过 215 英里,到 1900 年超过了 250 英里。

伦敦铁路和地铁的建设不但导致城市产业区域的变化,而且导致了新兴工业的快速聚集。

——张卫良:《"交通革命":伦敦现代城市交通体系的发展》,载《史学月刊》,2010 年第 5 期

材料四　工厂制度

机器是昂贵的工具,只有拥有大量资本的资本家才能占有,这样,便在资本家和工人之间形成一条不可逾越的鸿沟,在社会上形成两个根本对立的阶级——工业资产阶级和无产阶级。两大阶级从形成开始,就处于两种不同的地位。工业资本家为了榨取最大利润,千方

百计提高机器转速,增加工人的劳动强度。工人每天工作16小时是很普遍的。工人不仅劳动强度大,生活也极为贫困。

英国后来的首相本杰明·迪斯累里曾在其小说《西比尔》中强调了这些阶级的生活是多么不同、多么互不相关:“两个民族:它们之间没有往来,没有同感;它们好像不同地带的居住者即不同行星上的居民,不了解彼此的习惯、思想和感情;它们在不同的繁育情况下形成,吃不同的食物,按不同的生活方式生活,不受同样的法律支配……两大阶级不同处境,决定了他们不同的政治要求:工人阶级需要彻底的政治改革和社会改革,以使工业革命的成果得到较公平的分配,所以,有政治觉悟的工人倾向于社会主义;工业资产阶级则明确倾向自由主义,他们需要充分的政治改革,以使之能参与政治生活,他们自由平等的思想和观念不但对当时社会形成很大冲击,而且对政治发展有深远的影响。

——邹冠秀:《英国工业革命时期生产模式的转换及影响》,载《龙岩师专学报》,2000年第4期

材料五　工业革命影响

人类物质文化的变化在过去的200年中比在此前5000年中发生的变化都还要巨大。18世纪人类的生活方式与古代埃及人和美索不达米亚人相比并没有什么本质区别:人们使用同样的材料建造房屋,同样的牲畜运人运物,同样的帆和桨驱动船只,同样的纺织材料缝制衣服,同样的蜡烛和火炬照明。但是今天,金属和塑料制品补充了石材和木材;铁路、汽车和飞机取代了牛马和骡子;蒸汽、柴油、核动力船只取代了风力和人力;多种合成纤维与传统的棉布、羊毛和亚麻竞争;电力取代了蜡烛,成为只需轻轻按动开关就源源不断的能源。

纺织工业、采矿工业和冶金工业的发展又要求改进运输工具,以便运送大量的煤和矿石。这掀起了运河开凿热潮,使英国到1830年时拥有了2500英里长的运河。可以与运河时代相提并论的是伟大的筑路时代。1750年以后一批筑路工程师约翰·梅特卡夫、托马斯·特尔福德和约翰·麦克亚当——发明了修筑硬化路面的技术,使其能够全年承受交通。这样,乘坐四轮大马车行进的速度也就从每小时4英里增至6英里、8英里甚至10英里。1830年以后公路和水路又遇到了来自铁路的挑战。这方面的主要人物是采矿工程师乔治·史蒂芬孙,1830年他的机车“火箭号”以平均14英里的时速行驶了31英里,将一列火车从利物浦牵拉到曼彻斯特。短短数年内铁路就因为它能够以比公路或运河更快的速度和更低廉的成本运送旅客和货物而支配了长途运输。到1838年英国已经拥有500英里铁路,1850年这一数字增至6600英里,而到1870年英国则已拥有15500英里铁路。

——摘编自[美]斯塔夫里阿诺斯著:《全球通史(第7版)》,董书慧等译,北京:北京大学出版社,2005年,第477、491页

材料六　英国工业化过程中的社会立法

时间	英国法制建设
1832年	工厂法通过,对工人的劳动安全、卫生、福利作了规定。
1832年	议会制度改革,重新划分选区,降低了选民的财产资格,取消“衰败选区”;重新确定下院席位,对选区设置、选举名额进行重新调整分配;工业资本家取得政治权利。

续表

时间	英国法制建设
1834 年	《济贫法修正案》通过，不再无条件为有工作能力的人提供救济，贫困劳工只能通过工作得到救济。
1835 年	《市政改革法》通过，取消商人或手工行会控制市政管理，工业资产阶级控制着自治城市的政权。
1836 年	宪章运动工人提出实现普选权等 6 项主张。
1842 年	通过矿业法，禁止使用妇女和不满 10 岁的儿童从事井下劳动。
1867 年	第二次议会制度改革，降低选民的财产资格限制，使工人阶级大部分得到选举权。
1875 年	颁布了健康法。
1870—1907 年	英国颁布 7 项教育法，实施免费义务教育，并对学生提供食品及医疗保健。
1875—1909 年	先后有 5 个住房法出台，重点解决工厂宿舍及工人居住区的住房和环境问题。
1884—1885 年	第三次议会制度改革，再次降低选民的财产资格限制，农业工人和矿工也得到选举权；男子普选权基本实现。按人口分配议席的原则。

——摘编自钱乘旦主编：《英国通史》第五卷，南京：江苏人民出版社，2016 年，第 133—202 页

材料七　汉阳铁厂的企业管理

汉阳铁厂于 1891 年 8 月开始兴建，1894 年 6 月 28 日开炉。郑观应效仿西方钢铁公司制度，制定了《铁厂筹略事宜十八条》《汉阳铁厂厂规三十条》《铁厂次第筹办张本六十条》《铁厂开办后行销各省章程》等制度性文件，从而勾勒出铁厂官督商办的基本制度框架。洋员马克斯写出了《萍矿采运情形并筹改用西法办理节略》。

1908 年，随着汉冶萍公司的组建，汉阳铁厂、大冶铁矿、萍乡煤矿三家厂矿企业全面组合，汉冶萍公司进入股份制公司发展时期，企业制度和管理模式已经具备了近代企业制度的雏形。按照近代公司化的运作模式，盛宣怀被推举为总理，李维格担任协理，公司颁布了《汉阳铁厂、萍乡煤矿、大冶铁矿筹议合并招股章程》《汉冶萍钢铁煤焦股份公司章程》《汉冶萍公司组织章程》等一系列规章制度，明确了企业的业务范围、机构组成、股份额度、招股办法、管理制度等内容。

1911 年，汉阳铁厂按照英国轨道的制式，由洋员制定了中国第一部轨道生产规范《技术标准和验收规范》，详尽阐述了中国轨道的规格、标准、图样、验轨章程，按照"利交通、昭整齐、法至善"的原则，以制度化的方式奠定了中国轨道交通的早期工业标准和生产规范，对钢铁工业生产流程形成了制度性约束。

——摘编自史斌：《洋员与近代中国企业制度变迁研究——以汉阳铁厂为例》，载《中国经贸导刊》，2019 年第 1 期

材料八　近代英国教育发展

1801 年，罗伯特·皮尔在下院提出了《学徒工健康与道德法案》，责成厂方为童工开设读书识字班，从教区牧师和法官中选派工厂视察员，有权随时入厂察看并对违法的老板课以

罚金。这是从自由放任走向国家干预的开端。1833 年,英国政府通过阿什利提出的《工厂法》对童工的劳动时间进行限制,规定不得雇用 9 岁以下的儿童。1844 年、1846 年、1867 年的工厂法逐步将限制童工和强制工厂提供工厂教育变成一项严格的政策,并扩展到所有类型的工厂。

1870 年初等教育法通过时,英国在教育体制建立上已经落后于美国和其他的主要欧洲国家。提案人福斯特强调,“决不能再拖延下去……工业繁荣取决于我们迅速发展初等教育。如果没有初等教育,为艺匠提供的技术教育就缺少基础,没有受过教育的工人——我们的许多工人从未受过任何教育——绝大多数也是非熟练工人,如果我们听任这种状况继续存在,即使他们身强力壮、精力充沛,也将在世界的竞争中落伍。同样,迅速发展初等教育还关系到我国立宪制安全有效的运转……既然现在我们给人民以政治权力,我们就不能再拖延他们应受的教育。有许多问题需要回答,需要解决,而这些无知的选民是无力回答,无力解决的。迅速发展教育关系到我们民族的强盛”。

初等教育法的颁布奠定了英国国民教育制度的最初基础,结束了以往国家不管教育的情况。1944 年,英国建立起全国中小学义务教育体制。但是,教育国家主义的兴起已经无法让英国弥补在工业化后期形成的教育弱势,科教中心也随着欧美经济的兴起而转移。

——周详:《工业革命与英国教育的兴衰——基于“勤勉革命”的视角》,载《高等工程教育研究》,2013 年第 4 期

材料九　安源路矿工人夜校

从 1922 年 1 月第一个工人补习学校设立到 1925 年,中共主持的各类学校获得了快速发展,其中包括工人补习学校 7 所、工人子弟学校 7 所,另外还有工作处读书处 13 处、安源工人高级师范班与安源工人妇女职业班等各类学生 2 300 余人。工人补习学校的发展,为中共传播革命理论与强化工人阶级意识提供了一个良好的平台。以创办工人补习学校作为开展工运工作的首要步骤,是中共工人运动的既有设计,在 1921 年《关于中国共产党任务的第一个决议》中就提到:“劳工补习学校是组织产业工会的一个准备步骤”,“应逐步成为劳工组织的核心”。据当时安源工人补习学校学员回忆,“夜校名义上是教工人识字,实际上是宣传马列主义”。工人补习学校的教学内容也再次说明了这一点:“夜校的课程,有国文、算术、习字,还有体操和唱歌。国文是一门主课,课本的内容有政治、历史、自然常识等。如帝国主义豢养军阀,压迫中国人民,掠夺我国的财富;袁世凯同日本帝国主义签订不平等条约二十一条;北京学生游行示威反对签订二十一条,打倒卖国贼章宗祥等”。

——王强:《中共在安源的早期革命运作模式分析(1921—1925)》,载《党史研究与教学》,2019 年第 1 期

材料十　宪章运动

英国宪章运动的产生和发展是有着深刻历史原因的。到 19 世纪,英国的产业革命已进入完成阶段,在三四十年代,各主要工业部门都已采用了机器。拥有几千名甚至几万名工人的大工厂陆续出现。资本愈来愈集中,资本家对工人的剥削也日益残酷,因此,阶级斗争一天比一天尖锐。英国无产阶级在 1832 年的议会改革中,并未获得选举权及其他政治权利……加上 1836 至 1837 年间爆发的经济危机,终于使英国无产阶级认识到他们不仅要进行经济斗争,还必须进行独立的反对资产阶级国家的政治斗争,才能改善他们的贫困状况和

屈辱地位。

——R. G. 甘米奇著:《宪章运动史》,北京:商务印书馆,1979 年,第 1 页

第 6 课 现代科技进步与人类社会发展

材料一 新科技革命

相对于发生在近代的蒸汽机革命和电机革命而言,20 世纪 50 年代开始的以信息技术为核心的技术革命,被称为现代技术革命或新技术革命。现代技术革命是在现代科学革命的基础上产生和发展起来的,是现代科学革命的直接产物。正是现代科学革命的一系列伟大成就,促使通信、生物、航天等一系列技术出现重大的突破,从而导致了现代技术革命的诞生。

——吴伯田、吴伟浩主编:《新科技革命与当代社会》,北京:知识产权出版社,2009 年,第 124 页

材料二 世界首台电子计算机诞生

一般公认,世界第一台真正意义上的电子计算机是 ENIAC(电子数字积分计算机),它是第一代电子管计算机的代表。

1943 年,二战硝烟密布,为尽快结束战争,美国陆军着手研发新式火炮,宾夕法尼亚大学受命研制电子化通用计算机 ENIAC(埃尼阿克)来计算炮弹及火箭、导弹武器的弹道轨迹。

经过两年多的艰苦努力,1946 年 2 月 14 日,“埃尼阿克”终于在费城问世——这个耗资约 50 万美元制造的庞然大物,重 30 吨,占地 170 平方米,它的体内有 17 468 个电子三极管、7 200 个电子二极管、70 000 个电阻,10 000 个电容器、1 500 个继电器、6 000 多个开关。“埃尼阿克”每秒钟可做 5 000 次加法、500 次乘法或 50 次除法,比人工计算快 20 万倍。它一天完成的计算量,大约相当于一个人用手摇计算机操作 40 年。

但与高速相对应的,是高耗电量。埃尼阿克的耗电高达 150 千瓦,据说它每次开机,整个费城西区的电灯都为之黯然失色,而且它在运行时,几乎每 15 分钟就会烧掉一个电子管,因此在使用上极不方便。此外,“埃尼阿克”还有两大缺点:没有内存储器;运算时需要由人工将大量运算部件搭建起来,每算一题就要重搭一次。有的题计算只要 1 秒钟,准备工作却要花几十分钟。为解决这些问题,埃尼阿克的理论设计人之一、匈牙利裔美国数学家冯·诺依曼提出了著名的“冯·诺依曼结构”——计算机应由运算器、控制器、存储器、输出和输入设备 5 个部分组成,这一结构至今仍为计算机设计者所遵循;他还明确提出计算机的二大设计思想——二进制和存储程序,为计算机的发展树立了一座里程碑,同时也向世界宣告了电子计算机时代的开始。冯·诺依曼,也因此成为当之无愧的“计算机之父”。

埃尼阿克问世后不久,1953 年 4 月 7 日,IBM 公司正式对外发布自己的第一台电子计算机 IBM701。同年 8 月,又发布了应用于会计行业的 IBM702 计算机。IBM 还推出了 IBM650,以低廉的价格和优异性能在市场中获得极大成功,至此,IBM 确立了其行业领导者

的地位。

——夏雨:《跨越:从电子管到集成电路》,载《大众科学》,2014年第12期

材料三　计算机网络技术发展

20世纪50年代初期,计算机才首次与通信技术结合,形成了真正意义上的计算机网络系统,揭开了计算机网络发展的新篇章。到了60年代初期,美国再次首度通过计算机网络中的中央计算机连接,而将飞机票系统成功地安装在了计算机网络系统中,从而实现了多台计算机用户软件资源共享和集中控制处理的目的。与此同时,以计算机为中心,面向计算机终端的联机系统也终于诞生了。1969年,美国著名的远程网络ARPA网建立,其分布范围遍布整个美洲大陆,它甚至还能够通过通信卫星系统与欧洲的部分国家进行计算机网络互联。ARPA网以其覆盖范围之广、功能之强的显著特征,成为计算机网络发展历史上一个具有标志性的代表。随着计算机网络的不断发展,这种内部局域网形式的计算机网络越来越多地被运用到了各大公司企业中。70年代中期互联网的诞生,计算机网络标准化初步形成。

——摘编自李柯楠、赵嘉辉、顾冬:《关于计算机网络技术应用分析》,载《通讯世界》,2016年第8期

材料四　信息技术与生活便捷化

随着信息高速公路计划的实施,人们将广泛地利用信息网络,自觉或不自觉地使日常生活便捷化。比如:

居家上班。信息高速公路的建成将使越来越多的人选择在家上班。在家可以随时与上司取得联系,请示汇报工作,进行理论探讨等等。在家办公省去了上下班在路上浪费的时间。

网上购物。消费者不必到商店,只需利用遥控装置从屏幕货架上选购各种商品,还可以将镜头推近商品,阅读其用途说明等。坐在电脑前,可以自由地从国内外购买商品,使购物更方便。

远程医疗。医生可以通过信息高速公路,使用"虚拟现实"技术,给远在千里之外的患者进行诊断,使病人在家里便能及时得到医治。

网上交友。信息网络把世界上各个国家和地区连成一体,形成"地球村落",通过计算机,人们可以随时随地会晤亲友、交流谈心。

美国《商业周刊》这样描述一个普通美国家庭的生活:乔治无须去办公室,他的雇主可以通过计算机网络找到他,乔治悠然自得地收看第六终端的节目。他的一个孩子在收看500个频道的有线教育电视节目。他的另一个孩子正在准备人体解剖课程的考试,他轻轻敲打键盘,屏幕上出现了三维立体图案,显示出人体内部器官的运行情况。他的妻子将一天的销售情况以及将要做的项目全部存入笔记本电脑中,然后,她下达指令,让电脑把办公室的电子信件以及备忘录统统存储起来。随后,她与乔治一起进行了30分钟的实地旅游,他们戴着耳机和特制的眼镜,坐着"移动式的椅子",随着"电脑电视"开始了尼罗河之行。

——刘蔚玲:《信息技术对人类社会生活的影响》,载《科技进步与对策》,2001年第8期

材料五　信息技术与教育现代化

随着社会的发展,知识更新越来越快,学校教育将只是人生学习过程中的一个阶段而

已，每个人只有不断补充和更新知识，才能跟上时代的步伐。因此，人们要“活到老，学到老”，接受终生教育。教育对经济发展和社会进步的作用将越来越重要。我国实施科教兴国的战略，为我国教育事业的大发展提供了良好机遇。由于信息技术的不断发展和广泛应用，教育将呈现出现代化的特征和发展趋势。

(1) 多媒体教学正在走向普及。传统的课堂教学，表现手法单一，填鸭式的教学束缚了学生的主观思维活动。而现代教育通过多媒体技术，传递文本、图形、声音、动画等信息，有利于调动学生的学习兴趣。同时，通过手眼耳的协调动作，刺激大脑兴奋，从而强化记忆。因此，多媒体技术使人类获得一种与自己的自然本性和自然状态更加一致的信息积聚与交流的方式。

(2) 教育方式个性化、远程化。信息技术的发展，改变了师生必须在同一教室进行教学的教育状况，为个性化、远程化的教育方式提供了物质基础和技术保证。学生可以不受时空限制，从计算机网络中选择适合自己的教学服务，即可以选择自己认为最好的学校、最优秀的老师，学习任何感兴趣的课程，因材施教得到更好的体现。同时，学生能够非常方便地获取所需要的世界各地的信息资源。学生不离开教室，就可以身临其境地参观博物馆、科学馆，使学生学习费用降低30%，学习时间节约40%，但是，能多学到30%的知识。

——刘蔚玲：《信息技术对人类社会生活的影响》，载《科技进步与对策》，2001年第8期

材料六 人工智能技术发展

人工智能是由计算机科学、控制论、信息论、神经生理学、心理学、语言学、统计学、数学和哲学等多学科交叉融合进而发展起来的一门综合性前沿学科，其发展对人类进步具有深远影响，与基因工程、纳米科学并列为21世纪的三大尖端技术。人工智能在21世纪中叶诞生，其探索的过程经历了多次的挫折与挣扎，繁荣与低谷。随着近年来云计算、大数据和互联网的快速发展，人工智能也迅速发展，不断诞生新的理论和技术。

20世纪40年代到50年代，人工智能处于萌芽阶段。由于40年代计算机的出现，人类开始探索用计算机代替或扩展人类的部分脑力劳动。1949年，Donald Hebb首次提出基于神经心理学的人工神经网络概念。

20世纪50年代至60年代，人工智能处于形成阶段。1956年，人工智能的概念开始出现，源自于美国达特茅斯学院召开的夏季言谈会。当时，一批数学家、信息学家、心理学家、神经生理学家、计算机科学家聚在一起，探讨用机器来模仿人类智能并提出了“人工智能”的概念。

20世纪70年代到90年代早期，人工智能进入发展阶段。70年代，人工智能从理论走向应用，知识工程和专家系统成为主流。

20世纪90年代末期至今，人工智能进入成熟阶段。90年代末，深度学习研究兴起。21世纪，人工智能的发展日益成熟，机器学习和深度学习成为人工智能研究主流，并在各行业得到了广泛应用。2015年*Nature*杂志推出深度学习的综述，标志着深度学习被学术界真正接受。深度学习理论研究获得丰硕的成果。

——姜国睿、陈晖、王姝歆：《人工智能的发展历程与研究初探》，载《计算机时代》，2020年第9期

材料七 人工智能与就业

人工智能是21世纪三大尖端技术之一，其发展引起了各国的高度重视。人工智能能够

引领未来科学技术发展，美国、日本、德国、英国等国家将人工智能研究作为重要战略以提升国家竞争力。我国高度重视人工智能技术发展。2017年7月，国务院印发了《新一代人工智能发展规划》，提出要部署构筑我国人工智能发展先发优势，"加快建设世界科技强国和创新型国家的步伐，探讨人工智能发展对就业的风险和影响"。一方面有利于科学预测和研判人工智能技术发展下的就业冲击，发挥科学就业指导作用。另一方面有利于正确认知人工智能应用发展对就业的积极价值，辩证分析人工智能技术对就业产生的各种影响，消除人们对"机器换人"的心理恐慌是当前人工智能与就业领域重点探讨的内容之一。

——周卓华：《人工智能技术发展对就业的影响及应对》，载《重庆社会科学》，2020年第10期

材料八　第四次工业革命

美国未来学家托夫勒将人类社会划分为农业时代、工业时代、信息时代三大阶段。对应着三个时代转折点的，分别是三次工业革命，这种划分方法对全世界产生了深远的影响。德国人的"工业4.0"则是以工业技术的革命性变革来划分时代的。我们常说的第一次工业革命，以蒸汽动力应用为标志，诞生了近现代工业的雏形，德国人将其定义为"工业1.0"。"工业2.0"对应着以电力运用和生产流水线为标志的第二次工业革命。托夫勒所说的第三次浪潮，即以信息通信技术、计算机技术、新能源技术为标志的第三次工业革命，而德国人将自动化生产线的出现定义为"工业3.0"。随着物联网、服务网络、工业机器人、数字化、智能化技术的日益完善，德国人将制造业的全面智能化的变革潮流视为第四次工业革命，即工业4.0。

——李克、朱新月著：《第四次工业革命：新常态下中国制造迎来千载良机》，北京：北京理工大学出版社，2015年，第6页

材料九　导航的发展历程

就像我们手机和汽车里的GPS一样，我们的大脑也会通过整合多种与位置和时间流逝有关的信号来估算我们现在在哪里、又将要往哪里去……人类经过几十年的繁衍生息，这种与生俱来的导航功能变得更加复杂和先进。我们在日常生活中每天都在使用着我们自身具有的导航功能。可以说，人类自带的导航功能是最原始的也是最先进的导航！

——曹冲、荆帅主编：《北斗导航：定位精准时空》，上海：上海科学普及出版社，2018年，第5—6页

材料十　全球主要导航系统

全球卫星导航系统(GNSS)包括美国的GPS、中国的北斗、欧盟的Galileo和俄罗斯的GLONASS，区域卫星导航系统包括日本的QZSS和印度的IRNSS。

——曹冲、荆帅主编：《北斗导航：定位精准时空》，上海：上海科学普及出版社，2018年，第17页

第三单元

商业贸易与日常生活

第一部分

单元教学设计

单元学习主题和目标

1. 课标要求与分析

课标要求：了解商业贸易的起源和古代的商贸活动与贸易通道；知道货币、信贷、商业契约等在日常生活中的角色；认识世界市场的形成对商业贸易的意义；认识20世纪以来贸易、金融的变化对人类生活的影响。

本单元学习商业的产生和发展历程。生产力的进步，剩余产品出现，人类交换的需求导致商业贸易产生。随着贸易规模和贸易范围的扩大，贸易通道发挥着重要的推动作用。而货币、信贷、商业契约的出现与发展使人们的生活更为便捷。世界市场是随着新航路开辟后不断发展而逐步形成的。在此过程中，商业活动也出现了很多新变化，世界各地之间的联系更加广泛而紧密。人类进入20世纪以后，贸易和金融发生了剧烈的变化，对人类生活产生了深远影响。

2. 单元学习主题

本单元可以围绕"商业贸易的发展增强了地区间的经济联系并丰富了人们的生活"这一主题展开教学设计。商业贸易带来日常生活的变化，日常生活的需求又推动商业贸易的发展。通过教学活动的开展，促进学生的唯物史观、时空观念、历史解释和史料实证等学科核心素养的发展。例如，对唯物史观的认识，可以通过分析得出生产力进步、剩余产品的出现，是中西方商业起源的共同原因；理解生产力是历史发展的决定因素。又如，对时空观念的认识，古代丝绸之路等跨区域的贸易交流活动和新航路开辟后世界市场逐渐形成相比，商业贸易的深度和广度有着显著的区别。又如，史料实证学科素养的发展，货币、信贷、商业契约等和商业相关的工具、途径和方法的出现，可以呈现多元的历史材料如图片和文字资料等，培养学生论从史出的思维习惯和举证意识。再如，历史解释学科素养的发展，可以充分运用人们对三角贸易、价格革命、商业革命、布雷顿森林体系等历史现象的不同评价，引起学生认知冲突，培养学生分析历史事物、阐释历史问题的能力。

3. 单元学习目标

(1) 通过了解古代不同区域的商业贸易活动概况，梳理不同地区商业发展的具体表现，归纳影响商业发展的要素，了解商业贸易中出现的相关工具、途径和方法，认识货币、信贷、商业契约等对商业发展的作用，以及贸易对人们的生活方式和观念的影响。

(2) 通过了解新航路开辟后世界市场逐渐形成，了解贸易中心转移、贸易方式变化等史事，认识全球性商业贸易丰富了世界各地民众的生活，改变了人们的生活方式和态度，提升在特定历史条件下分析问题的能力。

(3) 通过梳理20世纪以来国际贸易发展的史事，理解经济全球化导致各国经济联系和依存日益加深，认识国际金融秩序、电子商务发展等对人们的商业贸易观念和生活方式带来的变化，增强科技发展促进经济发展的重要性的认识。

单元学习重点与难点

1. 学习重点分析

本单元的学习重点是古今中外商业贸易的发展历程。

古代商业的发展，世界不同地区的商业各有特点。埃及商业历史悠久，古希腊有若干商贸中心，罗马海外贸易繁荣，拜占庭帝国则一度垄断了东西方贸易。在古代中国，不同朝代的商业在继承前代的基础上都有阶段性突破，商朝就已经出现商人，秦汉统一货币、度量衡，隋唐到两宋打破坊市制度，元明清时期商业诸多领域都有发展。古代商业的繁荣离不开商路拓展，如丝绸之路成为古代贯通亚欧的重要贸易通道。阿拉伯商人从事欧亚非三大洲的中介贸易，促进了不同地区与国家间的交流。商业贸易中的货币、信贷、商业契约等在人们生活中发挥着重要作用，商业的功能也由最初的互补余缺转向逐利增财。

近代以来，商业贸易与人们的社会生活关系更为密切。新航路开辟后，世界开始连成一体，世界市场的形成使全球性的商业贸易成为可能。

20世纪以来，商业贸易活动出现了许多新的变化，如股市的出现、跨国公司的成立、“布雷顿森林体系”的形成、电商的出现等。而贸易、金融的现代化，既提高了商贸效率，也增大了金融风险。

从单元整体角度看，了解商业发展的历程，就可以从专题立意理解商业发展的趋势，全球联系日益紧密。还可以理解商业发展的要素，包括商业的范围、从事商业的群体或机构、商品的变化等方面。这有助于学生理解商业和日常生活的相关性。

2. 学习难点分析

本单元学习难点是商业贸易中的专有名词和一些概念，如信贷、商业契约、交易所、有限责任公司、股份制贸易公司、多边贸易体制、服务贸易、电子金融，等等。

本单元的内容涉及经济学、金融学的一些知识，这些对生活经验较少、阅历不足的高中生来说难度比较大。攻克办法是把这些概念拆分到具体的课时里，引导学生阅读分析历史材料，用相对具象的描述，拓展学生的认识。

单元教学设计

1. 单元知识结构

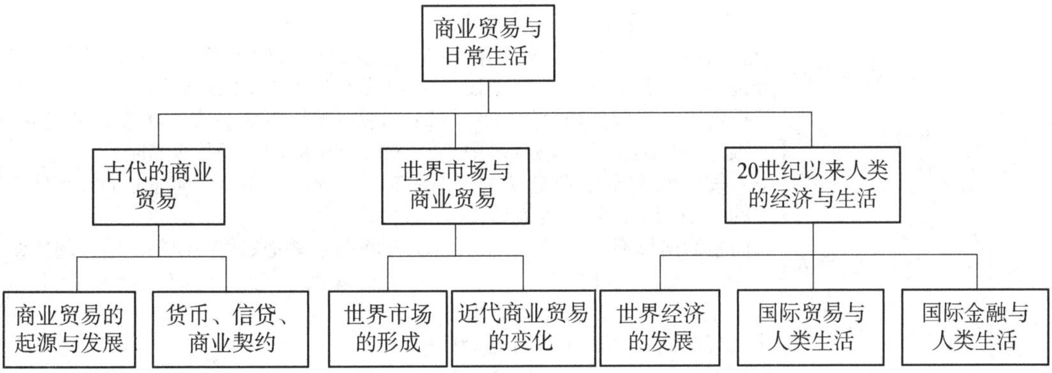

2. 主干知识与问题链

课时	主干知识	教材预设问题	问题链
1	古代的商业贸易 (1) 商业贸易的起源与发展 (2) 货币、信贷、商业契约	〔思考点〕商业贸易的发展对人类生活有什么影响？ 〔学思之窗〕上述材料可以用于佐证什么历史现象？ 〔问题探究〕根据材料，结合所学知识，描述古埃及人是如何签订商业契约的。契约对商业贸易和人们的日常生活产生了什么影响？ 〔学习拓展〕中国历史上有很多著名商帮，任选其中之一，查找资料，了解其产生和发展的历史。	(1) 古代商业是如何兴起的？ (2) 列举古代中国不同历史时期商业发展的具体表现。 (3) 古代埃及、古希腊、两河流域等区域的商业贸易活动有何特点？ (4) 古代商业贸易通道有哪些？依据所学内容画一幅丝绸之路示意图。结合所学知识说明丝绸之路在商业贸易上的作用。 (5) 结合所学举例说明货币、信贷和商业契约对人们生活的影响。

续表

课时	主干知识	教材预设问题	问题链
1	世界市场与商业贸易 (1) 世界市场的形成 (2) 近代商业贸易的变化	〔思考点〕近代商业贸易发生了哪些变化? 〔学思之窗〕表中数据反映了什么问题? 〔问题探究〕试分析世界市场和商业贸易的关系。 〔学习拓展〕美第奇家族是意大利佛罗伦萨著名家族,曾长期主政佛罗伦萨。这个家族还诞生了四位教皇、两位法国王后。查找资料,了解该家族是如何从银行业起家,逐渐发达起来的。	(1) 新航路开辟之后,资本主义世界市场是如何形成的? (2) 工业革命前后资本主义世界市场发生了怎样的变化?变化的原因是什么? (3) 近代商业贸易的变化主要体现在哪些方面?举例说明。 (4) 中国近代商业贸易发生了怎样的变化?变化原因有哪些? (5) 世界市场的形成对商业贸易的发展有什么意义?
1	20世纪以来人类的经济与生活 (1) 世界经济的发展 (2) 国际贸易与人类生活 (3) 国际金融与人类生活	〔思考点〕第二次世界大战后,世界经济的发展有何特点? 〔学思之窗〕阅读《亚洲基础设施投资银行协定》的相关内容,分析中国发起成立亚洲基础设施投资银行的背景和目的。 〔问题探究〕结合所学,分析《中华人民共和国电子商务法》产生的背景,以及该法实施后对人们生活的影响。 〔学习拓展〕当今时代,人类创造了很多便利经济活动的方式,如自动取款机、互联网电子支付等。选择一种方式,谈谈它对生活的影响。	(1) 20世纪以来世界经济的曲折发展有何特点?列举史实加以说明。 (2) 二战后的国际贸易发生了怎样的变化?对人类生活产生了什么影响? (3) 布雷顿森林体系是如何建立的?有什么意义? (4) 互联网金融是如何兴起的?结合现实谈谈互联网金融对我们生活所产生的影响。

3. 教与学活动设计

流程	主要内容	教与学的活动设计
单元导入	单元内容简介与单元关联	通过阅读分析单元导读的内容,了解本单元学习主题是商业贸易与日常生活,商业贸易发展具有阶段性特点,是对前一阶段的变化与延续。研读历史材料并思考问题:对比材料,商业的政策发生了什么变化?这说明了什么?以此导入本单元的学习。
第1课时 古代的商业贸易	(1) 商业贸易的起源与发展	阅读分析教师补充的史料,理解商业贸易是社会生产力发展到一定程度,有了可以用于交换的剩余产品以后逐步出现并发展的。结合教材资料了解中国和世界商业发展的概貌。
	(2) 货币、信贷、商业契约	阅读分析教师补充的史料和教材案例,理解货币、信贷和商业契约在推动商贸发展方面起很大作用,并影响人们的日常生活。

续表

流程	主要内容	教与学的活动设计
第 2 课时　世界市场与商业贸易	(1) 世界市场的形成	阅读教材相关内容，梳理新航路开辟、早期殖民扩张、第一次工业革命和第二次工业革命等对世界市场形成、发展的作用；阅读教师补充的材料，能客观认识世界市场发展的历史影响。
	(2) 近代商业贸易的变化	阅读分析教师补充的史料和教材，了解近代商业在贸易中心、商业组织形式和商品种类方面的变化。
第 3 课时　20 世纪以来人类的经济与生活	(1) 世界经济的发展	阅读分析教师补充的史料和教材，对资本主义国家、社会主义国家和新独立的民族国家在 20 世纪经济的发展有所了解。
	(2) 国际贸易与人类生活	阅读分析教师补充的史料和教材，理解国际贸易向贸易自由化方向发展，服务贸易发挥着日益重要的作用。
	(3) 国际金融与人类生活	阅读分析教师补充的史料和教材，理解二战后国际金融制度化、体系化的特点，互联网金融深刻影响人们的生活。
单元总结	知识体系建构与单元认识深化	能对古今中外商业发展的概貌有所认识，能对商业发展对人类生活的影响形成宏观认识。

单元导入

教师设问：请阅读第二单元导读，思考并回答：

(1) 依据单元导读的内容，指出人类商贸活动的发展经历了几个阶段？每一阶段有什么显著特点？

(2) 依据单元导读的内容指出，商贸活动在哪些方面是逐步扩大的？

【设计意图】　通过对单元导读内容的学习，按照商业发展的时序，整体把握商业贸易在各个时代的变化与延续。

教师总结：通过以上问题的研讨，我们可以明确商业贸易的发展，分古代、近代、现代三个阶段，每个阶段都有其显著特征：古代商业有地域特点，也有重要的商贸通道，货币、信贷和商业契约便利了商品交换；近代世界市场逐步形成，推动商业的发展；20 世纪以来贸易金融向现代化方向发展。整体来说，商业贸易各个时代既有变化又有延续，总体方向是商贸活动逐步扩大，这表现在商贸活动范围的扩大，即从最初地方性贸易扩大到国与国、洲与洲之间的贸易；商贸活动领域的不断拓展；商贸活动内容和形式不断变化，商贸活动的效率不断提高。

材料一　在柏拉图、色诺芬、亚里士多德等的著作中，农业在理论上几乎毫无例外地都被摆到了第一位，工商业即使不遭鄙视，也退居第二位。色诺芬在《经济论》中说：农业应该受到最大的重视，因为它使农民留出空闲来照顾城邦和朋友，且能培养勇毅。

——晏绍祥：《古典作家笔下的古代希腊商业》，载《内蒙古大学学报(哲学社会科学版)》，1992 年第 3 期末事不禁，则技巧之人利，而游食者众之谓也。故农之用力最苦，而赢利少，不如商贾、技巧之人。苟能令商贾、技巧之人无繁，则欲国之无富，不可得也。

——《商君书》

材料二 重商主义者认为货币(金银)是最好的财富，一切经济活动的目的都是为了获得金银，并把货币的多寡视为衡量富裕程度的标准。在财富来源的观点上，重商主义者认为西欧一些国家缺少金银矿藏，所以只有通过对外贸易，少买多卖，少支出多收入，实现外贸顺差、出超，大量金银才能不断流入本国。重商主义者强调国家的作用，认为国家对经济的干预是国家致富的重要保证，主张国家应积极干预经济生活，如垄断对外贸易，颁布保护商业、工业的法令，奖励和监督工业生产，实行货币输入和产品出口、限制或禁止货币输出和商品进口的政策，保护关税，并和国家政权相结合进行殖民扩张等。

——高华云：《从重商主义到亚当·斯密——西方经济学说史上的第一次革命》，载《云南财经大学学报》，2007 年第 6 期

教师设问：对比材料一和材料二，商业政策发生了什么变化？这说明了什么？

教师讲述：材料一是古代西方和中国的经济思想，柏拉图等人都认为农业更重要，工商业次之。商鞅则明确提出重农抑商的思想，认为农业为本业，商业为末业。材料二是近代的商业思想，重商主义者主张政府支持对外贸易，从中获利。从抑制商业到鼓励商业，说明从古代到近代的历史演变过程中，商业发挥的作用日益巨大。商业是如何起源、如何发展的？我们从第 7 课“古代的商业贸易”学起。

第二部分

课时教学设计

第7课　古代的商业贸易

一、学习目标

1. 通过对东西方人类早期交换活动特点的探究、比较，理解商业发展的起源，初步了解生产力发展推动商业发展这一唯物史观分析问题的方法。

2. 了解古代商业发展脉络，在研读分析资料的过程中，掌握汲取历史信息的方法；在归纳古代中国商业发展特点的过程中，初步掌握归纳历史事件特点的学习方法。

3. 能够理解货币、信贷、商业契约在日常生活中的角色。体会商业活动与人类生产、生活的进步之间的关联。

二、学习重点

古代商贸活动与贸易通道，货币、信贷、商业契约在日常生活中的角色。

三、学习难点

货币、信贷、商业契约在日常生活中的角色。

四、教与学活动

【导入新课】

教师讲述： 人类的经济活动包括生产、储备和交换等。咱们在第一单元和第二单元分别学习了食物的生产和储备，以及农业、手工业、现代机器生产的工具和劳作方式，今天这节课我们学习人们是如何交换产品的。

【学习新课】

(一) 商业贸易的起源与发展

教师讲述： 在人类刚刚出现的原始社会早期，由于生产工具极其简陋，产品极其匮乏，交换活动根本无从谈起，随着生产力的进步，商业逐渐产生。

1. 商业的起源

教师设问： 请同学们阅读材料一和材料二，商业产生的条件有哪些？早期商业有什么特点？

材料一 中国之地，宜于农桑，其时男务耕耘，女勤蝉织，以为衣食之源，而用以互相交换，农有余粟，则以易布，女有余布，则以易粟，此交易之始也。

——王孝通著：《中国商业史》，北京：团结出版社，2007年，第3页

材料二 商业作为种族集团之间的一种活动，起初并不是诞生在同一部落与同一社会成员之间，恰恰相反，它只以异族部落为对象进行交换，因而成为这个最古老的社会共同体中的一种对外现象。究其原因，很大可能在于，这种活动以交换这些集团之间的生产专门化的结果而开始。所谓进行专门化结果的交换，不是出售部落产品的贸易，就是贩卖异族部落产品的贸易。显而易见，最古老的商业即是异族部落之间的交换关系。

——马克思·韦伯：《世界经济史纲》，胡长明译，北京：人民日报出版社，2007年，第138页

学生活动： 阅读材料思考，并回答问题。

教师讲述： 商业产生的基础是农业、手工业的发展。随着社会分工和剩余产品的出现，不同部族或个人生产的产品有了差异，互补性的需求日益增强，先民之间的交换活动产生并不断扩大。早期商业往往是部落之间交换各自剩余的产品。

【设计意图】 引领学生阅读教师补充的材料，理解商业贸易是社会生产力发展到一定程度，有了可以用于交换的剩余产品以后逐步出现并发展的。

过渡： 人类在定居之前，就有不同部落之间的物物交换，然而，这种早期剩余产品的交换行为更多应该算作单独个体的不定期行为，并无多少对场所的需求。直到交换活动逐渐发展为以货币为媒介的固定模式，并且随着交易次数和量的增多，交易者开始需要以固定的场所作为活动的空间。《易·系辞》记载："庖牲氏没，神农氏作，列廛于国，日中为市，致天下之民，聚天下之货，交易而退，各得其所。"这就是对一定时空条件下的交换的描述。商业具体如何发展的呢？

2. 商业发展的概况

教师讲述： 我国古代商族人就因会做生意而出名。周灭商后，商族遗民驾着牛车四处游走，买于此而卖于彼，从中渔利，后人就把这个行业叫商业，把经商的人叫商人。

(1) 中国古代商业的发展

教师设问： 请同学们结合教材"中国古代商业"部分，思考材料三中对中国古代商业发展的阶段性划分是否合理？为什么？

材料三 中国古代商业的发展有三个高潮期：战国时期商人势力成长，很多大中都会

成为商业贸易的中心，这是第一次高潮出现时最重要的特征。第二个高潮期在唐宋，唐朝后期开始，粮食、茶叶、瓷器等生活必需品逐渐成为商品交易的大宗。北宋以后，南方经济的发展更为明显，有更多的史料记述了日用品的大宗交易情况，所交易的商品种类繁多，大多属于日用品之类。第三次高潮出现的明清两朝，都是延续了数百年的统一王朝，政治的统一和社会的相对安定，为商业的发展提供了良好的客观环境。明中后期以后，经济作物的广泛种植、农副产品商品化程度加深、专业化程度提高（专业性城镇和专业性地区的形成、农业和手工业专业户的形成等方面），都成为商业发展的新因素。

——摘编自宁欣：《中国古代商业发展的概貌和特点》，载《历史教学问题》，2009 年第 3 期

学生活动：阅读材料和教材思考，并回答问题。

教师讲述：阶段划分比较合理。夏商西周时期，商贸活动基本由政府控制，就是所谓的“工商食官”，春秋战国以后，出现私商，富商大贾纷纷崛起。著名的有吕不韦、范蠡等。范蠡曾说“论其有余不足，则知贵贱”，意思是根据有余或不足就可以知道物品的贵贱，可以说他已经掌握了市场供求关系决定着商品价格的规律。范蠡在物品充足时买进，当短缺时卖出，“十九年中三致千金”。因此，可以说春秋战国时期是商业迅速发展的阶段。秦汉时期商业继续发展。隋唐两宋时期商业的发展打破了时空界限，日用品成为商品大宗，因此又是一个迅速发展的阶段。明清时期，农产品和手工业品的商品化程度加深。

教师设问：教材的图片展示了这一时期商业发展哪一方面的显著特点？

学生回答：地域性商人群体商帮兴盛，出现银行雏形票号。

教师设问：从以上学习中可以知道中国古代商业不断发展，请同学们总结一下，推动商业发展的因素有哪些？

学生回答：政局稳定，农业手工业的发展，货币的统一，交通运输的发展。

【设计意图】　此环节设计学者观点和教材表述的对读这一活动，学生首先要提取信息，包括教材信息和材料信息。其次要把史实和解释建立起一一对应的联系，就可以在提取信息的基础上调动和运用这些信息，形成对中国古代商业阶段性特点的认识。最后要分析推动中国古代商业发展的原因，理解影响商业发展的因素有政局的稳定、生产力的发展、交通的发展和交换媒介的便捷等，从而理解商业和日常生活之间的联系。

过渡：以上是从商业发展的阶段性特点研究古代商业的发展，还可以从商业发展的几个要素分析，如商人、商路、商业媒介（货币）、商品、商业经营场所、商业制度和政策等方面进行分析。掌握了这些分析商业的方法，我们来看一看世界上其他地区的商业贸易情况。

(2) 世界古代商业的发展

教师设问：阅读材料四，围绕地中海地区的商业贸易发展情况可以反映出古代世界商业贸易发展的什么特点？

材料四　地中海地区的地理环境和气候为商业贸易提供了良好条件。城邦的出现和繁荣最终使得该地区成为古代西方最重要的商贸活动区。从约公元前 16 世纪开始的 10 个世纪左右，腓尼基长期是地中海地区的贸易强国。公元前 4 世纪，希腊城邦逐渐取代了腓尼基的贸易主导地位。到公元前 2 世纪，罗马成为新的贸易强国。在罗马最强盛时期，帝国境内北非、中东、西亚、南欧和西欧各地的商品自由贸易，畅通无阻。罗马人还从境外的波罗的海

地区、南部非洲、亚洲东部等地进口琥珀、毛皮、奴隶、象牙、黄金、香料、丝绸等商品。帝国通过立法调节经济和贸易纠纷,规范商业贸易活动。

——朱汉国、何成刚主编:《新版课程标准解析与教学指导·高中历史》,北京:北京师范大学出版社,2020 年,第 247 页

学生活动: 阅读材料思考,并回答问题。

教师讲述: 从材料中可以看出,地中海周边各国的对外贸易频繁。从"历史纵横"和插图中可以得知古巴比伦和古埃及对外贸易的发达。各国的商业发展历史悠久,都有一定的商业贸易场所,出现了一些商业贸易中心,都有对商业的管理。拜占庭帝国和阿拉伯商人在洲际贸易中发挥了巨大作用。

【设计意图】 引领学生阅读教师补充的材料,并结合教材辅助栏目,理解以地中海为中心的国家外贸活动的频繁。

过渡: 对外贸易的繁荣需要具备一定的条件,贸易通道发挥着极其重要的作用,沟通中西的丝绸之路把中国和世界联系了起来。

3. 沟通亚非欧的贸易通道——丝绸之路和中国的对外贸易

教师讲述: 丝绸之路开始于张骞通西域之后,以首都长安为起点,经甘肃、新疆,到中亚、西亚和地中海沿岸,从那一刻起,恺撒大帝穿上了中国的丝绸长袍,汉武大帝骑上了大宛的汗血宝马,开启了沟通三大洲的贸易通道。

教师设问: 阅读材料五并思考,丝绸之路的开通有什么重要意义?

材料五 中国的丝绸、瓷器、茶叶成为"四大发明"之外传播世界并被广为接受的三大标志性中国文化。古代西域、南洋、西洋等外来文明也传入中国,为中华文明的进步增添了新鲜血液,如葡萄、苜蓿、芝麻、黄瓜、菠菜、草莓、棉花、马铃薯等新植物品种,香料、宝石、琉璃、象牙、犀角、玳瑁等工艺奢侈品,波斯白矾、肉豆蔻、降真香、芜荑等药物药材,玻璃制造、制糖等技术,医学、天文历算,以及佛教、袄教(拜火教)、景教、犹太教、摩尼教、伊斯兰教等宗教。

——摘编自鲍志成:《古代丝绸之路的历史作用概论》,载《文化艺术研究》,2015 年第 3 期

教师讲述: 丝绸之路的开通是中国对外贸易的开始,沟通中西,推动了不同文明之间的交流。中国对外贸易沿着海陆两条丝绸之路,日益发达,为了便于管理,宋、元及明初政府在东南沿海一带海港设立了市舶司,管理海外贸易。明清时期对外贸易的重要方式是朝贡贸易,外贸政策有所调整,由广州十三行代理。

【设计意图】 引领学生阅读教师补充的材料,培养提取信息的能力,养成论从史出的思维习惯,把古代中国的商业发展和世界商业的发展联系起来。

过渡: 以上我们学习了中国古代商业的概貌,也了解了世界古代商业发展的特点,从中可以看出,各地区有自己发展的特点,也有彼此沟通的趋势,商业贸易起到什么作用呢?

4. 商业贸易的影响

教师设问: 依据上述所学内容,结合教材插图《'南海Ⅰ号'沉船上的瓷碗》和《群神宴》,回答教材的思考点:商业贸易的发展对人类生活有什么影响?

学生活动: 阅读材料思考,并回答问题。

教师总结: 商业贸易首先促进不同地区与国家间的交流,其次既丰富了人们的物质生

活，也丰富了精神生活。如中国的丝绸瓷器对西方有重要的影响，“南海Ⅰ号”沉船上的瓷器很多有异域风格，显然是西方国家定制的产品；“群神宴”画中的瓷碗，都证明了中国的瓷器受欢迎。同时，佛教也通过丝绸之路传入中国，中国的四大发明传往国外，促进了文化的交流。

【设计意图】 充分利用教材辅助栏目，理解商业贸易活动对生活的影响，通过丝绸之路中国引进了很多新的物种，而中国的特产也丰富了当地人们的生活。

过渡： 随着商品经济的发展，为了便于商品交换，逐渐出现了一些和商业发展息息相关的媒介和方法。接下来我们学习货币、信贷和商业契约。

（二）货币、信贷、商业契约

1. 货币

教师设问： 阅读材料六和七，结合教材“史料阅读”栏目分析，中国的货币是如何发展演变的？

材料六 我国古代人民多住河海之滨，故其用贝为最著。考《说文》贝字注云：“贝，海介虫也，居陆者贆，在水者蜬，古者货贝而宝龟。周而有泉，至秦废贝用钱。”此说若确，则用金属为货币，实自周始，前此皆用贝，即周代亦不过贝、钱并用，贝之不为币，实自秦始而。近考诸《说文》所示之训诂，凡文字上与财富相关者，皆从贝字，如负、财、贡、贷、贫、货、贪、贯、贮、资、赂、赠、赐、赊、购等字，无不从贝者，则古代以贝为货币，其事甚明矣。

——王孝通著：《中国商业史》，北京：团结出版社，2007 年，第 8 页

材料七 北宋流通的货币有铜钱、铁钱。但四川境内只流通铁钱，铁钱分量重，单位价值比铜钱低，买卖商品使用铁钱，极不方便，不能适应大额异地贸易交换的需求。当时成都富商大贾云集，商品交易日增，所以，富商为免除来成都做生意携运铁钱的劳苦和安全，就把现金交付本地素有声望、信誉的殷实商铺，收款商铺把存放现金的数额临时填写入用楮纸制作的票券，交给存款方。这种临时填写存款金额的货币代用楮券称为交子。经营此类业务的商铺称“交子铺户”。这样，四川商民之间，建立了一种只在一省区域内流通的交子。仁宗天圣元年(1023)，北宋政府鉴于私交子的信用不足引起的债务纠纷，决定整顿交子业务并收归官营，同时在四川设置益州交子务，派京官二人担任监官，主管交子发行兑换，史称“官交子”。

——摘编自高春平：《论中国古代信用票据飞钱、交子、会票、票号的发展演变》，载《经济问题》，2007 年第 1 期

学生活动： 阅读材料思考，并回答问题。

教师总结： 中国古代商业早期的交换形式是以物易物，后来出现贝币，使用广泛，从汉字的构词法可以看出。随后进入金属货币阶段，教材中“史料阅读”谈到的“孔方兄”就是中国金属货币的基本样式——圆形方孔。宋代，中国出现了世界上最早的纸币——交子。

教师设问： 观察教材拜占庭帝国的金币，思考“学思之窗”的问题，和中国的金属货币相比，拜占庭帝国的金币有何特点？

学生活动： 阅读教材思考，并回答问题。

教师总结： 首先可以得知拜占庭帝国的货币特点，其次可以印证丝绸之路促进商业贸

易发展。拜占庭帝国的金币能在中国出土，意味着它可能发挥过货币的功能，有一定价值。金币属于贵金属货币，货币依据其价值进行交换。唐代以后，表示钱币重量的钱文消失了，代以“通宝”这类写有国号、年号或吉利语的钱币，这说明货币的“政府信用性”，一脉相承，直到宋代出现的纸币，都是属于一般等价物的功能。这就是货币在商品交换中的主要功能，逐渐成为财富的象征。纸币的出现应该以金属货币为“担保物”，这样就减少交易成本，促进商品流通。但元明时滥发纸币，导致纸币在我国虽然出现得早，并没有一以贯之延续下来。

【设计意图】 通过教师补充的材料进行引领，学生可以从史料中提取有效信息，建立起与教材内容的关联。解答“学思之窗”的问题，可以培养史料实证的素养。对比中西方金属货币的不同，培养历史解释的素养。

过渡：货币促使商业的功能由最初的互补余缺向逐利增财转化，为促进资金流转，信贷方式逐渐出现并发挥很大作用。

2. 信贷

（1）西方借贷的出现与发展

教师设问：阅读材料八并分析，信贷这种方式可以起到什么作用？

材料八 货币（各种形式的）与信贷（不论采用什么工具）之间有明确的界限。信贷是交换两种在时间上有先后的财物或劳务：我为你效劳，你以后偿还。领主预借麦种给农民，后者收获后偿还，这是一种信贷。酒馆老板不马上要求顾客付钱，而是用粉笔在墙上记下欠账，或者面包店老板交货后在木头符契上刻下记号，由顾客和自己各执一半，以便日后结账，这也是一种信贷。向农民购买青苗的粮商，塞哥维亚和其他地方在剪羊毛前就向牧民预购羊毛的商人，从事的也是信贷活动。汇票交易遵循的是同一原则。在某地，如16世纪在坎波交易会上，售出一张汇票的人当场收到现金；购进者3个月以后在另一地点根据当时的汇率将此汇票兑现。此人可能得利，也可能亏本。事实上，人们一旦学会书写并需要支配叮当响的金属货币的时候，他们就用文书、票据、承诺等等来代替后者。公元前两千年，巴比伦的商人和银行家之间就在使用票据和支票……罗马知道开设往来账户，账本上有借方和贷方。伊斯兰国家的商人……从十世纪起已知道使用所有信贷工具：汇票、记名期票、信用证、钞票、支票，主要保存在开罗旧城区犹太会堂里的文件可以证明这一事实。中国早在九世纪起就使用庄票。

——摘编自[法]费尔南·布罗代尔：《15至18世纪的物质文明、经济和资本主义》第一卷，顾良等译，北京：生活·读书·新知三联书店，1992年版，第558、560页

学生活动：阅读材料思考，并回答问题。

教师总结：从材料中可以看出，信贷古已有之，人们用各种信贷工具代替金属货币，以便利交换。从古巴比伦、古罗马到古代中国，世界各主要文明区域都使用信贷工具，信贷渗透到了社会生活的各个方面。放贷者多元，借贷形式多样，但共同之处就在于促进货币流通，推动商业发展。

（2）中国的货币信贷和资本性借贷的发展

教师设问：阅读材料九，结合教材“历史纵横”和庄票介绍分析，中国的信贷方式有何特点？

材料九　《新唐书》卷54《食货志》载："宪宗以钱少，复禁用铜器。时商贾至京师，委钱诸道进奏院及诸军、诸使、富室，以轻装趋四方，合券乃取之，号飞钱。"另据《因语录》载："有士鬻产于外，得钱数百缗，惧以川途之难赍也，祈所知纳钱于公藏，而持牒以归，世所谓便换者。"由此可见，商人把款项交给某地的某一机构或商家，领取票证，然后持票到所属道府，核对凭据无误后，提取款项。接收汇兑的机构主要是各道的进奏院、诸军、诸使以及户部、度支、盐铁三司，要求汇兑的则是商人。

——高春平：《论中国古代信用票据飞钱、交子、会票、票号的发展演变》，载《经济问题》，2007年第1期

学生活动：阅读材料思考，并回答问题。

教师总结：在古代中国，借贷经历了一个由原始的有无相济互助，到有借有还的借贷，再到有息贷款的发展过程。飞钱，是中国早期的汇兑业务：一种是官办，商人在京城把钱交给"进奏院"，携券到其他地区指定地方取钱；二是私办，大商人在各道或者主要城市有贸易往来，代营"便换"，以此牟利。这一方面降低了对铜钱的需求，缓和钱币不足的问题。另一方面也减轻了商人前往各地进行贸易活动时，携带大量钱币的不便。到明清，出现钱铺等新的金融机构，业务除了兑换银钱、经营存款、汇兑款项外，还对城乡居民及工商业经营者发放贷款，就具有资本性借贷的特点了。当铺、庄票都发挥过这样的作用。

【设计意图】　通过教师补充的材料和教材呈现材料对比分析，学生既可以认识到借贷的一般特点，也可以分析出中国古代借贷的延续与变迁。

3. 商业契约

教师设问：阅读材料十和教材"问题探究"的材料并思考，古代中国和古埃及订立的契约有何共同点？

材料十　《石染典买马契》载：

马壹匹，骝敦六岁。

开元廿一年正月五日，西州百姓石染典，交用大练拾捌匹，今于西州市，买康思礼边上件马。其马及练，即日各交相付了。如后有人寒盗识认者，一仰主、保知当，不关买人之事。恐人无信，故立私契。两共和可，画指为记。

练主：马主别将康思礼年卅四，保人兴胡罗世那年卅，保人兴胡安达汉年卌五，保人西州百姓石早寒年五十。

——《经济与社会生活·教师教学用书》，北京：人民教育出版社，2020年，第82页

学生活动：阅读教材和材料思考，并回答问题。

教师总结：材料十记载了733年石染典从康思礼手中买来一匹赤身、黑鬃、黑尾的6岁骟马，有3位保人作保。在契头列有买卖大牲畜的品名、数额、年岁，并写有买卖时间的年、月、日。契文列出了买主和卖主籍贯、姓名，用钱若干向对方买入和卖出大牲畜，即日交相付了。列有预防话语——"如后有人寒盗识认者，一仰主、保知当，不关买人之事"等。契文还有立信，即"两共和可，画指为记"，此"画指"除卖方外，还有保人写明身份、名年后的"画指"，买马契有三保人。

教材拓展与研究材料中可以看出，这是一起房屋买卖交易，以宣誓的方式确认交易，并且有交易见证者。

结合两则材料，我们可以看到，契约具有的一些特点，契约是在平等的条件下，双方认可相互的交换关系，就签订一个证明彼此诚信的承诺。这两份契约都有证人作保，都明确写出了双方的约定，这就成为双方履约的凭证。

【设计意图】 通过教师补充的材料和教材材料对比分析，学生可以从史料中提取有效信息，概括两份材料的共同点，认识契约的基本特点和作用。

【本课小结】

通过学习古代的商业贸易，了解古代商业发展的概况和商业发展的历史要素。首先，通过了解古代中国、古埃及、古希腊、罗马、奥斯曼土耳其等不同区域的商业贸易活动概况，知道生产力进步、社会分工、产品剩余及私有制出现，推动商业的出现和发展。其次，可以从商业发展的要素梳理不同地区商业发展的具体表现。在古代，商业发展体现在商业中心出现、商贸航线的开发、商人的推动作用、商业活动的范围等方面。其中，丝绸之路、阿拉伯商人在跨区域的贸易交流中发挥巨大作用：阿拉伯商人活动范围遍及欧亚非三洲，丝绸之路贯通亚欧，促进了国家之间的交流，也丰富了人们的生活；再次，商业贸易中出现了相关工具、途径和方法，如货币、信贷、商业契约等，它们扩展了商业的领域，改变了人们的生活方式和观念，影响巨大。

第8课　世界市场与商业贸易

一、学习目标

1. 通过学习世界市场的形成过程，理解新航路开辟、早期殖民扩张和工业革命是推动世界市场形成的重大事件，认识世界市场是资本主义全球扩张的必然结果。

2. 通过归纳相关历史材料，认识近代商业贸易发展变化的领域，包括国际贸易中心的变化、新的商业经营形式的出现和商品类型的丰富，主要指向史料实证素养。

3. 能够解释世界市场与商业贸易的关系，体会商业活动与人类生产、生活的进步之间的关联。

二、学习重点

近代商业贸易的发展变化。

三、学习难点

世界市场与商业贸易发展变化的关系。

四、教与学活动

【导入新课】

教师讲述：15世纪以前，世界五大文明摇篮：西亚两河流域、北非尼罗河流域、南亚印度河流域、东亚黄河长江流域和南欧爱琴海沿岸，联系很少甚至处于隔绝状态。新航路开辟后，通过殖民扩张，世界上原来相互隔绝的地区沟通起来，世界各地的联系加强。全球逐渐形成了以欧洲为中心的世界经济体系。各文明由分散走向连接，世界走向汇合，世界各大文明相互渗透，相互吸收，共同促进了世界文明的发展。

【学习新课】

（一）世界市场的形成

教师讲述：新航路开辟开启了世界市场的形成过程，促使欧洲人走向世界的因素有很多，其中，资本主义发展，工商业者对利益的渴求，起了很重要的作用。

1. 新航路开辟后世界市场初步形成

教师设问：请同学们阅读材料一，分析哥伦布和西班牙女王签订的协议，哥伦布有哪些收获？请同学们阅读材料二分析，协议中体现的西方国家开辟新航路的目的是否实现了？是如何实现的？

材料一　1492年4月17日，伊莎贝拉与哥伦布签订了五条协议：

第一，任命哥伦布为他所发现或取得的所有一切岛屿和大陆的元帅，他和他的继承人永远享有这个职衔及相应的一切权利和特权。

第二，任命哥伦布为这些岛屿和大陆的总督和省长，他可以对每个下属官职提出三个候选人，以便西班牙国王选任其一。

第三，哥伦布保有这些领地所出产、交换而得和开采出来的一切黄金、白银、珍珠、宝石、香料和其他财物的十分之一，完全免税。

第四，凡涉及这些财物或出产品的任何诉讼，由哥伦布或他的代表以元帅身份掌握审判权。

第五，哥伦布有权向开到这些“新领土”去联系、经商的任何船只投资八分之一，取得利润的八分之一。

——詹重森译：《哥伦布首航美洲的困扰拾录》，载《拉美史研究通讯》，1990年第21—22期

材料二　欧洲各国获得殖民地并获取大量财富的手段为垄断殖民地产品和殖民地市场。它包括两个方面：一是把货物运入殖民地的权利；二是垄断母国和殖民地之间的运输利益。这后一项有英国1651年的航海法来特别保证。应该承认，这种财富的积累是用武力取得的，所有各国莫不如此，无一例外。各国在方法上各有不同，但归纳起来，无外两种：一种是用本身的国家机构进行管理，直接从殖民地吸取利润；另一种是把殖民地出租给公司并从中收取利润。这样，我们见到的开发方式也就主要有两种：一是西班牙和葡萄牙的封建

主义方式；二是荷兰和英国殖民地的资本主义方式。

——[德]马克斯·韦伯著：《经济史纲》，胡长明译，北京：人民日报出版社，2007年，第212页

学生活动：阅读材料思考并回答问题。

教师讲述：从材料一中可以看出，哥伦布和女王签订了一份契约，女王承诺获得新领地后给哥伦布总督、免税、利润等各方面的收入，这样的契约会激励航海者尽可能开拓殖民地，获得自身利益。从材料二中可以看出，新航路开辟后，当初的目的基本实现，通过垄断殖民地产品和市场，带来西欧国家的利益增长。

【设计意图】 引领学生阅读教师补充的材料，理解新航路开辟和早期殖民扩张推动世界市场的形成。

过渡：新航路的开辟适应了资本主义发展的需要，使西欧资本主义生产关系得到进一步发展，确立了在世界贸易中的中心地位，其重要途径是殖民扩张和掠夺，随着市场的扩大，需求的增加，工业革命就到来了。

2. 工业革命后世界市场拓展

教师设问：请同学们阅读材料三和材料四分析，价格革命和商业革命在推动工业革命到来方面有何作用？这会产生什么样的后果？

材料三 通货膨胀时，货币贬值，而商品和服务的价格上涨，能够快速将财富变为商品和服务的，便能占得先机。而财富流动性弱，不易变为商品的，就处于不利的位置。这一情况，使得对金钱有关的事物极为不屑的、主要成分是贵族的地主阶层丧失了经济能力。而能够在涨价潮中将自己的服务和技能销于市场的中产阶级，则有着出色的表现。而表现最好的，多数商人阶层，他们能够贱买囤货，待价而沽。即使是城市工人，无论有没有一技之长，也比地主阶层好过得多：因为工资会随着物价一起上涨，而且涨了一个世纪。

——菲利普·丁·阿德勒著：《世界文明史》，林骧华、庄彩云等译，上海：上海社会科学院出版社，2012年，第468页

材料四 商业革命在好几个重要方面有助于工业革命。首先，它为欧洲的工业，尤其是为制造纺织品、火器、金属器具、船舶以及包括制材、绳索、帆、锚、滑轮和航海仪器在内的船舶附件的工业提供了很大的、不断扩展的市场。为了满足这些新市场的需要，工业必须改善其组织和技术。英格兰中部地区的钉子制造业就是一个很好的例子。它为了适应殖民地对钉子不断增长的需求，研制出机械化的、提高了产量的轧制机和纵切机。它还发展起一种分散在家庭加工的制度：生产钉子的铁器商及铁工厂老板将钉条分发给制钉工人，由他们在家里加工，然后再运回去销售。到1775年钉子制造业每年用去1万吨铁，雇佣约1万名工人。要为工业革命建造工厂和制造机器，就得筹措资金，商业革命也提供了这方面所必需的大量资本，资本以利润的形式从世界各地源源流入欧洲，在西伯利亚，俄罗斯人把铁罐卖给土著，以换取足以装满铁罐的毛皮；在北美洲，哈得孙湾公司的商人向印第安人每出售一支步枪，索取的价钱是一支步枪那么高的一堆海狸皮；在墨西哥和秘鲁，西班牙人利用土著劳动力挖掘出许许多多的银子。

——摘编自[美]斯塔夫里阿诺斯著：《全球通史(第7版)》，董书慧等译，北京：北京大学出版社，2005年，第276—281页

学生活动：阅读材料思考，并回答问题。

教师讲述：价格革命促使原有的封建阶级衰落，工商业者从中获利，推动了社会商品经济的发展。商业革命使得商业范围在全球扩大，市场需求刺激工业革命的到来；商业革命积累的大量资金也推动了英国工业革命的展开。西欧的经济体富了，人民的生活水平提高了，于是消费的需求也增加了。有了市场的需求，又积蓄了巨大数量的资金有待消化。上游有本钱，下游有市场，遂必有相应的生产能力。这一推力，即推动了工业革命。工业革命完成后，商业继续发展，世界市场在广度和深度上都有所拓展。

【设计意图】 通过分析价格革命、商业革命与工业革命的关系，从商业贸易和世界市场的角度理解工业革命带来的影响。

过渡：世界市场的拓展推动生产技术的继续革新，科学技术的进步也推动新的工业革命的到来。

3. 第二次工业革命后世界市场最终形成

教师设问：阅读材料五，第二次工业革命完成后，以下这些数字从不同方面描述了世界历史发生的变化，结合教材《主要资本主义国家资本输出示意图》，你能从中看出世界历史发展的什么趋势？

材料五 到1900年，世界各地区之间的联系更加紧密了。这最明显地表现在下面一系列活生生的事实上：到1914年以前铺成的海底电缆长达51.6万公里，因而加强了大陆与大陆之间的电报联系，加速了信息的交流。这个时期有3万艘商船，总吨数为5000万吨，往来运货于世界各地。通航的运河缩短了世界航程。1869年通航的苏伊士运河缩短了西欧与印度之间的航程达4000英里；1914年完成的巴拿马运河缩短了纽约与旧金山之间的航程达8000英里。各大洲也建成横贯大陆的铁路：美国建成于1869年，加拿大建成于1885年，西伯利亚大铁路建成于1905年。

在世界形成一个整体的历程中，世界经济的增长与生产力的上升达到史无前例的水平。1860—1913年世界工业生产的增长超过了6倍，1851—1913年间世界贸易总额增长了12倍。

世界广大领土沦为欧美列强的殖民地。仅亚洲有不少于944.3万平方英里的土地变成列强的殖民地。其中有649.6万平方英里的土地处在俄国的殖民统治下，199.8万平方英里的土地处在英国的殖民统治下，58.7万平方英里的土地处在荷兰的殖民统治下，24.8万平方英里的土地处在法国的殖民统治下，11.4万平方英里的土地处在美国的殖民统治下。

——摘编自吴于廑、齐世荣主编：《世界史·近代史》下，北京：高等教育出版社，2011年，第291—292页

学生活动：阅读材料思考，并回答问题。

教师总结：从材料中可以看出，交通运输条件的改善，使世界各地间联系更为便捷，世界市场最终形成，世界贸易有很大增长。但同时，主要资本主义国家为了商品输出、掠夺原料和资本输出，在亚、非、拉美地区建立殖民地半殖民地，20世纪初，世界被瓜分完毕，资本主义世界市场最终形成。

【设计意图】 引领学生阅读教师补充的材料，并结合教材地图，培养提取信息的能力，养成论从史出的思维习惯，理解工业革命和资本主义世界市场形成之间的互动关系。

过渡：世界市场的形成，使商业贸易在世界范围内展开，交流日益密切，引起了商业领域的若干变化。

（二）近代商业贸易的变化

1. 贸易中心的变化

教师设问：阅读教材的内容并分析，国家贸易枢纽先后发生了什么变化？

学生活动：阅读材料思考，并回答问题。

教师总结：新航路开辟后，欧洲贸易中心从地中海转移到大西洋沿岸。16—17世纪随着西欧国家在亚洲进行殖民扩张，果阿、澳门、长崎、马尼拉成为新的亚洲贸易中心。19世纪中期，英国工业革命完成后，伦敦成为世界贸易中心。19世纪末20世纪初，美、德等新兴工业国家兴起，世界形成了多中心的新格局。

【设计意图】 整合教材内容，把分散在不同之处的有关贸易中心的变化进行梳理，使学生掌握并整合知识，形成整体感知历史的方法。

过渡：近代商业贸易发展还体现在商业贸易形式的多样化方面。

2. 商业经营方式的变化

教师讲述：交易需要货币。开始时，由于货币种类的繁多以及金属货币中含银量的不等，使得货币经常升值或者贬值，又由于记账货币的多样性，使得早期的商业贸易活动交易成本较高，货币自由流通遇到困难。为了保护资产不受货币贬值的威胁，稳定的金币和大银币成为交易货币。

教师设问：阅读材料六和材料七，分析金融领域里出现什么变化，有何作用。

材料六 在17世纪30年代以前，阿姆斯特丹的城市建设尚未完全成形，尤其是金融和贸易在阿姆斯特丹缺乏一个永久性场所，商人们在露天场所碰面，如果下雨则躲进教堂。随着南部尼德兰，尤其是安特卫普商人的流入，使得交易所的建立逐渐成为必要。1611年市议会在达姆广场旁边修建交易所，它距离市政厅仅1分钟路程，而后者即安置着1609年成立的阿姆斯特丹汇兑银行。达姆广场周边的城市建筑功能基本确定，尤以商业为主，除市政厅与交易所外，还坐落着谷物交易所、计量所、市场和船贸处，运河带的区域划分则为商人精英阶层提供了容身之处。这种重商的城市特色恰好突出了阿姆斯特丹作为新兴经济中心的自我认同。

——薛丹夏：《阿姆斯特丹汇兑银行与荷兰联省共和国国家整合》，载《黑龙江史志》，2014年第16期

材料七 通过国际支付的集中，阿姆斯特丹汇兑银行在17世纪发展成为世界性的重要票据交换中心，这不仅使阿姆斯特丹自身的国际贸易，而且还使伦敦、汉堡和其他城市的国际贸易，在很大程度上有了银行的金融支持。同样，16世纪英格兰的商业繁荣为伦敦金融市场的逐渐发展奠定了基础。1600年左右，伦敦的金融市场包含一个业已活跃的商业票据市场以及可以满足非商业信贷要求的一系列工具，而且还包括一个范围广泛的由其支配的金融证券。1640—1672年间金匠银行兴起，1694年英格兰银行建立。

——萧国亮、隋福民编著：《世界经济史》，北京：北京大学出版社，2007年，第135页

学生活动：阅读材料思考，并回答问题。

教师总结： 能看出金融技术取得了进步，出现了交易所、银行等近代商业组织形式。在市场扩大之后，许多商品的交易都已经不再需要通过现货来进行，买卖双方只需订立一纸合同即可成交。因此，在 16 世纪时，首先是在安特卫普产生了近代的商品和证券交易所，随后在西欧各国都迅速地发展起来了。

教师设问： 阅读材料八和材料九，分析商业经营形式有哪些新变化。

材料八　新航路开辟后，商业经营形式和组织的发展很快。当时，海上运输业虽然是一个获利颇丰的行业，但也是风险很大的生意。为了分散海运投资的风险，商人们采取了“入伙”制度。入伙的回报是“分红”，大家有福共享，有难共当，后来演变为股份制度。最初是每一次航行都签订一次契约，确立本次参与者的股份比例，后来代之以由航运公司统一发行股票，市民、贵族、政府官员等都可以购买，成为航运公司的投资人，而且投资人承担的是有限责任，如果企业垮台了，投资者以所投的资本为限，赔完为止。这种负有有限责任的股份制，被认为是 16 世纪西欧公司制的一大创新。

——厉以宁著：《厉以宁讲欧洲经济史》，北京：中国人民大学出版社，2016 年，第 133—136 页

材料九　1892 年德国首创了有限责任公司制度，后来这一制度逐渐发展，其主要特征有：股东人数有限；股东均负有限责任，即仅以其出资额为限，对公司的债务负清偿责任；不发股票，募集股款；股东资本的转让受到法律的限制，有的法律规定，不经超过半数股东的同意，股东的资本不得转让，担任公司董事的股东非经公司全体股东的同意不得转让其资本；利润的分享与损失的分担，除章程另有规定外，均以股东出资额的比例为标准。

——摘编自《经济与社会生活·教师教学用书》，北京：人民教育出版社，2020 年，第 96 页

学生活动： 阅读材料思考，并回答问题。

教师总结： 新航路开辟后，远洋航海贸易风险太大，可能有些船会沉没，如果由众多个人共同参股集资，股东们的责任是有限的。也就是，每位股东损失所投入的股金，不承担更多的风险，于是股份公司、有限责任公司等方式出现。这不仅帮助探险创业者融到大量资本，而且以一种高效率的方式把海洋贸易风险分摊到众多投资者身上，达到“人均风险小，总体风险大”的经济效果。

教师设问： 阅读教材“史料阅读”和“历史纵横”对英国东印度公司和荷兰东印度公司的介绍，思考：这两个公司有什么共同特点？

学生活动： 阅读材料思考，并回答问题。

教师总结： 从材料中可以看出，英国和荷兰政府为了帮助本国商业资本在世界贸易中取得优势地位，对东印度公司都予以积极的措施加以扶植。这一时期的垄断性贸易公司在殖民地有较大的权力。

教师讲述： 鸦片战争后，新的经营形式引入中国，如银行、股份制企业等，这些新的商业经营形式促进了中国经济的近代化。

【设计意图】　教师补充材料，结合教材已有材料，通过回答问题，学生逐渐理解交易所、银行、股份制贸易公司等金融和商业领域的变革。

3. 商品种类的丰富

教师设问： 请同学们阅读下列有关新航路开辟以来商品种类的变化的一组材料，如果

让你加以分类，你会怎么分？为什么？

材料十 ① 葡萄牙人、法国人以及英国人参与其中，逐渐把奴隶贸易发展成了大规模的贸易。这种大规模的奴隶贸易建立在奴隶贸易特权的基础上，最早是查理五世在1517年给予佛兰德人的一项特权。这种奴隶贸易特权在国际关系中直到18世纪以后仍然起着很大的作用。英国在《乌得勒支条约》中，取得排斥其他所有国家向南美西班牙属地运送奴隶的权利，并同时承担了提供最低数量奴隶的义务。奴隶贸易的结果颇为触目惊心。直到19世纪初，在欧洲殖民地领土上生活的奴隶大约还有700万人。他们的死亡率奇高，甚至在19世纪还保留在25%左右，在以前则数倍于此。从1807到1848年，仅仅从非洲就运出500万奴隶。从那以后，运到海外的奴隶总数与18世纪一个欧洲头等强国的人口差不了多少。奴隶贸易相当有利可图。据估计，英国在18世纪大约从每一名奴隶身上每年可赚取15至20英镑。

——摘编自[德]马克斯·韦伯：《经济史纲》，胡长明译，北京：人民日报出版社，2007年，第213页

② 到18世纪末，马铃薯已变得相当便宜。经过仔细挑选，人们培育出了新的优良品种。这些新品种为大众所青睐，消费量稳步上升。1780年之后，英国的产业工人数量激增，小麦面粉也日益匮乏。到这一世纪末，人均小麦占有量只有该世纪初的2/3。而且战争和人口增长也导致面包价格飞涨，寻找一种新的食物来源已迫在眉睫。在20年内，马铃薯成了英国人食品贮藏室中的必备品，欧洲其他国家也几乎无不如此。到1800年，马铃薯已成为欧洲人食谱中的一种重要成分。

——[英]查尔斯·辛格等主编：《技术史》第Ⅲ卷，辛元欧主译，上海：上海科技教育出版社，2004年，第2页

③ 自从18世纪50年代，富有特色的英式下午茶产生于这个时期。亚历山大·卡莱尔在自传中谈到1763年在哈罗门的时髦生活时说："那些贵妇轮流提供午后茶和咖啡。"就全世界范围而言，午后茶成为一种隆重而固定的礼仪，应该归功于英国第七世贝德福特公爵夫人安妮(1788—1861年)。当时人们食用丰盛的早餐，和没有仆人照料的简单的午餐，直到晚上8点才开始使用正式的晚餐，晚餐后在会客室饮茶，公爵夫人别出心裁，规定在5点饮用茶和点心，按照他们的饮茶习惯增加了牛奶和糖。

——施茜：《从中国功夫茶到英式下午茶》，载《农业考古》，2014年第2期

④ 从17世纪中期开始，伴随着"砂糖革命"(最开始出现在巴巴多斯，然后出现于牙买加)的发生，砂糖进口量飞快增长，尽管在1604年还显得微不足道，但是到1660年就占了英国进口商品约十分之一，到1700年之前砂糖进口量成倍增长，达到此前的四倍。到18世纪中期，英国民众的人均砂糖用量是法国人的8—9倍。

——[日]白川秘著：《砂糖的世界史》，郑渠译，天津：百花文艺出版社，2007年，第87页

作为茶、咖啡、巧克力和酒精饮品的甜味剂，作为烘焙面包和制作水果甜点的原料之一，蔗糖在18世纪变得越来越日常化、平民化。用得越来越多、越来越频繁。伴随着新食物和新兴消费场合的兴起，每一种新食物、每一个新场合都在塑造和巩固蔗糖的某些特定意义，所有这一切更加加深了蔗糖日常化的品质。

——[美]西敏司著：《甜与权力——糖在近代历史上的地位》，朱建刚等译，北京：商务

印书馆,2010 年,第 125 页

⑤ 英国的中国贸易特别委会与对华贸易商人马塞松对话:

问:你是否认为英国商人经营鸦片贸易能够使英国对中国贸易的局面全面打开?

答:我确信如此。英国工业产品进入中国东面海岸时,只能售出极小部分。如果装载棉制品的船不携带鸦片的话,该船恐怕连路费也赚不回来。

问:照此看来,现在鸦片可以成为对华大规模贸易的先驱了?

答:的确如此。我认为如果没有鸦片的贸易,棉制品贸易也就不会发展,因为在目前的情况下,继续棉制品贸易的费用是承担不起的。

——转引自朱英著:《中国近代史十五讲》,北京:北京大学出版社,2011 年,第 7—8 页

学生活动:阅读教材和材料思考,并回答问题。

教师总结:通过阅读与分析,我们会发现商品种类丰富了,改变了人们的生活习惯,这是一类商品,如茶叶、蔗糖、马铃薯等。但另一类却是非正常的商品,如黑奴、鸦片,是西方为中心的世界市场建立过程中对亚非拉不公正地掠夺的证据。

【设计意图】 通过给新航路开辟后的商品进行分类,一方面理解商品种类的丰富,引起人们社会生活的变化和便利;另一方面能认识到西方国家主导的资本主义世界市场在建立过程中,是以侵略亚非拉地区为代价的。

【本课小结】

本课学习近代世界市场的形成与商业贸易的变化。新航路开辟后,贸易中心转移,商业经营方式和世界贸易格局发生变化。工业革命后资本主义向全球扩张,以欧美资本主义国家为主导的世界市场逐步形成。学习本课,首先需要明确新航路开辟后资本主义世界市场的形成过程及特点,两次工业革命带来交通运输和信息领域的革命性变化,世界市场最终形成,这使全球性的商业贸易成为可能。其次,需要认识近代以来世界商贸的变化。近代商业贸易在商品种类、商业规模、商路中心、商业经营方式等方面都发生了巨大变化。

第 9 课　20 世纪以来人类的经济与生活

一、学习目标

1. 了解 20 世纪以来世界经济发展情况,认识世界经济的发展在经历了资本主义危机和调整、社会主义的曲折探索、新型民族国家工业化的发展之后,经济联系日益密切,全球化既是机遇又是挑战。

2. 通过学习从关贸总协定到世界贸易组织的变化,认识贸易规则逐渐完善,国际贸易日益发展,全球化的贸易往来改变了世界各地人们的生活方式。

3. 能够分析布雷顿森林体系的特点,并理解 90 年代以来国际金融的全球化,认识中国在国际金融中的影响力逐步上升。

二、学习重点

20 世纪以来国际贸易和金融的发展及其对人们生活的影响。

三、学习难点

国际经贸体系与国际金融体系的具体内容。

四、教与学活动

【导入新课】

教师讲述：20 世纪以来世界经济曲折发展，面对经济中出现的新问题，各国政府对自身的职能、对市场和计划的关系有了全新的认识，并作出了全面的调整，由此推动了经济快速增长。

【学习新课】

（一）世界经济的发展

教师讲述：进入 20 世纪，俄国十月革命的胜利打破资本主义一统天下的局面，社会主义经济建设的道路应该怎样走？从苏联到中国，都经历了曲折的探索。

1. 社会主义国家的经济探索

教师设问：请同学们阅读教材，把所有社会主义国家的经济探索找出来，分析一下哪些是成功的，哪些遇到了挫折。然后阅读材料一和教材中的史料分析，新经济政策和中国特色社会主义市场经济体制有何共同点？

材料一　1921 年 3 月，俄共(布)召开了第十次代表大会。大会的中心议题是制定党在新的历史时期的经济政策，通过了《关于以实物税代替余粮收集制的决议》。新经济政策的主要内容，是以征收粮食税代替余粮收集制。农民按国家规定缴纳粮食税，税后的余粮归个人所有，并可自由到市场交换物品。工业方面，恢复私人小企业，将部分国有企业以租赁制和租让制的形式，转变为典型的国家资本主义企业。1921 年 7 月 7 日，政府通过《关于手工业和小企业》的决定后，私人企业也有了发展。私企的雇工最初在 20 人以内，后发展到百人之内。在商业方面，废除国家配给制和国家贸易垄断制，实行自由贸易制和商品交换。私营商业有了长足发展。

——武寅主编：《简明世界历史读本》，北京：中国社会科学出版社，2014 年，第 533 页

学生活动：阅读教材和材料思考，并回答问题。

教师讲述：通过阅读，我们能看出斯大林高度集中的计划经济体制时期，受斯大林模式影响的东欧社会主义国家，新中国建国初期探索建设社会主义时期，这几个阶段虽然取得一

定的成就，但有巨大的问题。对比新经济政策和改革开放以来我国社会主义市场经济的探索，共同之处在于承认市场和商品货币关系对经济的调节作用，多种所有制并存，调动了生产和消费的积极性。

【设计意图】 整合教材知识，引领学生阅读教师补充的材料，认识社会主义经济建设探索过程中的失误和成功。理解市场和商品贸易发展对经济的推动作用。

过渡： 从第一次工业革命后，世界性的资本主义经济危机就成为资本主义国家的顽疾，1929—1933年爆发了持续时间久、破坏性非常大的世界性大危机，该如何调整呢？

2. 资本主义国家的经济危机与调整

教师设问： 请同学们阅读材料二，结合教材内容思考：罗斯福新政期间和第二次世界大战后资本主义国家所采取的哪些措施是符合凯恩斯的理论的？

材料二 20世纪最有影响的经济学家凯恩斯1936年发表了《就业、利息和货币通论》，他认为，大萧条基本原因不是供过于求，而是需求不足。因此，他主张政府要起积极的作用，通过增加货币供应来刺激经济，所以，应该降低利率鼓励投资。他还建议政府通过公共投资和建设公共工程来提供就业机会，并通过税收政策来重新分配收入。这样的干预将使失业率降低，提高消费者的需求，使经济复苏。尽管他的理论直到二战后才对政策制定者产生强有力的影响，但美国总统罗斯福采取一系列措施和他的理论不谋而合，做法包括组织银行破产的立法，提供就业机会和农业补贴，给老年人提供社会保障。这些被称为新政，实施前提是政府干预经济来保护人们的社会和经济财富是正当的。

——摘编自[美]杰里·本特利、赫伯特·齐勒格著：《新全球史》，魏凤莲译，北京：北京大学出版社，2007年，第890—892页

学生活动： 阅读材料思考，并回答问题。

教师讲述： 罗斯福新政和战后主要资本主义国家都采取了国家干预经济的政策，利用财政货币政策来刺激经济的发展，把政府宏观调控和市场调节结合了起来。这些有利于缓解资本主义经济危机，但并不能解决资本主义制度的基本矛盾，亚洲金融危机的爆发说明了这一点。

【设计意图】 通过让学生调动运用教材知识解释凯恩斯的经济学主张，有利于形成举证意识，让学生认识到资本主义制度的问题和它的调整方式。

过渡： 二战后新独立的民族国家首先将经济独立作为首要目标，希望能够迅速实现工业化。

3. 二战后新独立国家经济的发展

教师设问： 阅读材料三，分析："东亚模式"能创造"经济奇迹"的原因有什么？

材料三 第二次世界大战后，特别是60年代以后东亚是世界上变化最大的地区，其经济增长速度远远领先于其他地区，也远远超过西方国家曾经创造过的纪录。在世界经济发展史上，18世纪到19世纪初，工业增长速度缓慢，当时人均国民生产总值每年增长1%已是历史性的创新，而且也只在英国某些地方出现。到19世纪后期至20世纪初，在西方先进工业国中这一增长率达到1%—2%，提高约1倍。第二次世界大战后这一增长率又翻了番，达到3%—5%，但东亚地区在战后工业化进程中把经济增长的年平均增长率提高到7%—8%，高出西方发达国家年平均增长率1倍以上，这是自工业革命以来世界经济发展出现的

全新势头。因之被称为“经济奇迹”。

“东亚模式”的特点是突破“新古典经济学”中“政府的作用仅限于补充市场机制不足”的局限，政府与市场进行有机协调，形成政府适当干预下的市场经济体制，通过充分调动政府、企业和个人的活力，来达到经济运行的高效。“东亚模式”证明，现代市场经济体制有多种实现途径。西欧早期的自由市场经济道路通过不断调整，最终演化成今天的模式。这是一种先崛起国家的演化路径。对于后崛起国家来说，环境变了（没有殖民地，不能通过掠夺进行资本积累），人类社会的知识存量变了（已经知道国家和市场在经济发展中的作用和局限），市场经济的实现途径也可以相应改变，可以通过对已有经济规律的认识，依靠政府的力量建构现代市场经济体制，从而浓缩工业化的过程。亚洲“四小龙”中的韩国、中国台湾地区、新加坡走的就是这样的发展道路。它们通过强有力的经济干预、引进外资、出口导向、高储蓄及人力资源的开发，在近30年内就走完了传统资本主义100多年的历程，跻身于新兴工业化国家和地区的行列。

——萧国亮、隋福民编著：《世界经济史》，北京：北京大学出版社，2007年，第423—425页

学生活动：阅读材料思考，并回答问题。

教师总结：从材料中可以看出，二战结束后，东亚一些国家与地区经济迅速发展，一方面是因为它们制定了正确的经济发展战略，利用本国的优势，通过市场制度进行资源的基础性配置，因此取得了较快发展。但不是所有的新独立的国家都发展如此顺利，挑战也很大。

【设计意图】 引领学生阅读教师补充的材料，培养提取信息的能力，养成论从史出的思维习惯。

过渡：第二次工业革命后到第二次世界大战，由于战争和经济危机，各国实行贸易保护主义，这不利于国际贸易的发展。20世纪以来，随着经济全球化的日益发展，国际贸易领域也发生巨大变化。

（二）国际贸易与人类生活

1. 贸易规则的制定

教师设问：阅读材料四分析，关贸总协定的宗旨主要针对什么问题？会起到什么作用？

材料四 《关贸总协定》分为序言和四大部分，共38条，并附若干附件。关贸总协定包括两个重要的指导原则，一是国际贸易的多边性和非歧视性原则，二是谴责贸易数量限制的原则。关贸总协定除每年召开大会外，主要活动是主持减税谈判，即在成员国之间分别就重要贸易商品，通过多边谈判，定出减让税率，然后根据最惠国条款，扩大到关贸总协定的所有成员国。

关贸总协定通过组织多边贸易谈判，大幅度削减国际贸易中的关税壁垒和非关税壁垒，有力地推动了全球贸易的自由化进程。关贸总协定提供了成员国之间解决贸易争端的场所，提供了成员国制定和修改对外贸易政策的依据，促进了第二次世界大战后国际贸易的发展。

——高德步、王珏著：《世界经济史》，北京：中国人民大学出版社，2001年，第386—387页

学生活动：阅读材料思考，并回答问题。

教师总结：经济危机以来，各国都实行贸易保护主义政策，针对这一问题，1947年，23个国家签订了《关税与贸易总协定》，这推动了贸易自由化。关贸总协定没有一举清除全部的贸易限制，而是实行一系列的逐步的关税减让。

教师设问：阅读材料五，和关贸总协定相比，世贸组织的协议有何区别？

材料五　本协议各成员，承认其贸易和经济关系的发展，应旨在提高生活水平，保证充分就业和大幅度稳步提高实际收入和有效需求，扩大货物与服务的生产和贸易，为持续发展之目的扩大对世界资源的充分利用，保护和维护环境，并以符合不同经济发展水平下各自需要的方式，加强采取各种相应的措施；

进一步承认有必要作出积极的努力，以确保发展中国家，尤其是最不发达国家，在国际贸易增长中获得与其经济发展相适应的份额；

期望通过达成互惠互利的安排，切实降低关税和其他贸易壁垒，在国际贸易关系中消除歧视待遇，为实现上述目标作出贡献；从而决心建立一个完整的、更有活力的和持久的多边贸易体系，以包括关税与贸易总协定、以往贸易自由化努力的成果和乌拉圭回合多边贸易谈判的所有成果……

——《建立世界贸易组织的协定》(1994年4月15日)

学生活动：阅读材料思考，并回答问题。

教师总结：根据一系列协议包括以上协定的签订，1995年1月1日，世贸组织成立，关贸总协定是一个多边贸易协定，世贸组织是正式的国际组织，且对违背协定的国家有制裁的约定。因此，世贸组织使国际贸易走向规范化和法制化。

【设计意图】　通过教师补充的材料进行引领，对比关贸总协定和世贸组织总则的变化，学生可以认识到二战以来国际贸易自由化体制化的发展方向。

过渡：世贸组织的建立促进了国际贸易的发展，服务贸易市场的开放，促进了生活水平的提高。

2. 服务贸易发展

教师设问：阅读材料六分析，推动服务贸易发展的因素有什么？中国在发展服务贸易方面有什么优势？

材料六　提高贸易便利化水平是实现服务贸易创新发展的重要保障。数字经济在信息技术领域表现出高效、便捷的优势，是推进服务贸易通关监管模式和相关制度改革、提升服务贸易通关便利的重要捷径。实现服务贸易的数字化发展，一方面能够提高跨国移动支付的便利性；另一方面能够有效提升服务贸易的监管与统计效率。例如，将大数据、物联网与云计算技术应用于重点合作企业的运行监测系统和服务贸易企业直报系统中，企业能够通过信息互换与数据共享来实时掌握竞争企业及国际市场动向。数字经济背景下，电子商务的发展为服务贸易创新模式的衍生创造了有利条件。区块链技术、跨境电商与服务贸易的深度融合能够创造出服务贸易创新发展新模式。具体而言，依托数字化平台所提供的大数据资源及移动互联网、新媒体与虚拟社交平台，中国已经建立了较为完善的跨境交易质量检测和售后服务体系，企业研发、采购、生产与分销体系也日渐成熟。利用互联网技术整合电商企业与服务贸易企业的资源与市场信息，能够协助企业由线下市场转向线上平台进行创新发展，提升服务贸易效率与经营绩效。服务贸易企业还可以依托互联网开展跨境电子商务，为海外客户提供定制化与个性化的产品。

——许唯聪、李俊久：《中国服务贸易的发展现状、问题及对策》，载《区域经济评论》，2020 年第 5 期

学生活动： 阅读材料思考，并回答问题。

教师总结： 服务贸易涉及旅游、运输、教育、金融等各大领域，数字经济已然成为推进服务业结构调整和实现经济可持续发展的强大动力，中国企业的研发、采购、生产与分销体系逐渐成熟。

3. 贸易形式和交易手段的变化

教师设问： 阅读材料七分析，新时期贸易形式和交易手段出现哪些变化？

材料七 第二次世界大战后，随着科技和生产力的发展，国际分工的日益深化和国际贸易的超前发展，世界经济出现全球化趋势……科学技术创新和信息时代的到来为经济全球化解决了技术问题。交通和通讯的成本已经大幅度降低，二者能够实现的速度按指数级数加快，这使得在全世界实现全新的沟通和控制成为可能。从 1930 年到 1990 年，空运的成本已从平均每英里 68 美分降到 11 美分，纽约与伦敦的 3 分钟的电话费从 244 美元降到 3 美元，估计到 2010 年，这种费用可以降到 3 美分，使跨大西洋的通讯费几乎降到零。信息技术的发展，使大量信息数据在全球范围内快速、经济地传递，使跨国公司的生产者和经理们可以把生产的各个阶段广泛地分布在世界各地，通过信息传递，把这些生产统一组织起来而不至于形成管理失控。此外，由于信息技术上的发展，使得管理者可以在瞬息之间了解世界各地的市场情况并进行必要的计算，找出针对各地市场进行最有效的资源配置的盈利机会。经济全球化影响着人们对世界的看法并且改变其思维方式。

——高德步、王珏著：《世界经济史》，北京：中国人民大学出版社，2001 年，第 462 页

学生活动： 阅读教材和材料思考，并回答问题。

教师总结： 随着信息技术的发展，电子商务的兴起，贸易形式也在发生变化，传统交易手段变革，互联网对贸易和金融的影响已经走进人们日常生活，带来便捷的体验。

【设计意图】 通过教师补充的材料分析，学生可以结合现实思考服务贸易与社会生活水平提高之间的联系。

过渡： 在经济全球化背景下，金融资本全球化不断加快，国际金融的地位和作用日益增强。

（三）国际金融与人类生活

1. 布雷顿森林体系建立

教师设问： 阅读材料八和材料九，分析布雷顿森林体系的建立给国际经济发展带来了哪些变化？国际货币基金组织和世界银行各自的宗旨是什么？

材料八 国际货币基金组织是第二次世界大战后国际货币制度得以推行的组织机构。它运营的最终目的是创造商品和劳务的自由流通，免受贸易限制或国际支付管制阻碍。为此，采取了以下措施：(1)通过消除妨碍世界贸易发展的外汇管制，建立以世界性货币自由兑换为基础的多边支付体系。(2)稳定国际汇兑，避免各国竞争性货币贬值，用有秩序的方

式进行必要的汇率调整。(3)通过贷款调整会员国国际收支的暂时失调。可见,每一项任务都是汲取了两次世界大战之间和战争期间的经验和教训。

为了应付短期国际收支困难对固定汇率造成的压力,国际货币基金组织建立了一个可以从中提存的货币库。货币库由成员国根据分配的配额和捐款组成,其规模取决于捐款国国民生产总值的水平和在世界贸易中的重要性。配额规模决定一国在国际货币基金组织中的提款权,也决定一国在国际货币基金组织中的投票权和借款能力。对货币库的提款权实际上为成员国提供了一种额外的国际储备。最初的配额为美国 27.5 亿美元,英国 13 亿美元,中国 5.5 亿美元,法国 4.5 亿美元,印度 4 亿美元。在进行提存的时候成员国须向国际货币基金组织缴纳与所提外币等值的本国货币,渡过难关之后再用黄金或自由兑换货币购回本国货币。

——高德步、王珏著:《世界经济史》,北京:中国人民大学出版社,2001 年,第 384—385 页

材料九　国际复兴开发银行通称为世界银行。它最初的目的是为第二次世界大战后的经济重建筹集资金,后来扩大到为发展中国家提供援助。只有国际货币基金组织的会员国才能够申请加入世界银行。世界银行的资金来自三个方面:会员国认购的股金、在国际金融市场上发行债券和出让银行债权。世界银行成立之初,法定资本约 100 亿美元,由会员国认购;主要在美国市场上发行中长期债券;世界银行还将贷出款项的债权转让给私人投资者。1959 年,世界银行的资本金增加到 210 亿美元,主要是通过发行债券在资本市场上借到的。世界银行在第二次世界大战后初期提供了总数约 5 亿美元的长期贷款,帮助西欧国家恢复经济。1948 年以后,马歇尔计划在欧洲复兴中占据主要地位,于是世界银行的贷款重点转向了亚洲、非洲和拉丁美洲的发展中国家,向它们提供长期开发资金。此外,国际复兴开发银行还为成员国的特别工程项目提供贷款,但必须由会员国政府或其中央银行或世界银行所认可的机构提供担保。世界银行还被授权提供技术援助并进行总体考察,以帮助成员国评估经济潜力和准备开发计划。

——高德步、王珏著:《世界经济史》,北京:中国人民大学出版社,2001 年,第 385 页

学生活动:阅读材料思考,并回答问题。

教师总结:国际货币基金组织的建立有利于稳定汇率,促进国际收支平衡。世界银行发放贷款,有利于恢复和发展经济。这些金融领域的措施推动了金融的全球化,对促进各国经济发展都发挥了积极作用。

【设计意图】　通过教师补充的材料进行引领,学生可以从史料中提取有效信息,建立起与教材内容的关联。

过渡:金融的全球化既带来便利,但也有一定风险。

2. 金融全球化

教师设问:阅读材料十,结合教材“学思之窗”,思考:全球化背景之下,推动金融全球化的方式有哪些?

材料十　“互联网＋贸易和金融”的出现与迅猛发展是另一重大变化的表现。随着互联网的迅速普及,电子商务和互联网金融崛起。20 世纪七八十年代,美国商业领域开始推行企业间的电子商务数据交换及相应的增值网,这是电子商务的起源。20 世纪 90 年代,电子

商务进入中国；1996 年，中国第一笔网上交易出现。此后，中国的电子商务一直呈现高速发展的趋势。21 世纪初，芬兰率先把移动通信和电子商务相结合，成为世界移动电子商务的开拓者。互联网金融是传统金融机构与互联网企业利用互联网技术和信息通信技术实现资金的融通、支付、投资和信息中介服务的新型金融业务模式。

——朱汉国、何成刚主编：《新版课程标准解析与教学指导·高中历史》，北京：北京师范大学出版社，2020 年，第 249 页

学生活动：阅读材料和教材思考，并回答问题。

教师总结：互联网金融降低了交易的成本，金融资本的全球化也不断加快，作为新兴经济体，中国在国际金融中的影响力逐步提升。

【设计意图】 通过教师补充的材料和教材呈现材料进行分析，引导学生结合现实思考金融全球化给生活带来的影响。

【本课小结】

本课主要学习 20 世纪以来商业贸易的发展变化及对人们生活的影响。了解这个问题应从三个方面入手：其一，世界经济的发展。20 世纪以来，在世界经济曲折发展进程中，通过学习资本主义国家、社会主义国家和新独立的民族国家发展经济的道路，理解政府宏观调控与市场调节相结合，成为经济增长的手段之一。其二，国际贸易与人类生活。第二次世界大战后，国际贸易规模不断扩大，服务贸易增长迅速，电子商务兴起，改变了人们的生活。国际贸易活动中出现制度化、体系化的特点，从关贸总协定到世界贸易组织，贸易规模扩大，各国对世界贸易的依存度提高。同时，贸易形式也发生巨大变化。其三，国际金融与人类生活。20 世纪以来，国际金融出现了许多新的变化，第二次世界大战后期建立的以美元为中心的国际货币金融体系一定程度上稳定了国际金融秩序。20 世纪 70 年代以来，电子金融与网络金融日益普及，不仅改变了人们的商业贸易观念，也在逐渐改变人们的生活。

【单元总结】

教师讲述：商业发展的历史就是人类联系日益密切的历史，世界市场的形成过程也就是古代的隔绝走向近现代的密切接触的过程。

材料一 世界市场的形成、发展分为古代世界市场、近代世界市场、现代市场。古代世界市场是一个地理概念，是世界商品交换的场所，指欧洲大陆的意大利北部热那亚、威尼斯等商业城市。由于地理上的伟大发现，商业突然的扩大，又形成新的世界市场。近代世界市场是指工业革命形成的世界范围内工业产品的交换场所。蒸汽机引起了工业革命，大工业代替了工场手工业。大工业建立了世界市场。第二次世界大战期间，美国为了在战后扩大世界市场份额，试图从金融、投资、贸易三方面重建世界经济新秩序，现代市场形成。

——王海英：《对现代世界市场发展趋势的探讨》，载《学术交流》，2003 年第 3 期

教师设问：结合所学知识，说明材料一的观点。

参考答案：材料一认为世界市场分为古代、近代和现代。古代世界市场只是交换商品的场所，主要指的是欧洲的商业中心，即地中海沿岸。近代世界市场是指新航路开辟之后发生的商业革命、工业革命和第二次工业革命推动的世界市场的形成。现代世界市场是二战

期间和二战后通过关贸总协定和布雷顿森林体系形成的，使世界经济向制度化体系化方向发展。

【设计意图】 学生调动和运用所学的知识，解释古代、近代、现代世界市场的不同内涵。

材料二 20世纪中期以来，国际金融货币发生了巨大的变化。

1	1944年	布雷顿森林会议确立了美元与黄金以固定比率挂钩、其他国家货币与美元挂钩的新国际货币制度，正式确立了美元在国际货币体系中的主导地位。
2	1945年	国际货币基金组织和国际复兴开发银行正式成立。
3	1964年	日本改变外汇业务全部以美元计值和由驻日外资银行代理做法，在国际商品和外汇交易中开始使用日元。
4	1966年	以美国和日本为主在菲律宾马尼拉成立了亚洲开发银行。
5	1971年	美国宣布停止履行对外国政府或中央银行以美元向美国兑换黄金的义务。美联储拒绝向国外中央银行出售黄金，美元与黄金挂钩的体制名存实亡。
6	1973年	西欧出现抛售美元和抢购黄金、马克的风潮，联邦德国、法国等国决定对美元开始实施“联合浮动”汇率，英国、意大利、爱尔兰实行单独浮动，固定汇率制度崩溃。
7	1980年	日本政府修改《外汇法》，日元计值交易机会增加，到1988年期间，在日本的进出口结算中日元计值比率大幅上升，从而减少了汇率变动。
8	1997年	泰国宣布放弃固定汇率制，实行浮动汇率制，引发亚洲金融风暴，许多国家经济受到影响。
9	1999年	欧盟单一货币欧元正式问世。
10	2013年	中国提出成立亚洲基础设施投资银行(AIIB)，资本金1000亿美元，中国将支付一半、即500亿美元的资本金。

——摘编自萧国亮、隋福民：《世界经济史》，北京：北京大学出版社，2007年；吴于廑、齐世荣主编：《世界史·现代史编》下卷，北京：高等教育出版社，2011年；臧红岩：《国际金融格局演变研究》，贵州财经大学硕士学位论文

根据材料和所学知识，在上表中任选三条历史信息进行解读，主题自拟。(要求：主题明确；提取信息充分；论证和分析逻辑清晰。)

教师讲述： 请同学们梳理国际金融货币体系。运用所学知识和方法，进行论证，培养历史解释和史料实证的素养。

第三部分

学习资源拓展

第7课　古代的商业贸易

材料一　商业活动空间的变化

西周时期,城市建设层面总结了长久以来的阶段性经验,制定了各级城邑严谨规范的模式,就都城而言,如西周王城,宫、朝、市、祖、社一并成为城市的结构元素。但此时的市只是作为其他城市结构的附属而存在,地位并不甚重要。无论城的大小,都有固定集中设置的市场,但此时的市场并非是面向大众的场所,而是专为官贾设置,并不对所有居民开放,谓"宫市",且规模较小。西汉都城长安设有九市,东汉都城洛阳的马市、南市设在城外。四川出土的市井图像砖清晰地描绘了当时市的情景:市的平面呈方形,三面设门,有十字路相交于中心,中央为市楼,用于立旗观望;市内建筑排列整齐,成行成列,用于陈列商品,另有邸舍靠市墙而立,用于堆放货物。值得一提的是,隋朝正式将"里"改称为"坊"。唐朝都城长安的市并没有遵循"前朝后市"的布置原则,而是在皇城的左右前方对称设置东、西两市。为满足巨大的商业需求,每市占两坊大小,并不影响整体城市形态结构,内部由"井"字街划分成九个区域,中央设管理市场的机构。在市中,商贩的经营方式并不单一,有住店经营的,有流动经营的,流动人口非常多,交易也异常频繁。封闭式的城市管理束缚了居民活动,不断发展的社会经济和文化生活要求人们突破时空限制以获得更大自由。唐朝中后期,封闭的堡垒不断受到来自民间的冲击,居民生活和城市形态都在更人性化的推动下发展。

——摘编自彭亚茜、陈可石:《中国古代商业空间形态的变革》,载《现代城市研究》,2014年第9期

材料二　古希腊商业的发展

希腊人经商范围广大,东及中亚,北抵达今天南俄草原,南达北非,西到大西洋;有些规模相当惊人……在北方,希腊人在黑海地区活动频繁。黑海沿岸有大量的希腊殖民地,从黑海地区输出的有谷物、咸鱼、皮革和奴隶。希腊人输往西亚人处的有酒、精美陶器、武器和金属等。在南方,希腊人和埃及有频繁的贸易往来。在《伊利亚特》中就曾出现埃及的名字,在《奥德赛》中,埃及成为希腊海盗劫掠的目标……大约公元前7世纪末著名诗人萨福的弟弟卡拉克苏斯曾把列斯堡的酒销往埃及。到希罗多德去埃及时,那些以前装酒的罐子,都被装满水置于从埃及去巴勒斯坦的道路上供行人饮用。

参与商业活动的人,包括上至贵族、下至平民乃至奴隶等各种人,而不仅仅是外邦人或

奴隶。希罗多德说,在希腊的每一个城邦内都有一个市场,人们在那里从事商业买卖活动。雅典著名的阿尔克美昂家族可能就是通过同东方的贸易而致富的。公元前6世纪末,当该家族流亡国外已无法利用其在雅典的土地收入时,克里斯提尼仍能修建德尔斐的神殿,并且把原规定用石灰石修建的神殿正面改用大理石。耗资巨大,证明该家族拥有土地以外的经济来源,而这在当时就只有从事工商活动才能获得。雅典将军伯里克利也总是每年将自己土地上的产品拿到市场出售后,再购买日用生活必需品。希腊的农民也不同程度地参加了商业经营。在阿里斯托芬的喜剧《阿卡奈人》中,阿卡奈人之所以仇视斯巴达人,是因为后者割了他们的葡萄藤,砍了他们的橄榄树。这些都属于经济作物,所生产的葡萄酒、橄榄油是希腊人重要的出口商品,不可能全部自己消费而不拿到市场上出售。

——晏绍祥:《古典作家笔下的古代希腊商业》,载《内蒙古大学学报(哲学社会科学版)》,1992年第3期

材料三　丝绸之路

“丝绸之路”最初是由德国地质学家李希霍芬于1877年提出的,原指古代中国通向中亚的陆上交通路线,后来内涵不断扩大,用来泛指古代中国通向外部世界的交通路线。目前学术界普遍认为,丝绸之路实际上可以分为以下几条道路:(1)“绿洲之路”或“沙漠之路”,指的是由中原地区出河西走廊通往中亚及更远地区的交通路线;(2)“草原之路”,指的是经蒙古高原通向西方的交通线路;(3)“西南丝绸之路”或“南方丝绸之路”,指的是从中国西南至印度及中亚的交通路线;(4)“海上丝绸之路”,指的是中国通向世界其他地区的海上航线。前三条道路,虽然行经的区域不同,但都是在陆地上穿越的,所以我们可以统称其为陆上丝绸之路。海上丝绸之路则是跨越大海的海上航线,它由两大干线组成,一是由中国通往朝鲜半岛及日本列岛的东海航线,二是由中国通往东南亚及印度洋地区的南海航线。

——龚缨晏:《关于古代“海上丝绸之路”的几个问题》,载《海交史研究》,2014年第2期

材料四　陆上丝绸之路

通过丝绸之路,古代世界得以沟通和交流,而中亚粟特人是东西方文明的主要“搬运夫”。因此,在罗马看不见一个中国商人。同样,在长安也很少有罗马商贩。丝绸之路上从事的是一种远距离贸易,以粟特人为主的胡商主要贩运什么货物,有何特点,可以从考古资料里找到答案。

文物之一:粟特文2号信札记载:

我们自敦煌去金城(今兰州),销售大麻织品、毛毡(毯)。

文物之二:在新疆和阗安德悦遗址出土的一件佉卢文书上记载:

“从他自都城回来以后,又支付了二匹丝织物;

他们从普斯伽吕送出一匹皇家丝织物;

旦楼基拿了一匹丝织物;

普姆那色拿了七匹丝织物;

山地人拿了二匹丝织物。……”

文物之三:新疆吐鲁番阿斯塔那墓M18中出土了一件联珠“胡王”锦,同墓还出土延长二十九年(589年)墓志,用倒置循环提花织成上下对称的图案,米黄色底,绛红、桔红显花。

椭圆形联珠花环内填饰正、倒相对的骆驼、牵驼人和汉字“胡王”。牵驼人手执长鞭，深目高鼻，花环之间饰以复合忍冬四叶纹。

——李瑞哲：《古代丝绸之路胡商的主要交易品浅析》，载《西部考古》，2013年第7辑

材料五　宋代的对外贸易

宋代的国门是对外敞开的，南至广州，北到吴淞口漫长海岸线上设立了很多外贸窗口，随着海上对外贸易的不断发展，宋代政府在沿海城市设立市舶司，对外商务实施严格而有效的控制和管理。市舶司(务)开始设置于唐玄宗开元年间，是中国古代专门负责对外贸易的官府机构。宋太祖开宝四年，平岭南后，与交趾、占城等国贸易往来频繁，因此，宋政府便在广州设置市舶司，管理海外舶来的香药贸易，此后，宋政府先后在东南沿海的广州、杭州、明州、泉州、温州、上海等地设市舶司或市舶务共10多处。综述起来，市舶司管理职责是：(1)检查进出口所有船只。以防非法贸易物资及铜币外流。(2)征收进口税。市舶司实行抽税，税率随时而变更。(3)强制购买进口物品。宋太宗时明确规定来自海外的8种货物(龟壳、象牙、犀角，一种用于制造武器称之为镔铁的特种铁材、水鼊皮、珊瑚、玛瑙和乳香)为政府严厉垄断的专卖物品，称之为禁榷之物，一律按政府规定的价格由市舶司强制全部收购。只有在完全满足皇室及官府需要后，才允许进口人销售这些多余部分给一般民众。(4)招诱外商，促进贸易。(5)检查、监督和禁止中国官员从事私人贸易行为。(6)将税收和榷货解送京师。

——李传印：《宋代发展海上贸易的政策措施》，载《安庆师范学院学报(社会科学版)》，1992年第3期

材料六　记录在青铜器上的交易

1975年2月，陕西省岐山县董家村农民在农田建设过程中，发现了一座青铜器窖穴。考古人员随即进行了清理，共发现青铜器37件，其中多件器物上面有铭文。这批铜器中的多件器形、铭文相同，铭文中的人物又可以联系，据之可以判断它们是由同一个家族人员铸造的。根据铭文，可将这个家族称为裘卫家族。裘卫家族此时只是一个小贵族家族，但裘卫是一位有长远眼光的人物，懂得利用财物换取更重要的财富资源——土地。他利用大贵族的困境，先从矩伯手里换取了13田(三年裘卫盉)，后从邦君厉手里换取了5田(五祀卫鼎)，再从矩伯手里换取了林晋里(九年卫鼎)，从而获得了很多的土地，为家族的发展崛起奠定了坚实的基础。三年裘卫盉、五祀卫鼎、九年卫鼎的铭文就证明了裘卫和别的贵族交换的事件。

——摘编自王进锋：《西周时期小贵族家族的崛起——以董家村铜器所见裘卫家族为中心》，载《历史教学问题》，2018年第6期

材料七　古罗马的银行

罗马的银行是金融高利贷资本的有组织的形式之一，它是从兑换所发展起来的。从兑换人最初的和主要的活动——看钱币的成色和把一种通货换成另一种通货——发展出了许多银行的业务，如贷款、存款、支付(直接或过户)、汇兑等等。兑换店设在广场上，它们由国家出资建造，由专门的监察官经手出租。兑换人有私人，也有国家的。公元前2世纪和前1世纪时，在罗马广场的卡斯托尔神庙附近，每天都可以看到金融交易活动。成群的人拥挤在这里，买进和卖出包税公司的股票和债券，并且进行各种各样的现金交易或信用

交易。

——厉以宁著：《厉以宁讲欧洲经济史》，北京：中国人民大学出版社，2016年，第94—106页

材料八　消费信用影响人们生活

中国古代信用包括消费信用和商业信用。

战国时代文献中便有商业信用、消费信用的记载。据《周礼》记载：泉府之职是“掌以市之征布，敛市之不售，货之滞于民用者，以其贾买之。……凡赊者，祭祀无过旬日，丧纪无过二月；凡民之贷者，与其有司辨而授之，以国服为之息”。此段讲的是当时官府进行商业活动及放贷，包括：第一，官府收购滞销货物，再发卖给商人或城乡居民。当然也有可能赊卖给商人，如是后者，这就是商业信用。第二，“凡赊者”等内容似乎是在讲一种消费信用，即为了丧葬、祭祀而赊货物，但偿还期限短促。第三，“凡民之贷者”则是向官府借贷。秦汉时代，《居延汉简》记载了大量边地士卒、军官之间，或他们与边地百姓之间的布帛、衣物、粮食赊买赊卖的实例，反映了这种实物赊买赊卖行为相当普遍。宋元明清时代消费信用行为与各阶层人们生活更为密切，南宋人李之彦言：一些生活奢华之人“或先期予人以钱，后期取人之物，惟欲快吾之用度”。元杂剧甚至有赊猪内脏的记载，某杂剧写小和尚：“向年间为师娘作满月，赊了一副猪脏，没钱还他”，把衣衫当了。这是指赊了猪内脏，没钱还，只得拿衣服当钱还债，最后把衣服当没了。

——刘秋根：《中国民间商业信用的演变》，载《中国金融》，2014年第17期

材料九　商业信用影响人们生活

中国古代商业信用大体上有两种类型：一是商人（主要是贩运商人）提供给生产者的信用，表现为商人对小生产者或手工业作坊产品的预购、包买、定购等，这种信用在折算过程中含有利息剥削，因而具有一定意义的高利贷资本的性质，即表现为对生产者的生产成本放贷。二是商人之间互相提供的商业信用，主要是贩商提供给铺商或小商小贩的信用。这方面最早的事例是战国时著名商人白圭，白圭“当魏文侯时……夫岁熟取谷，予之丝漆，茧出取帛絮，予之食”，商人白圭懂得以提供信用的办法，预购农民的产品，即秋天收购粮食，而贷之丝漆作为手工业原料，春天出蚕茧时，收购帛絮等产品，而贷给粮食在春荒时使用。这显然是商人与农民之间的商业信用性质的生产性预贷。

当时的长途贩运使商人们开始利用汇票等票据工具，完成商业信用，在相当大的程度上加快了资金流通、节省了金属货币，从而使商业信用的票据化得到了初步的发展。根据当时的文献记载，这种票据有“会票”“期票”“兑票”之称。如按现代金融学的概念分析，所谓的“会票”，有时是为了完成资金异地拨兑的汇票，有时则是一种借贷货币资金的契约，这种契约有时还完成存款取息的功能。所谓的“期票”“兑票”，有时是债务人写给债权人，约定将来某个地方、某个时刻取款的本票，尤其是商人在某个店铺进货，却开立票据，让债权人去另一个自家开的店铺取款时更是如此；有时则是开立票据让债权人去其存有存款的某处取款，这相当于支票。

——刘秋根：《中国民间商业信用的演变》，载《中国金融》，2014年第17期

材料十　明清存款

清代各工商业字号的闲置资金一般情况下都是互相“浮存”，取薄息以资弥补。如据孔

府档案记载：孔府五品执事官孔继潢在锦州府锦县开设兴成当，因经营不善而亏本倒闭，道光八年，算清总账，“共存原本钱十万零七千一百吊，欠外借贷、凭帖往来、生息银两浮存共九万五千三百二十三吊五百七十文”，而该当铺的“生息银两浮存”便包括“存兴成隆本钱八千吊，利钱一千三百四十吊；存兴源烧锅本钱二万吊，利钱九千吊；存西柜本钱一万吊，利钱一万零一百三十九吊六百八十文”。所谓“兴成隆、兴源烧锅、西柜”等当是兴成当同城的各类工商业字号，他们有一部分闲置货币存于兴成当，并有数量不等的利钱仍存在当中未予提取。

——刘秋根：《中国古代存款的演变》，载《中国金融》，2014 年第 9 期

第 8 课　世界市场与商业贸易

材料一　新航路开辟与世界市场

新航路开辟后大致可分为两个阶段：第一阶段是葡萄牙、西班牙开辟新航路，第二阶段是荷兰、英国发展新航路贸易。在第一阶段，新航路开辟后的主要作用在于方便葡、西两国作为重金属货币的传输漏斗，为了本国内的消费，用新大陆发现的重金属货币换取东方的奢侈品，只有很少的一部分用于贸易。在第二阶段，由于运输成本的降低，荷兰和英国凭借其发达的海运优势，将原区域内发达的分工贸易扩展到了全球，即由英国做中介，形成了全球的分工贸易体系。可见，分工体系是由运输成本的下降和区域维系成本的变化而最终确立的。

——李芳华、付洁、王琦：《新航路开辟对于世界分工贸易体系形成的作用分析》，载《保险职业学院学报》，2008 年第 3 期

材料二　工业革命与世界市场

在从 1789 年到 1914 年的“漫长的 19 世纪”，生产和流通领域的一系列技术创新，大大提高了市场化、商品化的程度，使全世界的经济联系更加紧密。正像马克思和恩格斯所说的那样，“使一切国家的生产和消费都成为世界性的了”。到 19 世纪与 20 世纪之交，各个领域的全球化速度都在加快。据统计，1870 到 1914 年间世界贸易年均增长 3.5%，超过同时期世界总产值年均 2.7%的增幅。1913 年，英国、法国、德国、荷兰、日本、美国的进出口总值与国内生产总值的比例，分别为 44.7%、35.4%、35.1%、103.6%、31.4%、11.2%。直到 20 世纪末，除了美国和德国分别稍微上升到 16.8%和 38.3%，上述其他几个国家的国际贸易都还没有达到当年的水平。到第一次世界大战爆发前夜，随着金本位制的确立和资本国际流动的增加，已经有 155 个国家参与国际贸易，1913 年世界出口在世界生产中的比重达到 8.7%。1870 年，海底电缆使英国和印度之间的信息传递时间缩短到 5 小时，到 1902 年已经可以把大英帝国在各大洲的各个部分连接在一起。技术创新使工业化、现代化加速扩散和深化，带来了全球化的第一次高潮。

——董正华著：《世界现代化进程十五讲》，北京：北京大学出版社，2009 年，第 353 页

材料三　贸易中心的变化

自从地中海贸易衰落以后，首先是安特卫普成为各路商人的汇集点。16 世纪时中欧的铁金属贸易，尤其是银和铜的贸易已经十分发达。久负盛誉的富格尔家族控制着中欧的金

属和地中海商品之间的过境贸易，后来中欧的商人逐渐把德意志的银和铜运到安特卫普，葡萄牙人也从东方运来香料，西班牙人从新世界运来贵金属，进入这一地区贸易的货物还有毛纺织品、亚麻帆布、粮食等。安特卫普成了南德意志、汉萨同盟、葡萄牙、意大利、西班牙以至英国等各路商人的汇集点，它是横贯欧洲大陆的贸易（白银和铜从德国南方向意大利北方的低地国家，尤其是向布拉特扩展）与海上贸易的结合点。安特卫普成为16世纪中期繁荣的商业中心，被称为“世界商业之都”。

后来，海上贸易逐渐占据了主导地位，横贯大陆的贸易解体了。原因之一是地中海地区贸易的衰落对德国经济造成了严重危害，汉萨同盟衰落，再加上宗教战争，国内严重分裂。原因之二是1585年安特卫普被帕尔马占领，荷兰人对斯海尔德河进行了封锁，至此陆路贸易削弱，安特卫普的历史上留下了辉煌的历经四分之三个世纪的篇章。

随后，荷兰成为世界贸易的中心。新航线的开辟对荷兰越来越有利，荷兰人开辟了从北海绕过丹麦的最北端，穿过松德海峡进入波罗的海的航路。15世纪90年代丹麦在松德海峡征收通行税的记录表明，通过松德海峡的大部分船只是荷兰人的。在随后的一个半世纪中，这个比例不断增大。在这条航线上荷兰人掌握了大宗和混合货物的运输，尤其是谷物和鱼类，控制着法国与北欧之间的所有贸易运输以及英国的绝大部分贸易运输。海盐和谷物的运输在当时国际海上运输中居于关键地位，它们在17世纪几乎被荷兰运输商垄断。在北欧与地中海的货物交换中，荷兰人也发挥着重要作用。例如，里斯本与但泽之间的盐、香料、谷物的交换为荷兰人独揽。荷兰由于其所处的地理位置特别适合于从中控制两地之间的交往，使相距遥远的里斯本和但泽的不同商品在荷兰交换，每年里斯本的香料与波兰的谷物都可以在冬季到来之前运抵荷兰。

——高德步、王珏著：《世界经济史》，北京：中国人民大学出版社，2001年，第173页

材料四　新航路开辟与中国

中国明清两朝积累的巨大财富，对奉行“重商主义”的欧洲商人有巨大的吸引力。在明朝，葡萄牙人、西班牙人、荷兰人通过大航海时代开辟的航路来到中国，通过有限的贸易港口，用白银换取中国的生丝和瓷器。

在徽商、晋商开展国内贸易的同时，一部分中国商人千方百计拓展海外贸易，他们用瓷器、丝织品换取东南亚一带的香料、药材和珠宝，再换取欧洲人和日本人的白银。

当时中国参与的国际海上贸易主要有三条航线。一条是中国—东南亚—日本；一条是中国—马尼拉—美洲；一条是中国—果阿—欧洲。三条航线的一端都是中国，另一端分别是日本、美洲、欧洲；一端是中国产品的输出，另一端是白银的源头。其中，日本和美洲是白银出产地，欧洲则是白银的中转地。换句话说，明朝大规模白银输入的三条线路为：以马尼拉为中心的“海上丝绸之路”与美洲白银的流入；以长崎为中心的中日贸易与日本白银的流入；以澳门为中心的西洋贸易与欧洲白银的流入。

在这三条路线的海外贸易中，中国始终处于出超地位。中国的丝绸、瓷器、生丝等产量巨大，流向海外，海外的白银源源不断地流入中国。16世纪中期，流入中国的白银主要来源是日本。16世纪末到17世纪初，美洲的白银大量流入中国。据估计，1572年到1821年，大约有2亿比索的西班牙银币流入中国，远远超过国内开采的白银总量。

——武寅主编：《简明世界历史读本》，北京：中国社会科学出版社，2014年，第354页

材料五 近代商业经营方式的变化

特许公司是一些享有政府授予的特权的商业组织。16世纪以来欧洲与非洲、美洲和亚洲的贸易迅速增长,国与国之间竞争激烈。一些知识分子认为:全球的财富和资源是有限的,国家的影响力依赖于它们尽可能多地控制世界贸易和资源的能力。这些观念被概括为"重商主义"。这时期允许各公司创建的特许状,总是想帮助国家以损害竞争对手为代价来获得和控制贸易和资源。总的来说,特许状都授予公司垄断特定范围的商业的权利(诸如英国东印度公司垄断与印度和亚洲的贸易),所以特许公司变成了帝国扩张和控制的机构。特许公司的主要投资人和管理者对授予其特许状的政府拥有相当大的政治影响力。在某些情况下,这种影响力的产生是因为特许公司向政府提供货币融资的重要性,在其他情况下是因为公司在推动榨取海外殖民地各种基本资源中的重要性。所以,特许公司既是商业组织,又是政治的和帝国的实体。

——摘编自王加丰:《西方历史上的特许公司》,载《历史教学问题》,2016年第2期

材料六 近代商业经营方式的变化

特许公司通常分成两类,一类是管理公司,另一类是合股公司或股份公司。西班牙、葡萄牙的公司一般为管理公司,英国、荷兰和法国的公司则较为复杂,但以股份公司为主。管理公司由商人组成,参加的商人自负盈亏,但各人的经营受到一套严格的共同规则的约束,其活动被限制在一定的范围之内。但16世纪以来,由于各国掀起海外殖民经商的热潮,由此造成的风险越来越大,在欧洲其他国家的政府尚未像西班牙或葡萄牙那样全面介入海外扩张的时候,海外探险和殖民的成本和风险很大,个别商人的资本不足以应对这种事业,在中世纪已初露端倪的合股公司于是渐渐得到当时人的青睐。英国东印度公司一开始就是一个合股公司,亦即公司的资本由参加利润分红的股东提供。

——摘编自王加丰:《西方历史上的特许公司》,载《历史教学问题》,2016年第2期

材料七 近代中国商业经营方式的变化

1872年,李鸿章创办轮船招商局,在中国第一次引入股份制。这种筹资方式,开阔了国人视野并促进了招商局的迅速壮大。此后10年间,中国的股份制企业增至20多家。《申报》评论:"招商局开其端,不数年间,风气为之大开,公司因之云集。"1877年,招商局收购美资旗昌轮船公司。据李鸿章估计:"创办招商局10余年来,中国商民得减价之益而水脚(水路运费)少入洋商之手者,奚止数千万。"此外,招商局还率先投资开平矿务局、上海机器织布局和中国通商银行等。招商局创造了历史上的第一次辉煌。

——据虞和平、胡政:《招商局与中国现代化》,北京:中国社会科学出版社,2008年,第44页

材料八 黑奴贸易

一层有三处特别引人注目的地方,分别是"增肥室""惩罚室"和"不归门"。所谓"增肥室",是奴隶贩子们为了增加利润而设立的。由于交易中只有体重超过60公斤的男奴才能卖个好价钱,贩子们就在这里对体重不足的在押者拼命"填鸭",让他们终日饱食蛋白质含量较高的豆类食品,以达到快速增肥的目的。而对于那些桀骜不驯的奴隶,奴隶贩子们将一个窄小的地洞作为"惩罚室",这里只有进口没有出口。1991年,南非前总统曼德拉来此参观时,曾不顾保安人员的劝阻,亲身下去体验非洲同胞曾经历的苦难。他在惩罚室待了5分

钟，出来时已经泪流满面。

除了入口外，这座奴隶堡的唯一出口就是“不归门”。短短几步之遥，却从此生死两茫茫，永远告别世代居住的非洲大陆。

他们中有的人怀着一些希望，试图在“不归门”与舱门之间这段距离潜水逃跑。奴隶贩子为了确保“最后的胜利”，买通一些当地人埋伏在“不归门”的两侧走廊内，只要有人逃跑，就毫不留情地开枪射击。

当被关押的奴隶染病后，奴隶贩子就干脆把他们扔进大海，防止因疾病蔓延使交易受损，致使成群鲨鱼经常在奴隶岛周围海域追巡。所以逃跑者即便能够侥幸躲过看守的子弹，也难逃鲨鱼的血盆大口。

依然是今时今日，“不归门”旁，大西洋的惊涛拍岸，风中海浪声，仿佛还夹杂着昔日奴隶发出的痛苦呐喊。

——宋盈：《探秘西非奴隶岛》，载《跨世纪(时文博览)》，2007 年第 7 期

材料九　物种交流

随着世界市场的初步形成，世界贸易的发展，新的商品开始在欧洲市场上出现。美洲的烟草、可可，中国的茶叶、瓷器，印度的蔗糖、香水，北亚和北美的毛皮，都成了国际贸易的重要商品。咖啡、大米、香料、布匹等的交易量也大增。欧洲人还取得了许多新的渔场、林场。由地理大发现带来的舶来品还使一些新的工业行业得到了蓬勃发展。廉价金银的大量流入使欧洲人能够消费至少 1/5 的金银(1500—1700)用于装饰，生产金银质的花边、布料、刺绣品、首饰，金银加工工业得到发展。再以香料为例，以前威尼斯商人从地中海沿岸收购的香料，每年不过 2 100 吨。在直通印度的新航路开辟之后，每年运往里斯本的香料就骤增到 7 000 吨。到 1503 年，里斯本的胡椒价格已降到威尼斯的 1/5。欧洲的各种商品，主要是手工业产品也大量倾销到东方沿海国家、东非、美洲，流入北亚。

——萧国亮、隋福民著：《世界经济史》，北京：北京大学出版社，2007 年，第 117 页

材料十　疾病交流

疾病的传播无须人类的主动性，而是不顾人类的主观意图，在人类当时根本不理解的情况下就发生了。……一般来说，当船只开始定期往来于海洋时，它们显然装载着货物和细菌从一个港口到另一个港口。对人类生命的影响有时是非常严重的。例如，欧洲船只就把大量非洲疾病转移到新大陆，很可能包括黄热病和疟疾，这些通过老鼠传播的病菌使中南美洲许多地区几乎人烟灭绝。此外，长期流行于欧洲人中的疾病，当它们散布到没有遗传或获得免疫力的印第安人中时是灾难性的，如天花、麻疹或斑疹伤寒等。也许作为回报，美洲印第安人把梅毒传播到了旧大陆，虽然梅毒的发源地是否是美洲还不确定。撇开这些被忽略的情况，我们可以认识航海船只携带的疾病细菌传播的总体后果。首先，以前孤立的人口遭受了重大损失。例如，据估计，1500 年最终被纳入西班牙帝国的美洲人口大约为 5 000 万，到 1650 年，下降为大约 400 万，而且这个数字还包括了西班牙的移民！同样急剧的人口减少也发生在太平洋群岛和其他地方，只要疾病接触当地稠密、以前孤立的地区的没有免疫力的人群身上。

——[美]威廉·麦克尼尔著：《世界史：从史前到 21 世纪全球文明的互动(第 4 版)》，施诚、赵婧译，北京：中信出版社，2013 年，第 277—278 页

第9课　20世纪以来人类的经济生活

材料一　苏联模式

具体说，苏联的计划管理体制主要包括以下几个方面：

第一，管理组织。实行三级管理(部—总管理局—企业)或两级管理(部—企业)。在这种体制下，部门管理机构起着决定作用，国家通过各经济部“垂直”管理全国企业。

第二，计划管理。计划权限高度集中在中央计划机构手中，所下达的计划任务的范围包括所有的国民经济部门，计划指标多达上千种。

第三，物资管理。实行国家计划分配，分配方法包括：(1)统配制，即计划调拨；(2)集中计划供应制，即根据各部的中央销售机构制定的产品分配计划供应物资；(3)非集中的计划供应制，即由地方政府或中央管理局的地方销售机构和计划机构直接计划和分配物资；(4)企业自筹制，即企业在自己的附属单位生产供自己使用的材料和燃料。

第四，价格管理。实行高度集中的价格管理体制，即大量生产或大批量生产的产品，其价格都由苏联政府制定，其他产品价格则实行分级管理。

第五，企业经济核算。实行国家计划范围内的经济核算制，即经济核算与国家经济计划结合进行。

第六，工资管理体制。按照工人的熟练程度、工作性质、劳动条件和生产特点等制定的工资等级制。

苏联的计划管理体制，形成于国家工业化时期。一方面，这种计划体制对于动员人力、物力、财力，加快国家工业化，具有重要作用和意义。另一方面，这种计划管理体制是在单一的所有制基础上建立的，忽视商品货币关系，忽视市场作用。在苏联完成国民经济恢复和基本完成国家工业化任务以后，这种体制的弊端就开始逐渐暴露，事实上，改革任务已经提了出来。但是，当时的资本主义世界正陷入20世纪30年代大危机和危机过后的长期萧条，苏联社会主义建设所取得的巨大成就，使资本主义相形见绌，所以当时计划管理体制的有效性没有被怀疑。

——高德步、王珏著：《世界经济史》，北京：中国人民大学出版社，2001年，第406页

材料二　罗斯福新政

罗斯福新政分为两个时期：1933年3月4日罗斯福就任总统到6月16日著名的“百日行动”时期；1939年新政进入第二个时期，政府转向长期的干预和改革。在此期间政府和国会先后颁发了70多个法案，内容涉及整顿财政金融，调节工业生产，节制农业发展，改善民众困境，举办公共工程，建立社会安全保障制度等各个方面。因为当时没有特定的政策需要新政遵循，也没有成熟的理论对危机的原因进行解释和提出解决的方案，罗斯福采取了头疼医头、脚疼医脚的办法，因此新政留下了一系列不断变化和反复尝试的措施，一些政策因为违反宪法而被淘汰，一些政策得以流传。

新政没有治愈危机。1933年以后，美国经济的确开始复苏，但是速度很慢。1939年，总产量仍然低于1929年的水平，经济复苏经历了10年的时光尚未恢复到原来的水平，这是前

所未有的。而且在复苏还未充分展开时，第二次衰退又在1937年来临。

罗斯福新政避免了美国走上法西斯道路，而且为世界反法西斯战争的胜利准备了条件，这不仅对美国而且对整个世界都有重要的影响。罗斯福新政在危难关头挽救了美国，当1933年美国经济面临彻底崩溃，全国人民的悲观情绪难以形容的时候，罗斯福凭借他的个性和大刀阔斧的新政，使在苦难中的国家和人民充满了信心和希望。他断言，他是在挽救资本主义而不是去毁灭它。罗斯福新政标志着混合经济时代的开端。在新政中政府首次采取广泛的直接干预政策对付经济危机，通货膨胀、公共工程建设、财政管理等都是全新的尝试。

——高德步、王珏著：《世界经济史》，北京：中国人民大学出版社，2001年，第336页

材料三 新自由主义

新自由主义是一个包括众多学派的思想和理论体系。狭义新自由主义主要是指以哈耶克为代表的新自由主义。广义新自由主义，除了以哈耶克为代表的伦敦学派外，还包括以弗里德曼为代表的货币学派、以卢卡斯为代表的理性预期学派、以布坎南为代表的公共选择学派和以拉弗、费尔德斯坦为代表的供给学派等等。以20世纪70年代初期爆发的两次石油危机为导火线，导致整个资本主义世界陷入了“滞胀”(高通胀、高失业、低经济增长)的困境，多年受冷落的新自由主义引起人们的关注。

适应这一需要，伴随美国总统里根和英国首相撒切尔夫人的上台，在否定凯恩斯主义的声浪中，占据了美英等国主流经济学的地位。新自由主义的一个重要特征是把反对国家干预上升到了一个新的系统化和理论化高度，是“对凯恩斯革命的反革命”。其主要观点有：第一，在经济理论方面新自由主义继承了资产阶级古典自由主义经济理论的自由经营、自由贸易等思想，并走向极端，大力宣扬“三化”。一是“自由化”。认为自由是效率的前提，“若要让社会裹足不前，最有效的办法莫过于给所有的人都强加一个标准”。二是私有化。在他们看来，私有制使人们“能够以个人的身份来决定我们要做的事情”，从而成为推动经济发展的基础。三是市场化。认为离开了市场就谈不上经济，无法有效配置资源，反对任何形式的国家干预。第二，在政治理论方面新自由主义特别强调和坚持三个“否定”。一是否定公有制。几乎所有的新自由主义者都一致地认为，“当集体化的范围扩大了之后，经济变得更糟而不是具有更高的生产率”，因此，不能搞公有制。二是否定社会主义。在新自由主义者们看来，社会主义就是对自由的限制和否定，必然导致集权主义，“集权主义思想的悲剧在于：它把理性推到至高无上的地位，却以毁灭理性而告终，因为它误解了理性成长所依据的那个过程”，因此，是一条“通往奴役之路”。三是否定国家干预。在他们看来，任何形式的国家干预都只能造成经济效率的损失。第三，在战略和政策方面新自由主义极力鼓吹以超级大国为主导的全球一体化。经济全球化是人类社会发展的一个必然趋势和一个自然的历史过程。但经济全球化并不排除政治和文化的多元化，更不等于全球经济、政治、文化一体化。新自由主义并不是一般地鼓吹经济全球化，而是着力强调要推行以超级大国为主导的全球经济、政治、文化一体化，即全球资本主义化。

——中国社会科学院“新自由主义”研究课题组：《关于“新自由主义”研究》，载《社会科学管理与评论》，2003年第4期

材料四 服务贸易

2020年中国国际服务贸易交易会(简称“服贸会”)，以“全球服务、互惠共享”为主题。

这是新冠肺炎疫情发生以来，我国举办的第一场重大国际经贸活动，涵盖商业服务、通信服务、金融服务等服务贸易12大领域。这不是一次简单的国际服务贸易展会。它不仅彰显了我国实行更高水平、更大力度对外开放的信心、决心和主动作为，也是以国内国际双循环相互促进，凸显国内大循环为主体的必然之举。与其他展会明显不同的是，今年服贸会采用"线上＋线下"的新形式，依托数字平台为展会提供全程服务和支撑。这不仅顺应数字展览发展趋势，更向全世界展示我国未来的广袤发展空间。以国内大循环为主体，牢牢把握扩大内需这个战略基点，服务贸易起到强力支撑作用。进入高质量发展阶段，我国内需的巨大潜力逐步得到显现。我国拥有世界上最完整、规模最大的工业体系，拥有强大的生产能力和完善的配套能力，拥有4亿多中等收入群体、14亿人口的超大规模市场。此外，我国正处于新型工业化、信息化、城镇化、农业现代化快速发展阶段，投资需求潜力巨大。

当前，服务业日渐成为我国经济发展中举足轻重的力量。2019年，服务业增加值占国内生产总值比重达到53.9％，对经济增长的贡献率为59.4％。尽管今年受疫情影响，我国服务业及服务贸易遭受巨大冲击。从另一角度看，随着疫情防控取得重大战略成果和经济稳步恢复向好，我国服务业及服务贸易发展必将迎来强势反弹。就此而言，借助服贸会这个东风，推动我国服务业及服务贸易发展，有助于充分释放内需潜力，构建完整的内需体系，为以国内大循环为主体加油添力。

——张德勇：《服务贸易释放经济新动能》，载《解放军报》，2020年9月10日

材料五　跨国公司

跨国公司是一种特殊的企业组织形式，它在全球范围内组织生产和流通，成为经济全球化的动力和主体力量。根据联合国1997年的统计，目前全世界已有4.4万个跨国公司母公司和28万个在国外的子公司和附属企业，形成了一个庞大的全球生产和销售体系，这些跨国公司控制了全世界三分之一的生产，掌握了全世界70％的对外直接投资、三分之二的世界贸易、70％以上的专利和其他技术转让。

跨国公司是在20世纪50年代以后发展起来的。第二次世界大战后最初10余年，主要是美国的跨国公司在向外扩张。主要资本主义国家的跨国公司在20世纪六七十年代获得巨大发展，美国的跨国公司仍然占有优势，西欧和日本的发展迅速。

进入20世纪70年代以后，跨国公司的发展以拥有部分股权为主。20世纪70年代中期，美国有180家跨国公司在发展中国家新建了子公司，拥有全部股权的占43％，与东道国合资经营的占52％。80年代后，企业跨国合并成为对外投资的主要方式。80年代，美国跨国公司在西欧建立的子公司中，有一半以上是兼并当地公司的结果。其中著名的兼并有福特汽车公司兼并美洲虎公司、百事可乐公司兼并史密斯和洛克公司等。跨国兼并浪潮具有追随效应，一旦出现兼并，同类企业为确保和扩大其海外市场，加强在国外的生产网络，往往竞相扩张，进一步推进兼并浪潮的新发展。跨国兼并推进了各国经济上的相互依赖程度，使其向着更深的层次发展。

——高德步、王珏著：《世界经济史》，北京：中国人民大学出版社，2001年，第462—463页

材料六　经济全球化的机遇

经济全球化为发展中国家提供了前所未有的发展机遇，多数发展中国家也因此而在不

同程度上成为经济全球化的受益者。这主要反映在以下几个方面：第一，经济全球化为发展中国家提供了更多吸引外资的条件和机会。第二，经济全球化为发展中国家的资本向外投放创造了外部环境和条件，使其对外直接投资规模不断扩大，增长迅速。第三，经济全球化带动了世界范围内经济与技术开发区以及保税区和自由贸易区等多种形式自由经济区的发展。第四，经济全球化使世界范围的产业结构调整进一步深化，步伐加大。发展中国家可以利用这个契机，根据国内和国际市场的需要，不断调整和优化产业结构和出口商品结构，大力加快高新技术产业的发展，尤其是把发达国家技术先进的劳动密集型产业转移到本国，这仍不失为促进发展中国家产业结构调整和优化的捷径。第五，经济全球化促进了发展中国家跨国公司的发展，使其在世界市场的竞争力逐渐增强。有些跨国公司的发展甚为迅速，已从贸易活动深入到国际生产领域和高科技领域，并开始参与国际市场的竞争，向发达国家的跨国公司提出了挑战。

——郭连成：《经济全球化正负效应论》，载《世界经济与政治》，2000 年第 8 期

材料七　经济全球化的挑战

经济全球化对发展中国家的负面影响和冲击主要有：(1)由于全球贸易和全球生产体系的迅速发展，以及跨国公司及其资本的不断扩张，使发展中国家的民族经济面临越来越大的压力和冲击，其对发达国家的依附性也不断增大。(2)经济全球化条件下的金融全球化，加快了国际资本流动速度，并使大量的资本流入发展中国家，成为推动发展中国家经济增长的积极力量。与此同时，防范金融风险和稳定金融秩序的任务却被发展中国家普遍忽略。它们在金融体制不完善和金融监管能力不强的情况下盲目开放国内金融市场，放松金融管制，削弱了政府宏观金融调控能力。在这个背景下，金融全球化对发展中国家的负面影响凸现，对其金融市场造成不小的冲击。(3)经济全球化使发达国家将越来越多的劳动和资源密集型产业以及污染环境的企业向发展中国家转移。其结果，虽然使发展中国家劳动和资源密集型产业得到较大发展，但自然环境受到污染，生态平衡遭到破坏，资源浪费严重，更重要的是无助于发展中国家发展高新技术产业和加快科技进步。(4)经济全球化导致和加剧了世界经济发展的进一步不平衡。这种不平衡一方面表现为经济发达国家与发展中国家之间贫富差距继续拉大；另一方面也表现为发展中国家之间的贫富两极分化。(5)经济全球化带给发展中国家的最大问题或者说最大威胁，是它们的国家主权受到冲击和削弱，国家经济安全受到挑战。经济全球化的开放性和渗透性与发展中国家主权的排他性和经济安全性是相矛盾甚至是对立的。由于经济全球化条件下世界范围内市场力量的加强，以及发达国家大跨国公司的不断扩张，发展中国家在经济事务中的权力相对减弱。特别是由于生产结构越来越具全球性，发展中国家实际上已很难完全控制本国的生产结构。

——郭连成：《经济全球化正负效应论》，载《世界经济与政治》，2000 年第 8 期

材料八　布雷顿森林体系的瓦解

从 50 年代后期开始，随着美国经济竞争力逐渐削弱，其国际收支开始趋向恶化，出现了全球性“美元过剩”情况，各国纷纷抛出美元兑换黄金。到了 1971 年，美国的黄金储备已不足以支付各国的兑换，尼克松政府被迫于这年 8 月宣布放弃按 35 美元一盎司的官价兑换黄金的美元“金本位制”，实行美元与黄金比价的自由浮动。欧洲经济共同体和日本、加拿大等国宣布实行浮动汇率制，不再承担维持美元固定汇率的义务。这标志着布雷顿森林体系的

基础已经全部丧失,该体系完全崩溃了,让位于牙买加体系。牙买加体系的特别提款权代替黄金成为国际货币制度的储备资金,并且各个成员国自由选择汇率制度,牙买加体系在1978年正式确立……1968年法国在国际货币基金组织内首次提出创立一种新的世界货币来取代美元的世界货币地位,后来演变为特别提款权(SDR)。特别提款权并非一种真实的货币,它只是用于成员国官方结算的一种单位。然而,它却标志着美元的世界货币地位受到了挑战。

——李向阳:《布雷顿森林体系的演变与美元霸权》,载《世界经济与政治》,2005年第10期

材料九　金融全球化

20世纪六七十年代,缘于欧洲货币市场的出现、布雷顿森林体系的崩溃和石油价格的冲击,全球范围的金融交易量迅速上升。50年代,受冷战影响,苏联将其拥有的美元存入西欧的银行,接受美元存款的欧洲银行发现,贷出这些美元有利可图,这样就形成了一个巨大的欧洲货币市场。另外,美国国内严重的通货膨胀和巨大的贸易赤字,不仅瓦解了布雷顿森林体系,而且使得美国通过美元贬值来改善其日益恶化的贸易地位,进一步增加了国际上流通的美元数量。70年代石油价格上涨大大增加了石油输出国组织的收入,石油输出国把大量资本盈余投放到国际金融市场上,这些资本加大了国际银行的流动资金。在1974—1976年间,大约500亿美元在世界经济中流动。全球金融的一体化便利了资本流动,但是也给参与其中的国家带来了金融风险。尤其是90年代以来,由于通信技术的进步,使得大数量、多种类的产品交易可以以相对较低的成本即时完成,使得金融市场上的金融衍生产品越来越多。资本的大量流动以及金融工具的不断发展创新,使得一个国家控制本国金融风险的难度加大。为了应对共同的风险,各个国家的金融当局开始了国际层面上的合作。

——萧国亮、隋福民主编:《世界经济史》,北京:北京大学出版社,2007年,第367页

材料十　互联网金融与生活

互联网金融模式的雏形在20世纪90年代最早出现。1995年10月,世界上第一家互联网银行——美国亚特兰大网络银行(SFNB)正式开业。SFNB被人们视作互联网金融发展史上的标志性事件,此后,互联网金融在欧洲及日本等亚洲一些国家和地区开始逐渐兴起。迄今,学者通常将互联网金融的发展划分为三个阶段:第一个阶段是从互联网技术和互联网应用出现后,金融业利用互联网为客户提供金融产品和服务时期,这一阶段事实上是互联网金融的孕育期;第二个阶段是20世纪90年代中期到2010年,这一阶段是互联网金融的探索时期,互联网企业利用自身的技术优势将业务触角不断向传统金融行业延伸,开始与金融机构进行融合,逐渐形成相对专业的互联网金融业态;第三阶段自2010年至今,各种各样的互联网金融机构不断产生,互联网金融加速发展。从全球范围看,大量互联网公司、创业资本以及非金融机构正在进入金融领域,借助互联网技术尤其是移动互联网和移动通信技术的发展,为金融消费者提供越来越多的产品和服务。

尽管从本质上说,互联网金融仍属于金融范畴,具有金融内生的脆弱性和不稳定性,但是互联网金融的确与传统金融存在着巨大差别,这种差别体现在四个方面,即互联网金融具有的四个本质特征。一是去中介化特征。互联网精神的核心是平等、开放、共享、自由选择和去中心化。互联网金融不仅体现了互联网精神,也体现了普通大众和平台模式对金融的

参与。那些以往只有通过中介机构才能完成的金融交易，借助互联网平台瞬间即可完成交易。互联网金融不仅弱化了专业要求，也简化了交易和分工，结果是降低了金融交易成本。二是信息有效性特征。传统金融天然地无法消除金融交易中的信息不对称问题，但是，互联网金融却能够降低信息不对称程度，甚至解决信息不对称问题。一方面，互联网金融具有很强的信息创造功能，提高了金融信息的有效性；另一方面，互联网平台必须公开交易双方的信息才能完成交易，降低了信息不对称程度。对于金融消费者来说，道德风险大大降低。互联网金融弥补了传统金融的不足，拓展了传统金融模式下的市场边界。首先，通过互联网平台完成的交易节约了交易双方的信息成本、搜寻成本和合约成本，因此，互联网金融降低了金融消费者的综合成本和机构运营成本；其次，由于互联网金融采用水平分工模式，互联网金融机构没有复杂的机构设置，决策灵活有效，从根本上克服了传统金融的低效率问题。

——孙国茂：《互联网金融：本质、现状与趋势》，载《理论学刊》，2015 年第 3 期

第四单元

村落、城镇与居住环境

第一部分

单元教学设计

单元学习主题和目标

1. 课标要求与分析

课标要求：了解人类居住条件的变迁及各地民居的差异及其特征；了解古代的村落、集镇和城市形成的原因及影响；了解近代以来城市化进程中人们居住条件和生活环境的改善及问题。

依据课程标准，本单元需要梳理人类居住环境的历史变化，古代村落、集镇和城市形成的原因，近代工业革命以来城市化进程中人类居住条件与环境改善等相关史实，组织学生进行人居环境变化的专题史学习。

人类居住环境经历了一个漫长的演进过程，它与人口增长、技术发展、自然环境变化以及社会政治、经济、文化等都有密切的关系，并相互产生巨大的影响。人居环境包括提供人类活动的空间场所、物质、能量及人类活动过程中形成的一切社会关系，乡村、集镇、城市等所有人类聚居环境是其研究对象。人居环境系统包括：自然系统、居住系统、社会系统等多个领域。仅从居住这个角度看，包括：居住建筑、居住环境与居住方式，它们是人类文化精神和价值系统物化的表现，折射出人类个体或群体的文化精神和价值取向。

本单元既包含时间维度上居住条件的纵向发展，还要注意不同地区居住条件的横向差异，而居住条件改善相对缓慢，地区差异和特色又非常明显，且直接关联各地人们的现实生活，因此需要建立合理的时空观念。村落、集镇和城市的兴起、发展又与人类生产力发展水平紧密相关，与人类适应自然、改造自然的思想、制度和价值取向直接相关，需要在特定生产力水平和特定社会组织形态下分析其发展演变的历程及其历史影响，需要运用唯物史观分析问题，需要站在人类文明发展的高度来认识居住环境的变化及地区差异。工业革命后，城市化进程加快，人类居住和生活条件大为改善，但也带来系列问题，因此，这一单元的学习，对学生综合素养的发展具有重要意义。

人无论生活在乡村还是城市，都有不断改善居住条件的需要，目的是更舒适、更方便，而居住条件的改善又与自然环境、社会文化和法律制度等紧密相关。学习本单元，需要处理好个体需求与社会发展的关系，需要培育创新创造意识，站在人类文明发展的高度——并非个人生活需要的视角来认识居住条件的变化及影响。因此，教学设计时要用正确的价值观念引领教与学的情境—问题—活动—任务设计，把握好学习内容的育人价值。

2. 单元学习主题

本单元围绕“人类居住环境变化与社会生活变革相互促进”这一主题展开教学设计。

人类最初是居住在洞穴里的，当时的人们以狩猎为生。人们在洞穴中相对安全，洞口生火，既能取暖又能烤肉并防范动物。人类离开洞穴，气候可能是个重要原因——冰川消退，气候变得温暖潮湿，植物生长，肥沃土壤显露，种植成为可靠的食物来源。从狩猎到农业、从洞穴到房屋是一个缓慢的、渐进的过程。大约在 1 万多年前，农业定居地诞生了，定居就意味着修造房屋。房屋是一种人类的创造物。考古发现，定居聚落获取食物的开发领地半径约 5 公里，而采集狩猎等流动经济型聚落的领地半径则为 10 公里。人类通过改变环境来适应自己的生活，使自然环境适合自己的需求，这个过程开始后一直持续到今天。人类既能适应自然环境又在聚居中学会了调整人际关系。

村落和城市形成的过程，今天已经无法完全复原。最初规模较大的人类聚居地——考古学所说的聚落，到底是村落还是城镇还是城市，学术中也存在很大的分歧，这个谜团也成为诱导人们一代又一代持续不断投入相关研究的动因。人类建造的房屋集中在一定的区域内，形成聚落，为了防止自然灾害和动物的侵扰，在居住地周围建立起保护设施，如环濠、篱笆、长墙等。当生产力水平发展到一定程度，农产品有了剩余，交换的需求就产生，对专门手工业生产的需求也扩大了。聚居地就出现了手工业和商业，还有一些成员脱离生产专门从事宗教、精神文化等方面的工作，最初的集镇和早期的城市就出现了。总之，无论是村落还是集镇还是城市，都是人类定居、聚居发展的结果。

工业革命后，工业化推动城市化，新技术的发展与应用、社会经济文化发展的需要等因素，推动城市基础设施建设和居住条件改善，也不断产生了新的问题，推动了城市管理的发展。

本单元两课从人类居住的角度对人类经济发展与社会生活变迁进行考察，深入了解社会经济与社会生活的发展变化轨迹，要注意引导学生认识到社会经济与社会生活是一个逐步发展、不断进步的过程，具有多样性和复杂性，需要从宏观和微观的角度认识历史问题，要注意揭示内容的学习价值和内在联系。本单元教学设计时，要把学习内容与地理条件、人们的社会活动与实际生活等密切联系起来，增强历史学习的时代感与现实性，把历史学习与现实感受及生活经验紧密相连，要鼓励学生充分利用自身已有的知识与生活经验，开展自主探究与合作学习，形成学生自己的历史理解与历史解释。通过本单元的学习，要理解世界文明的多样性，理解各地区物质文明的发展并不是同步的和统一的，在不同国家和地区，由于地理条件、生产水平、社会环境等方面的差异，经济活动和社会生活各具特色，而随着工业化和全球化的发展，对世界各地的社会生活产生巨大影响，也影响到居住环境和条件。

3. 单元学习目标

（1）通过阅读材料，了解村落、集镇和城市形成的原因及影响，了解人类居住条件的变迁和民居的地区差异和特点，认识世界居住文化的多元性和差异性。

（2）通过阅读材料和梳理课文内容，了解近代以来城市化进程中人们居住条件和生活环境的改善及面临的问题，树立促进城市化进程健康发展的责任感。

单元学习重点与难点

1. 学习重点分析

本单元的学习重点是村落和城市的发展及人类居住环境的演变。

人类进入农耕定居生活后，随着生产力水平逐渐提高，世界各个区域人们的聚居地都出现村落、集镇和城市。课文对村落和集镇只讲了产生和出现，而对城市的产生及近代城市化则进行了全面的分析和讲解。村落、集镇和城市划分了人们居住的空间类型，但居住条件的变化又受多种因素的影响，特别是生产力发展水平、社会组织形态、社会制度、生活习俗及自然条件等因素制约着人们的居住条件，同时居住条件改善相对于重大历史事件的"突发性""突变性"而言，又相对缓慢、迟滞，变化的周期短则一代人（约 25—40 年），多则按世纪计算，因此，学习理解这一单元的内容，需要有更加宏观的认识历史变化的时空观念，需要增强思维的结构性以把握居住条件演变的重点内容和重要因素。

从现实情况看，人们居住地不是在乡村就是在城市，传统意义上的集镇，我们把它归并到小城镇这一类型中。因此，梳理学习内容结构时，要突出村落和城市的发展和其中人们居住环境的演变。这对推进社会主义生态文明建设和大力发展城镇建设等有现实参考意义。

学习中要运用唯物史观的基本原理提炼并分析相关历史问题。虽然居住环境的地区差异和文化差异大，但适宜于用唯物史观来解释其发展演进。居住条件改善涉及历史和现实中的每个人，对美好生活的追求是人类千百年来一以贯之的目标，学习这一内容时，要增强体验性，把学习内容与现实生活结合起来，实现生活经验与历史经验的交融，增强情感体验和历史责任感以及现实的幸福感。

课文内容以基础知识和基本情况介绍为主，描述性和结论性话语较多，引用历史资料、设计问题引导思考，在培养学科关键能力——如概括能力、运用材料论证问题的能力等的同时，引导学生"神入"历史情境中感受居住环境变化及其影响，是提升学生认识水平的关键。

2. 学习难点分析

本单元学习难点是客观分析人类居住条件演变及地区差异的影响因素。

整体上把握本单元的学习价值，需要突破的难点问题有：首先是这一单元的学习与必修课程内容的学习需要建立起联系，在特定的历史背景下分析问题，引导学生得出正确的认识，形成正确的观念；其次，居住条件改善与人们日常生活紧密相关，虽然学生没有真正体会其中的艰辛，但也都有日常生活的经验可以支持这一内容的深入学习和思考。而本单元的学习内容从时间跨度上涉及远古到当代，从空间上涉及亚非欧美各大洲，居住条件的时代差异、地区差异和文化差异极其巨大，如何建立思考问题的框架、如何梳理影响因素，难度非常大。学习中，要克服视野上的局限，避免用生活中固有的观念看待外国人居住条件的演变，也要避免用西方的观念看中国发展建设的成就和问题。在影响因素分析时，如何在材料选择、问题设计以及答案解析中用正确的价值观念引导学习的深入，是教学设计和实施要重点考虑的问题。

单元教学设计

1. 单元知识结构

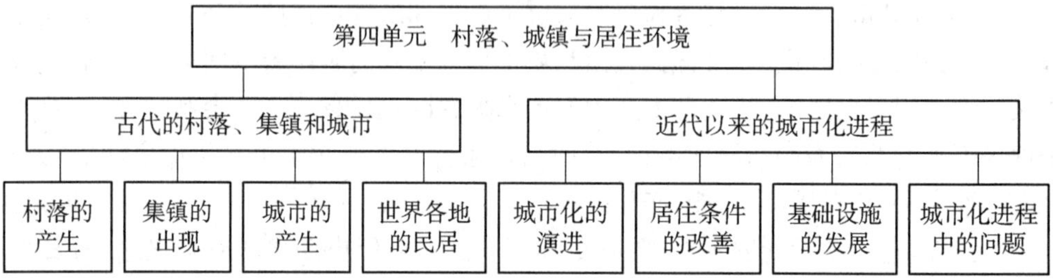

2. 主干知识与问题链

课时	主干知识	教科书中预设的问题	问题链
1	古代的村落、集镇和城市 (1) 村落的产生 (2) 集镇的出现 (3) 城市的产生 (4) 世界各地的民居	〔学思之窗〕上述材料对城市布局有何规定？ 〔思考点〕城市的产生对人类社会发展和人们的生活有哪些影响？ 〔学思之窗〕你如何理解唐朝房屋建造的规定？ 〔问题探究〕观察图片，查阅相关材料，探究古代村落的选址特点。 〔学习拓展〕选择中国发行的21枚“民居”邮票中的一枚，说说该邮票中所绘的民居具有哪些特点。	(1) 村落出现的原因及影响因素有哪些？结合图文材料说明村落选址的特点。 (2) 集镇出现的原因和影响有哪些？ (3) 城市的政治、经济、军事和文化功能分别有哪些？ (4) 依据材料说明中国古代城市布局有怎样的规定？唐朝对房屋建造有什么样的规定？ (5) 中国古代城市与西方古代城市各有什么特点？城市对社会发展和人们生活有哪些影响？ (6) 世界各地民居的特点分别是怎样的？受哪些因素影响？ (7) 中国古代民居有什么地域差异？成因是什么？

续表

课时	主干知识	教科书中预设的问题	问题链
1	近代以来的城市化进程 (1) 城市化的演进 (2) 居住条件的改善 (3) 基础设施的发展 (4) 城市化进程中的问题	〔学思之窗〕结合所学，分析1800年到2015年城镇人口占世界总人口比例变化的原因。 〔思考点〕城市基础设施建设对社会生活有哪些意义? 〔思考点〕你怎样看待城市化和城市化进程中问题? 〔问题探究〕分析城市化从哪些方面改善了人们的居住条件和生活环境。 〔学习拓展〕选择所在地区城市化进程的某个方面，谈谈你的感受。	(1) 简要说明工业化与城市化的关系。 (2) 依据世界城市化人口比例变化的柱状图，说明变化的原因。 (3) 简述中国城市化进程的概况。 (4) 城市化从哪些方面改善了居住环境和居住条件? 作用是什么? (5) 城市基础设施建设对社会生活改进的意义有哪些? (6) 如何看待城市化和城市化进程中出现的问题? 选择城市化进程中的某个方面，说说你的认识。

3. 教与学活动设计

流程	主要内容	教与学的活动设计
单元导入	单元导言与单元内容结构	通过阅读单元导言，明晰单元知识结构，注意梳理主干知识的逻辑关系，聚焦单元学习的关键问题。 学生通过阅读分析单元导言的内容，明确学习的主干知识；研读历史材料并思考问题，聚焦单元学习的关键问题。
第1、2课时　古代的村落、集镇和城市	(1) 村落的产生	通过创设学习情境，引导学生阅读材料与问题思考，推动学习的不断深入。 阅读教材相关内容、分析教师补充的材料，思考教师提出的问题，理解村落的形成与发展，明晰农耕定居生活对人类居住的影响。
	(2) 集镇的出现	通过创设学习情境、引导学生阅读材料与问题思考，推动学习的不断深入。 阅读教材相关内容、分析教师补充的材料，思考中国古代集镇的形成与发展，明晰集镇发展与商品经济发展的关系。
	(3) 城市的产生	通过创设学习情境、引导学生阅读材料与问题思考，详细解析西亚、欧洲和中国城市发展演变的过程，揭示城市发展的影响因素。 阅读教材相关内容，分析教师补充的材料，思考教师提出的历史问题，理解城市的形成与发展，明晰世界不同地区城市发展的差异性，形成正确的历史观念。
	(4) 世界各地的民居	指导学生阅读课文内容，进行知识梳理，认识世界居住文化的多样性。 阅读教材相关内容时要注意图文结合，并能把新的材料信息与课文内容建立关联，提升概括能力，并结合必修课程的内容理解居住文化多样性的成因。
第3课时　近代以来的城市化进程	(1) 城市化的演进	通过创设学习情境，引导学生阅读材料与问题思考，认识工业化与城市化的关系。 学生通过梳理课文相关内容和必修课程所学知识，思考教师提出的问题，理解欧美城市化与中国近代以来城市化发展，认识城市化进程的不同特点及相关影响因素。

续表

流程	主要内容	教与学的活动设计
第3课时　近代以来的城市化进程	（2）居住条件的改善	指导学生阅读课文内容，进行知识梳理，认识城市化进程中居住条件改善的情况。 阅读教材、梳理内容时，要注意提升概括能力，理解科技成果的应用对居住条件改善的作用。
	（3）基础设施的发展	指导学生阅读课文内容，进行知识梳理，认识城市基础设施建设对人们生活改善的影响。 阅读教材内容时要注意进行分类，形成知识结构，认识城市基础设施建设与生产力发展水平的关系。
	（4）城市化进程中的问题	指导学生阅读课文并结合生活经验罗列城市化进程中面临的问题，并对问题进行结构化梳理，分析问题产生的原因，探讨问题解决策略。 阅读教材内容和教师提供的材料，对城市化进程中面临的问题进行列举、归类、分析，从科技创新、管理优化等角度思考问题解决策略，形成正确的价值观念。
单元总结	知识体系建构与单元认识深化	师生共同完成两个方面的任务：一是形成单元的知识结构；二是运用历史资料，创设学习情境与问题，深化对本单元的认识。

单元导入

教师设问： 请阅读第四单元的单元导言，思考并回答：

（1）依据单元导言的内容指出，人类居住环境发生了怎样的变化？

【设计意图】 通过对单元导言的学习，初步了解居住条件变化中的时空关系，整体把握古代到近代居住环境变化，了解村落、集镇与城市的形成发展与居住条件变化的关系。通过阅读概括，全面了解本单元学习内容与学习要求。

（2）观察下面一组图片，这些建筑有什么共同特点？从历史传承的角度看，有什么猜想？

材料一

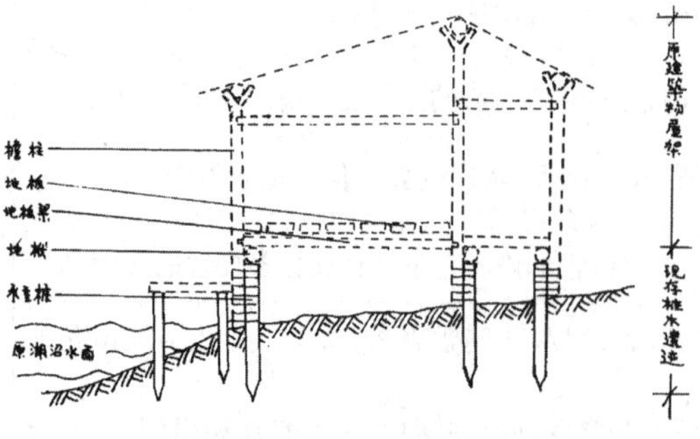

河姆渡遗址住屋复原图

——劳伯敏：《河姆渡干栏式建筑遗迹初探》，载《南方文物》，1995年第1期

云南少数民族住屋

——蒋高宸编著：《云南民族住屋文化》，昆明：云南大学出版社，1997年，第163页

广州出土的汉代干栏建筑模型

——安志敏：《“干兰”式建筑的考古研究》，载《考古学报》，1963年第2期

南极考察站建筑

——中国极地研究中心，https://www.pric.org.cn

教师讲述： 通过阅读、观察和思考，我们可以看出居住建筑发展的共同特点，在渔猎时代、农耕时代和工业化时代，居住房屋的样式可能相似，但居住条件、环境和设施会随着时代的变化而发展。这需要我们形成相对宏观一些的时空观念，对变化缓慢的住屋进行分析研究，也需要我们结合自然条件、政治经济环境等因素去分析这些变化。

(3) 阅读材料二，如何理解“宜居地”这个概念？你认为人类文明发展与环境的关系是怎样的？

材料二　宜居地一词是指地球表面适宜永久定居的地方。……古代和现代技术都使难以亲近的自然状况变成可居住之地。灌溉、修筑梯田、筑堤和排水等就是其中用以局部扩大宜居地的方法。

地理学家早已摒弃了站不住脚的、理性上有局限的环境决定论思想——认为自然环境本身塑造了人类以及他们的思想与行为的理念。世界各地文化的差异并不取决于社会的自然环境。技术水平、社会组织制度和对真实与正义的概念同环境状况并没有明显关系。

——摘编自[美]阿瑟·格蒂斯等著：《地理学与生活》，黄润华等译，北京：世界图书出版公司·北京，2013年，第245、265页

学生活动： 在教师指导下阅读、思考，并展开充分讨论。

教师讲述： “宜居地”从字面上理解，就是适宜居住的地方。人们不可能每天腾挪住地，因此居住地点相对稳定；同时随着居住人口数量增加，原来的宜居地呈现“逐渐减少”的趋势，人们利用掌握的生产技术改造环境，形成了新的宜居地。在这个过程中，人们依赖环境又改造环境，以满足自身的生产、生活需要。

人类在不同历史阶段住在哪里？居住受到哪些因素的影响呢？需要从自然环境、农业

与商业、居住制度和宜居地的选择等方面进行分析探讨。居住地生态系统由两大部分构成，一是由居民及其乡里组织构成的聚落社会环境，二是由人工环境和自然环境构成的空间体系。

居民人口、劳力及智力结构因素不断变化以及生产活动和社会活动的过程正是系统不断发展和变化的主要动力。人们通过生产活动、经济活动和社会活动相互影响和调整，从而形成较为一致的价值观念、习俗与时尚，体现人与自然及社会之间的依存与制约关系。以民居为中心的人工环境是人类对环境系统改造、建造的结果。它以改善居民生存的物质条件为目标，并成为地区历史与文化的载体。自然环境为聚落生态系统提供资源背景，是生态系统得以维持的物质基础。

【设计意图】 通过观察图片，培养学生的观察能力和概括能力：都是干栏式建筑。激发学生结合历史发展对干栏式建筑的发展历程提出合理的猜想，尝试在跨时空的情境中对居住房屋建筑的共同特性、可能存在的历史传承等方面提出自己的认识。从住屋变化，到宜居地的理解，经历从具体到抽象的思维过程，导入新课的学习。

教师设问：村落、集镇和城市是如何形成发展的？对人类居住有何影响？我们下面开始学习第 10 课。

第二部分

课时教学设计

第10课　古代的村落、集镇和城市

一、学习目标

1. 通过材料阅读和问题思考，初步理解考古资料与传世文献记载互证的方法，了解古代村落、集镇和城市的产生和发展及其对人类居住的影响，认识生产发展、社会制度等与居住环境变化的关系。

2. 通过阅读课文内容，整理世界各地民居建筑及特色，培养学科概括能力，认识居民建筑与自然环境、社会经济条件等方面的关系，增强人与自然和谐相处的意识。

二、学习重点

村落的产生和城市的功能。

三、学习难点

世界各地民居特色及形成原因。

四、教与学活动

（第1课时）

【导入新课】

教师讲述： 阅读下面的材料，思考问题。

材料一　在上古，人民少而禽兽众，原始人过着群居的生活，共同劳动，共同享用。由捕猎采集野生的动植物，逐步发展为原始的渔猎农牧。使用的工具主要为石器。从使用打击成型的旧石器发展到使用经过磨制的"新石器"，并已有少量的骨器及陶器。

原始人群成群地居住在靠近水源的天然洞穴里，或"构木为巢"以应对风寒雨雪和猛兽虫蛇的危害。他们只有天然石块、木棍等工具,尚不具备进行营建的条件。巢居可以避洪水猛兽,是一种很自然产生的居住方式。这种方式传到后世即发展为“干阑”式建筑。“干阑”在我国曾成为一种极为普遍的建筑形式,直到明清以来才逐渐减少。现在我国西南各边远地区的少数民族村寨中仍大量使用。

“巢居”与“穴居”并非因地域而截然分开的,正如《易·系辞》中说:“上古穴居而野处。”《礼记》上所载:“昔者先王未有宫室,冬则居营窟,夏则居橧巢。”大体是寒冷干燥地带适于穴居,温热潮湿地带宜巢居,适中地带则随气候条件而采取穴居或巢居。

——刘致平著,王其明增补:《中国居住建筑简史:城市、住宅、园林(第2版)》,北京:中国建筑工业出版社,2000年,第1页

教师设问: 人类最初的居住状况是怎样的?当时的居住条件受到哪些方面因素的影响?

学生活动: 阅读材料,概括远古时期人们穴居和巢居的特点与影响因素。

教师讲述: 通过阅读材料,我们可以看到远古人类居住在洞穴或在树上,处于穴居和巢居状态。这种居住形式对后世也产生了影响,形成了南方干栏(阑)式房屋和北方窑洞式住屋。这样的居住形式受到当时生产力水平、社会组织水平和自然条件等方面的限制。

【设计意图】 材料阅读与问题思考的意图是通过学者的论述,让学生了解中国远古居民居住状况及相关影响因素。当人们从洞穴和树上走下来,营建住屋时,就形成了村落,为“村落的产生”子目的学习做好铺垫。

【学习新课】

(一)村落的产生

材料二 人类最初是住在洞穴里,当时的人们以狩猎为生。在洞穴中他们很安全。人们在洞口生火,这样既能取暖又能在他们烤肉时防范动物。人类离开洞穴,气候或许是个原因,当冰川撤回到北方时,气候变得温暖潮湿,植物生长,阳光让人们走出洞门,正如它催发了花开。同时,冰河消融让其他地区的肥沃土壤得以显露,大批畜群也随之而去,离开人类居住的平原——这意味着狩猎不再是可靠的食物来源。从狩猎到农业、从洞穴到房屋是一个缓慢的、渐进的过程。大约是在1万年前,农业定居地诞生了,定居地意味着房屋。房屋是一种创造物,一种新东西,一种独立于洞穴观念的庇护所。洞穴的基本形态大体上是半圆的,于是房屋就设计成圆形的。

——[英]斯蒂芬·加得纳:《人类的居所:房屋的起源和演变》,汪瑞等译,北京:北京大学出版社,2006年,第1—2页

教师设问: 材料反映人类居住发生了怎样的变化?导致这一变化的因素有哪些?

学生活动: 人类从穴居到定居,与自然环境的变化、原始农业生产出现等紧密相关。人类最初选择穴居,是出于安全的考虑,受自然环境和生存环境制约。人类离开洞穴开始营建房屋定居,与自然环境的变化,与狩猎、原始农业生产和房屋建造技术发展紧密相关。农耕生活在地理空间上相对固定一些。

教师讲述: 对农业起源的探索,最早是从栽培作物的起源的研究开始的。1882年,德国

的康多尔提出了世界上的三个最早的植物驯化中心：中国；西南亚和埃及；热带美洲。1923—1931年，瓦维洛夫领导考察队到亚洲、非洲、美洲收集栽培植物，提出了作物起源中心的概念，他将作物起源分为8个中心：中国、印度、中亚、近东、地中海、阿比西尼亚、中美洲、南美洲。他的理论影响很大，具有开创性。1971年哈兰提出了中心和非中心的理论。中心是起源地，非中心是早期传入地。他认为最早的三个农业中心是中东、中国北部、中美洲。三个非中心是非洲、东南亚和东印度群岛、南美洲。三个中心和非中心刚好成对，中心在北，非中心在南。[①] 那么，农耕定居对人类社会组织有什么影响呢？阅读下面的材料回答问题。

1. 农耕与定居

材料三　向农业的转化——包括农作物栽培和动物的饲养——在世界的几个地区都独立地出现了。已知最早的农业活动的证据是在西亚(现代的伊拉克、叙利亚和土耳其)，时间是遥远的公元前9000年之后。在公元前9000—前7000年前，农业也出现在定居于撒哈拉沙漠东南角的非洲人中间，接着在公元前8000—前6000年，撒哈拉以南的西非也出现了农业。在东亚，长江流域的居民早在公元前6500年开始种植农作物，他们北方的邻居在黄河流域也在公元前5500年进行了农作物种植。在东南亚，种植农作物的时间虽然还不确定，但是也很早，大约在公元前3000年或者更早。在西半球，中美洲(墨西哥中部)的居民早在公元前4000年就种植了农作物，南美洲安第斯山中部地区(现代的秘鲁)的居民紧接着在公元前3000年进行了效仿。也有可能，亚马逊河流域是另一个独立发展出农业的地区。

快速的人口增长促使新石器时代的人们采取新的社会组织形式。因为他们把时间投入到耕种中，不再去找寻食物，所以新石器时代的人们不再继续他们旧石器时代祖先们的迁徙生活，而是定居在土地附近的村落里。新石器村落里的绝大多数居民都种植农作物或者饲养动物，也有一些人继续狩猎或者采集野生植物。但是，多余的食物使某些个人能够不再从事食物的生产，而是集中时间和才智专门从事其他工作，特别是陶器制作、冶金和纺织。而且，人们集中到永久的居住地以及专业劳动的增加，也首次为个人积累相当多的财富提供了机会。个人拥有土地财产的制度化——发生在农业出现后的某个不确定的时间里——增加了积累财富的意义。因为土地是(而且一直是)农业社会财富的最终来源，土地所有权带来了强大的经济权力。特别是当成功的个人费尽心机把财富固定在自己家族手中传承几代时，明显的社会阶级就出现了。

——摘编自[美]杰里·本特利等著：《简明新全球史(第3版)》，魏凤莲译，北京：北京大学出版社，2018年，第8—9页

教师设问：依据材料，在世界地图上标出世界农业产生的地区与时间。阅读材料，概括农业产生对人类社会组织产生的影响。

学生活动：在世界地图上标出不同地区农业产生的时间，大致明晰农业革命的时空关系。明确农业革命对社会财富占有、社会关系、公共权力、社会分工等方面的影响。

教师讲述：读课本“历史纵横”中关于“耶莫遗址”的介绍。“耶莫遗址”位于伊拉克摩苏尔的切姆查玛尔城东12公里处的一个山顶上。遗址面积为140米×90米，堆积厚度为7

---

① 邹德秀主编：《世界农业科学技术史》，北京：中国农业出版社，1995年，第6—7页。

米，可以划分为15个建筑层。从1948年至1965年共发掘3次，当时被誉为“世界上第一农业村落”，它的发掘对没有使用陶器的新石器时代的划分和农业起源的研究起了巨大的推动作用，并使许多考古学家把注意力集中到山区和山麓地带。阅读下面的材料，概括“耶莫遗址”住屋和生活、生产状况。

材料四 耶莫，距今9000年。种植的小麦、大麦，接近野生。家畜中有了山羊。住长方形茅屋，涂灰泥，已定居。发现有骨制作的装饰品，有烧制的女人像，是母权的表现。

——邹德秀主编：《世界农业科学技术史》，北京：中国农业出版社，1995年，第11页

材料五 房屋是由院子、贮藏室和居室组成，房内有灶，由门道出入。石器以磨制的为主，除常见的谷物加工工具石杵石臼以外，大量的石容器和石环、石镯反映了这一文化的石器面貌，此外还有石斧和石锄。琢制石片被沥青粘合成一把长镰刀。骨器有钻、针、刮刀、环、坠饰，还有泥制妇女塑像。这个村落根据其面积和房屋数量，推测是一个大约150人的农业村庄，以种植小麦、大麦和蓄养山羊、少量绵羊为主，并从事一些采集和狩猎活动作为补充。

——杨建华著：《两河流域史前时代》，长春：吉林大学出版社，1993年，第24—25页

教师设问： 依据材料，概括耶莫居民的生活状况，说明耶莫村落的基本特点。

学生活动： 阅读材料，提取关键信息，概括生活、居住、社会关系等方面的基本特点，合理想象耶莫居民的生活，并运用材料中的信息印证自己的想象。

教师讲述： 读材料时，要注意准确提取材料信息，还要对信息进行归类和重组。材料中介绍了耶莫居民生产和生活两方面的情况。生产方面，介绍了农牧业生产、生产工具等，生活方面，介绍了住屋及布局、村落人口数量、装饰品、社会关系等。通过材料中考古推测的时间，能判断这是较早的定居村落，耶莫居民的生活反映了两河流域居民的农耕与定居生活的关系。

阅读下面的材料，思考农业与定居的关系。

材料六 农业的产生标志着人类由采猎自然食物到自己生产食物，由适应自然到改造自然方面又进了一步。人类脱离动物状态经历了几次大的事件，如制造工具、火的使用、语言的产生，而农业的出现是人类告别动物的又一次重大事件。

农业生产要求定居生活，定居生活保证了经济、文化的稳定性和边续性，使人类的物质文明和精神文明积累起来，跨入文明社会。许多古代遗址都是连续了几千年，表现了农业文化的继承、传递。甘肃大地湾遗址就延续了3000年。

——邹德秀主编：《世界农业科学技术史》，北京：中国农业出版社，1995年，第8—9页

学生活动： 阅读材料，提取信息，说明农业生产与村落定居的关系。

教师讲述： 农耕与定居相对稳定，考古发掘发现农耕遗址延续的时间相对较长。思考这个问题时，要运用唯物史观的基本原理作出判断，叙述时要结合考古证据进行说明，而不仅是贴标签或套用原理的话语，这是史料实证与唯物史观融合运用的基本要求。

【设计意图】 通过材料阅读与问题思考，理解农耕与定居的关系；考古学材料的运用，增强实证意识，加深对课本结论的理解，认识生产力的进步对人类居住条件改善的影响。

教师讲述： 我们再来看看中国远古遗址考古发掘中发现了哪些反映农耕与定居关系的证据。

材料七 新石器时代(约1万年至4千年前)这一阶段已发现的建筑遗址大体可分两大系统。南方潮湿及沼泽地带可能由巢居发展到架空的木构干阑,实例是距今7000年前余姚河姆渡遗址的用榫卯与绑扎结合而建的干阑。在黄河中下游,房屋由地穴、半地穴发展为木骨抹泥墙覆盖草泥顶的地上建筑,实例是西安半坡和临潼姜寨遗址以大房子为中心的聚落。

——傅熹年著:《中国古代建筑十论》,上海:复旦大学出版社,2004年,第3页

材料八 追寻西辽河流域的史前文明,从距今8000年的兴隆洼文化至距今3000年的夏家店上层文化,前后延续5000年,各考古文化期的聚落围绕400—700米高程区的山坡形成最主要的分布区。尽管5000年内,人类对水源、食物的追求贯穿始终,却经历着从食物采集者到食物生产者的变化,食物来源不同,人类对于环境的利用幅度、利用方式自然不会一样。

聚落既是人类的定居场所,也是人们对环境加以选择的结果,因此,聚落持续使用与人类生存方式以及环境都存在关联性,而环境容量则是探讨这一问题的重要思考点。

——韩茂莉著:《中国历史地理十五讲》,北京:北京大学出版社,2015年,第9、22页

材料九 良渚文化的住居呈现出多样性格局。从目前的发现看来,早期房址以浅地穴式或半地穴式建筑为主,另有个别的平地起建式,而晚期则出现了干栏式建筑;屋顶的结构有两面坡式和四面坡式,而两面坡式则集中于早期;早期柱洞底部多垫有陶片、硬土块或木板;地面也多经过夯筑。在6000年前的良渚文化的先祖马家浜文化中已经盛行地面建筑,墙用芦苇涂泥筑成,居住面也经过夯筑并火烤,而且在柱洞中已铺垫1—2块木板作基础,报告者认为这与该地区的松软土质有关,而与其相邻的河姆渡文化,距今约7000多年,它的木建筑十分发达,其建筑的发展大致经历了三个阶段:栽桩架板的干栏式建筑——栽柱打桩式的地面建筑——栽柱式的地面建筑,其总体发展趋势是从空中到地面。可见,在这之前,该地区的房屋建筑早已达到较高水平,因而,良渚居民的建筑形式的差异应该是各种地方风格的区别,体现出各地发展水平的不平衡性。

——郑小炉:《从龙南遗址看良渚文化的住居和祭祀》,载《东南文化》,2004年第1期

材料十 远古人类居住的地点,有个共同点,即对于居住环境有一定的选择性。一个总的倾向是,喜生活于森林及草原交接地带,附近河湖众多的地方,因为没有水,人是无法生活的。著名的元谋人所在地——云南元谋县是一山间盆地,这一盆地位于云南高原东北金沙江畔,盆地东边有海拔2 000米高的东山。浙江余姚河姆渡遗址气候温湿,森林茂密,种水稻,居住于地面上的干栏式架空建筑,这种住房完全是适应于热带亚热带沼泽环境的。北方地区西安半坡新石器时代遗址,附近水草丛生,水中有鱼,半坡先民们种植粟,居于半地穴建筑或地面建筑。

——计宏祥:《远古人类对居住环境的选择》,载《化石》,1984年第2期

教师设问: 农业生产对聚落环境的影响是怎样的?结合黄河流域、辽河流域、长江流域考古发掘的成果,谈谈自己的理解。

学生活动: 可以用列表的形式对材料信息进行摘录和归纳,了解村落选址、生产状况等自然因素、经济因素对村落的影响。在老师指导下阅读课文导言"兴隆洼遗址"介绍和课后"问题探究"中德国艾希比尔村的介绍。

【设计意图】 课后活动中,对德国艾希比尔村落介绍的材料不够充分,学生无法思考

“村落出现的原因及影响因素有哪些”，也难以“结合图文材料说明德国艾希比尔村落选址的特点”，转换成思考中国相关遗址的问题，能较深入地进行交流分享。

教师讲述：传统定居聚落形成，与农业生产有密切的关系。定居聚落生存的必备条件之一，是充足的食物供给。不同气候环境，不同生物群落，不同的地形，对农业生产有重要影响。这需要运用地理学科的相关知识思考问题。而足够的食物供应，人生活、生存需要利用自然环境，发展农业生产，才能保证聚落居民的生存与生活需要。两河流域居民培育出小麦，黄河流域居民培育出粟，拉丁美洲居民培育出玉米、马铃薯等作物，这些为远古居民生存发展，提供了相对稳定的食物供给。

教师设问：请同学们阅读课本中《周易·系辞下》《墨子·辞过》两则材料，这与考古发现有哪些方面是吻合的？说说自己的理解。

【设计意图】 通过材料阅读与问题思考，理解中国古代居住条件演进的特点；考古资料和传世文献的引用，增强史料实证的意识，提升史料运用的能力，实现材料信息与课文内容的融通，提升历史认识水平。

过渡：农业生产的发展会对居住环境产生重要的影响。如果开发适度，会使土地、水、物种、空气、人等优良组合，实现可持续发展；但如果开发过度，会带来生态环境的破坏，影响自然和人类的发展。

2. 村落与居住环境

教师讲述：阅读材料，判断村落与居住环境的关系。先看看中国考古发掘的村落中居住的情况。

材料十一 龙山时代指公元前3000—前2000年的新石器时代末期。至今发现的龙山时代的城址大约有40多处，分布于河南、山东、湖北、湖南、四川和内蒙古等省区，一些城址中有大型宫殿式建筑或大型夯土台基。聚落等级化明显，以城址为中心的聚落群可分三至四级。最高一级是中心城址，第二级是次中心聚落，第三级是普通的村落，有的聚落群有第四级聚落，即临时居住点。尉迟寺二间一排、四间一排、五间一排和六间一排房屋的发现，对于研究当时的家庭形态有重大的意义，同样黄楝树遗址单间、双间套房和三间套房的发现具有同样的价值，可以看出当时有的家庭人口较多，而有的家庭人口较少，人口较多的家庭过婚姻生活的夫妻不止一对，有必要分间居住，说明当时的家庭形态呈现出一种多样化的倾向。

——韩翀飞：《龙山时代聚落形态研究》，载《华夏考古》，2010年第4期

教师设问：从材料中可以看出，新石器时代末期我国远古居民的居住情况是怎样的？

学生活动：阅读材料，概括信息，运用材料中信息描述龙山文化时期的住屋情况。

教师讲述：考古学家苏秉琦先生概括考古发掘资料，综合远古居民的生产生活遗存，对中国全国范围内的文化遗存，从考古学的角度分为六大区系，分别是：(1)以燕山南北长城地带为重心的北方；(2)以山东为中心的东方；(3)以关中(陕西)、晋南、豫西为中心的中原；(4)以环太湖为中心的东南部；(5)以环洞庭湖与四川盆地为中心的西南部；(6)以鄱阳湖—珠江三角洲一线为中轴的南方①。这显然与远古居民的居住地自然环境、农耕生产等因素紧

① 苏秉琦著：《中国文明起源新探》，北京：生活·读书·新知三联书店，1999年，第35、170页。

密相关。

教师设问： 那么，中国古代文献又是怎样记录农民住屋情况的呢？请同学们阅读下面的材料。

材料十二　（睡虎地秦简中有几条关于住宅形制的记载，《睡虎地秦墓竹简·封诊式》中）"封守……甲室、人：一宇二内，各有户，内室皆瓦盖，大木具，门桑十木（株）……"（对此，睡虎地秦墓竹简整理小组将其注释为）"一宇二内，即一堂二内。《汉书·晁错传》：'家有一堂二内。'堂即厅堂，内为卧室。"

——睡虎地秦墓竹简整理小组编：《睡虎地秦墓竹简》，北京：文物出版社，1990 年，第 149 页

材料十三　汉政府实行移民时，对新区的建设，皆依"制里割宅"的规划进行建聚。……"营邑立城，制里割宅，通田作之道，正阡陌之界，先为筑室，家有一堂二内，门户之闭，置器物焉，民至有所居，作有所用，此民之所以轻去故乡而劝之新邑也……室屋完安，此所以使民乐其处而有长居之心也。"（《汉书》卷四九《袁盎晁错传》）这说明当时政府对新区移民的安置，不仅要选择地理环境，提供生产、生活条件，……组织"新里"，建筑家室，"使民乐其处而有长居之心"。这一政府行为，同样反映了当时乡村社会生活中按里建聚的常制。

——黄今言：《汉代聚落形态试说》，载《史学月刊》，2013 年第 9 期

教师设问： 战国秦汉时期，关于农民居住的规定是怎样的？这两则材料在证实当时人们的居住状况时，各有什么价值？

学生活动： 概括两则材料可以看出，当时规定农民居住为一个厅堂两间内室。这是政府规定的农民居住面积的大小和规格。还要区分两类史料的类型，说明其价值。

教师讲述： 睡虎地秦墓竹简（也称睡虎地秦简、云梦秦简）是指 1975 年在湖北省云梦县睡虎地秦墓中出土的大量竹简，内文为墨书秦篆，写于战国晚期及秦始皇时期，内容主要包括法律制度、行政文书、医学著作以及关于吉凶时日的占书，为研究中国书法及秦国（朝）的政治、法律、经济、文化、医学等方面的历史提供了详实的资料，具有十分重要的学术价值。材料引自出土的竹简，真实地反映了当时人们居住条件。住宅形式是一家一户，规模较小；材料十三中"里"等信息，说明当时实行严格的管理制度，保证了生产和政府的兵源及赋税。《汉书》是记载西汉历史的正史，记载的历史是真实可信的。两则材料相互佐证，说明秦汉时农民的居住条件。

【设计意图】　通过材料阅读与问题思考，理解中国古代对农民居住政策的内容，加深对古代社会等级的理解，建立必修课程学习和选择性必修课程学习的联系。

过渡： 随着生产的发展，较大的村落中出现了社会分工，也出现了剩余的产品，出现了原始的物物交换。定期进行交换的村落就逐渐形成集镇。下面我们学习第二个子目"集镇的出现"。

（二）集镇的出现

教师讲述： 村落、集镇和城市产生，在世界考古学研究中仍是个争论很激烈的话题，特别是出现的时间和标志等问题，看法差异很大。因此，考古学中使用较多的概念是聚落，既研究遗址中遗存的物质形态的东西，更关注其中人们生活生产的状况。但是，世界考古学研

究中基本公认的观点是：城市、集镇较早出现在两河流域。这与当地较早进入农耕生活状态紧密相关。有兴趣了解相关学术研究成果的同学，可以自主查阅相关材料。这是个很有趣的问题，类似侦探探查案件一样。请同学们阅读下面的材料，看看社会分工与集镇产生之间的关系。

1. 社会分工与集镇出现

材料十四 卡塔·瑜育克位于安纳托利亚的中南部(今土耳其)，从公元前7250年人们建立该定居点到公元前5400年放弃该城，它从一个小村落发展成具有5000居民的繁荣城镇。考古证据显示，由于此地附近有一处大的黑曜石矿藏，所以卡塔·瑜育克成为生产和交易黑曜石工具的中心。从贸易中产生的大量财富反过来又促进了专业劳动的发展，居民们于是能够生产和交易陶罐、纺织品、皮革、珠子和珠宝。渐渐地，密集的人口、专业劳动和复杂的社会关系在卡塔·瑜育克发展起来，并且带来了一种新的社会组织形式——城市。

——[美]杰里·本特利等著：《简明新全球史(第3版)》，魏凤莲译，北京：北京大学出版社，2018年，第9页

教师设问： 依据材料说明，卡塔·瑜育克居民社会分工的情况是怎样的？这对聚居地的发展有何影响？

学生活动： 阅读材料，提取信息，并运用信息说明问题。

教师讲述： 卡塔·瑜育克居民既有从事农业生产的，也有从事手工业生产的，还有从事商业贸易的。说明这个聚居地与耶莫那样的以农业为主的村落是有明显区别的。本特利的结论是，这个聚居地就是城市，我们也可以理解为是一个集镇。由于商业贸易的发展，社会不断演进，需要协调其中的各种经济关系。这可以与必修课程中已经学过的相关内容联系起来。再来看看乌鲁克城的情况。

材料十五 约公元前3700至前3100年的乌鲁克时期，城邦发展迅速，大量村镇人口向城市集中，形成了由城市、小镇和村落组成的完整的定居模式。乌鲁克城面积达100公顷，而乌鲁克地区面积超过10公顷的城市共有39个，小于此数的村镇为61个。城市人口已占居民总人口之半，并出现了专业化非农人员，如工匠、商人和书吏。在城市里，神庙相当发达，占地面积甚至达到城市的1/3。乌鲁克城有埃安那塔庙和安努塔庙，其中前者遗址中发现的宫柱厅气势不凡，圆柱直径达2.6米。在乌鲁克出土的石膏瓶、石碑等物品上的图案描绘了国王和祭司的形象，揭示出社会分化的情况，但城市中仍存在着长老会和民众会议。同时，约公元前3100年出现了最早的图画文字，即楔形文字的前身……所发现的泥板文书中，主要是关于神庙经济事务的。两河文化已跨入文明的门槛。

——摘编自黄民兴著：《中东国家通史·伊拉克卷》，北京：商务印书馆，2002年，第10页

教师设问： 依据材料，概括乌鲁克地区人们的生活状况。

学生活动： 阅读材料，概括信息，并运用材料信息说明问题。

教师讲述： 材料中运用考古资料说明了乌鲁克地区聚居点的情况。可以看出其中有规模大小的差异，还有专门从事社会管理和宗教事务的专门人员。公共权力机构出现，说明这种城邦已经具备早期国家的形态。因此，居住变化与社会经济发展、社会组织形态变化紧密关联。

【设计意图】 西亚是人类较早进入农耕的地区之一，生产力的发展，导致社会分工和剩余产品的交换，从而产生集镇。通过材料阅读和问题思考，加深用唯物史观基本原理解析历史问题的体验。

2. 中国古代的集镇

教师讲述：在中国，北魏就设置了镇，镇有一部分职能是兼理民政，其长官为镇都大将(参见《魏书·官氏志》)；唐初所设镇，为方镇的开始，戍边兵力较少，镇将只掌防戍守御，品秩与县令相等。中唐起，镇的地位上升，权力大增，而内地亦相继设置，其长官为节度使，掌一方军政大权(参见《新唐书·兵志》)；明代所设镇，专掌防守，其长官为总兵(参见《明史·兵志三》)；清代也是这样。到唐末、宋代，农村出现大量草市，随着商品经济的发展也形成了商品和社交的场所，就是市镇、集镇。可见中国古代的镇，既有军镇，也有市镇，受政治和经济因素的影响。请同学们阅读下面一组材料。

材料十六 夏商周时期，城堡是王、公、卿、大夫等贵族以及有地位的自由民(当时称为“国人”)的居住区，是政治统治中心。到了春秋后期至战国时代，在农业不断发展的基础上，手工业和农业分离并进一步发展，成为独立的专门的生产部门。随着手工业和商业的发展，有些过去的城堡——王公贵族所居住的王城、国城、都城、城邑，不仅是政治中心，而且逐渐成为古代的工商业城市。中国古代城市兴起的特点是：所有的城市最初只是贵族统治者所居住的城堡和政治统治的中心，后来才发展扩大为工商业城市。

——郑昌淦：《关于中国古代城市兴起和发展的概况》，载《教学与研究》，1962年第2期

材料十七 直接与广大乡村有着密切联系的是镇市和墟市，这两者在宋代都有了较为广泛的发展。镇，开始建立的时候，是军事性质的，即在要冲之区，设险防守。北魏在北部边陲就建立了沃野等镇，用以防御北方游牧骑兵的南下。既是军事据点，就需要各种供应，久之而成为市井繁华的所在。宋代，镇市大量增加，完全是由于商品经济发展的结果。宋代设镇的标准是，“民聚不成县而有税者，则为镇”。镇有监镇，“宋制诸镇监官掌巡逻、盗窃及火禁之事，兼征税榷酤，则掌其出纳会计”。

——漆侠著：《宋代经济史》，上海：上海人民出版社，1987年，第936页

材料十八 明代，江南市镇的基础在四乡农村，与四乡农村的产业有着密切的关系，与农业经济的商品化程度不断提高、与家庭手工业的专业化(或者说早期工业化)有着密切的关系。从经济地理的角度来看，苏、松、杭、嘉、湖地区大体可以分为蚕桑区、棉作区、稻作区，有些地方或许会有所交叉，但三者之中必有一项为主。因此，丝绸业市镇、棉布业市镇、粮食业市镇就成为市镇的主要类型。此外，基于各地的特色产业，还分布其他专业市镇，如盐业市镇、榨油市镇、笔业市镇、冶业市镇、窑业市镇、渔业市镇、编织业市镇、刺绣业市镇、造船业市镇、海运业市镇等。

——樊树志著：《晚明大变局》，北京：中华书局，2015年，第165页

教师设问：依据材料并结合课文内容，划分中国古代集镇发展的阶段，并概括影响中国古代集镇发展的相关因素。

学生活动：阅读材料，概括信息，并运用材料信息说明问题。

教师讲述：运用材料的信息，并结合课文内容，可以划分出几个阶段，看出唐宋、明清时期集镇发展的特点是不同的。集镇是在地区行政中心和乡村之间的一种聚居形态，功能既

有军事的功能，也有经贸功能。随着商品经济的发展，专门市镇兴起，经济中心的市镇越来越多，成为明清时期社会发展新因素的表现。

【设计意图】 通过阅读材料，梳理中国古代集镇发展演变过程，明确商品经济发展、社会生产的专门化程度提高，是中国集镇功能扩展和集镇发展的重要因素。

（三）城市的产生

教师讲述： 通过《中外历史纲要》下册的学习，我们知道世界最早的城市出现在西亚，古代希腊和罗马的城市也较有特色，中国古代城市也曾十分繁荣。我们先来看看城市在两河流域兴起的情况。

1. 两河流域出现城市及城市的功能

教师讲述： 在距今 1.2 万年到 6000 年间，人类开始栽培植物、驯养动物。农业导致了人口爆炸，使人类社会能够以更大规模不断地在世界上繁衍。农业也带来了社会组织的新形式，最终导致了世界上第一批城市的出现。

材料十九 已知的最早的城市是从美索不达米亚（今伊拉克）的底格里斯河和幼发拉底河流域的农业村庄和城镇中发展起来的。在公元前 4 千纪的时候，这一地区的人口急速增长起来，由此，向居民们提出了在大规模社会中保持秩序的挑战。随着时间的推移，也随着经验的积累和适应性的增强，他们建立了国家和统治机器，带来了社会秩序和政治秩序。不仅如此，通过有效的政治和军事组织，他们还建起了区域性的帝国，并向周边地区扩张势力。

大约从公元前 4000 年开始，随着美索不达米亚南部人口的增加，苏美尔人建造了世界上最古老的城市。这些城市与他们之前的新石器时代的村庄明显不同。与早期的定居点不同，苏美尔人的城市是政治和军事中心，它们管辖的范围扩展到周边地区。此外，熙熙攘攘的市场吸引着远近的买卖人，城市也因此成为经济中心。最后，城市还具有文化中心的功能，祭司们维系着有组织的宗教活动，书吏发展了书写和正规教育的传统。在从公元前 3200 年到前 2350 年差不多 1000 年的时间里，苏美尔人的埃利都、乌尔、乌鲁克、拉格什、尼普尔、基什等十几个城市支配着美索不达米亚的公共事务。

——摘编自[美]杰里·本特利等著：《简明新全球史（第 3 版）》，魏凤莲译，北京：北京大学出版社，2018 年，第 9、11 页

教师讲述： 再来看看耶利哥遗址反映出的城市状况。

材料二十 耶利哥遗址位于死海沿岸。根据^{14}C定年可知，这里的 A 阶段遗存延续了 1000 年（公元前 8350—前 7350 年）。它可以划分为 25 个建筑层，平均 40 年一层。建筑为圆形或椭圆形半地穴房屋，出现了最早的泥砖——面包形泥砖。后期在居住区周围建起了一道 3 米厚、4 米多高的石墙，墙之间还有高 10 米、直径 8.5 米的塔。塔门朝东，高 1.7 米，内有 22 个台阶。墙内面积 40 470 平方米，推测当时人口有 2 000 多人。这是世界上迄今为止发现的最早的城墙。它反映了当时牢固的定居、发达的防御工事以及较高水平的社会组织的“远古城市”生活。

——杨建华著：《两河流域史前时代》，长春：吉林大学出版社，1993 年，第 10 页

教师设问： 通过材料介绍，可得到哪些关于耶利哥城的信息？请简要概括一下城市的建筑情况。

学生活动: 阅读材料,概括信息,运用信息描述城市的建筑与布局。

教师讲述: 城市出现后,当时经济和社会生活发生哪些方面的变化?请同学们阅读下面的材料。

材料二十一　随着城市的出现,大量的人口聚集在城市里,专业劳动者的人数迅速增加。美索不达米亚的经济日益多样化,贸易活动将遥远的人们联系在一起。少部分人将财富和权利集中在自己手中,于是出现了社会分化,美索不达米亚进入父权社会,成年男子担负起管理国家的重任。美索不达米亚人也将资源分配给那些发展文化传统的人,这种文化传统也包括文字系统的创造,使他们能够记录信息以备将来查阅。实际上,文字迅速成为教育、科学、文学和宗教沉思的基础。当大量人口开始在城市中聚集,脱离了农业生产而从事其他专业工作时,他们极大地发展了人类技能。工匠们完善了辈辈相传的技术,并不断地发明新的方法。制陶业、纺织业、木器业、皮革制造业、造砖业、石头切割业,以及石造建筑业都成为世界最古老的城市中特有的行业。

——[美]杰里·本特利等:《简明新全球史(第3版)》,魏凤莲译,北京:北京大学出版社,2018年,第12页

学生活动: 阅读材料,概括信息,运用信息回答问题。

过渡: 我们再来看看中国古代城市建筑的情况。请阅读下面的材料。

2. 中国古代城市规划与建筑布局

材料二十二　周代的城市,按照等级尊卑制度和宗法礼教思想,对各级城市面积的大小、道路配置,以及城市中行政、经济等功能分区,均有严格的规划。《周礼·考工记》记载:"匠人营国,方九里,旁三门,国中九经纬,经涂九轨,左祖右社,面朝后市,市朝一夫。"反映了周代的城市规划思想。

——何一民著:《中国城市史纲》,成都:四川大学出版社,1994年,第11页

材料二十三　考察西周营国制度,内涵颇为丰富,几乎有关都邑建设的内容,基本上都纳入制中。计主要内容,包括有以下几个方面:(1)王畿区域规划制度;(2)都邑建设体制;(3)都邑规划制度;(4)礼制营建制度;(5)井田方格网系统规划方法。

——贺业钜著:《中国古代城市规划史》,北京:中国建筑工业出版社,1996年,第23页

教师设问: 概括材料中中国古代城市规划的思想观念。

教师讲述: 礼制是周人立国的根本制度之一。周鉴于商人失国的教训,认为单靠血缘传统的宗法制度,尚难巩固周王的统治,还须从政治组织上采取有力措施,强化王的权威,因而运用尊卑有别的礼制,建立严格的礼治统治秩序,突出"尊尊",提高王的权威。为此,礼制便成了营建城市("国")的制度基础。无论是都邑建设体制、规划制度以及营建制度,处处都贯彻了尊卑有别的礼制精神。城的规模,便是按封国爵位尊卑而定的。王城方九里,公城方七里,侯伯之城方五里,子男之城仅方三里,这样也就约束了不同爵位的城的规划。

学生活动: 阅读材料,概括信息,认识中国古代城市强调政治功能,是国家威权集中之地。因此,城市建设中,强调尊卑,突出王权,并按统治者的身份等级来规定城市的大小、城垣及城隅的高度、城内道路数量及路幅宽度等,等级秩序森严。

材料二十四　在唐幽州城中,实行了市坊制……到辽南京(燕京)时,据记述有"城中二十六坊,坊有门楼,大署其额,有罽宾、肃慎、卢龙等坊,并唐时旧名"。

其后到元代时，大都城的坊已不再存在封闭状态，都由若干条邻近街巷组成一坊，完全是开放状态，街巷的名称也进而改称“胡同”，一直沿用到当代。

——摘编自吴建雍等著：《北京城市生活史》，北京：开明出版社，1997 年，第 18—19、21—22 页

材料二十五 由汉代至清代，中国的城市基本就是中央集权式的行政体系的载体：主要的城市都是地方官府和士人集中的地方，又是科举与官学等教化机构所在，以推行与农业经济直接有关的农田水利、河道整治工程，负责地区文化和社会建设，包括教育、刑名、救灾、福利和医疗等服务的提供。

——薛凤旋著：《中国城市及其文明的演变（第 2 版）》，北京：世界图书出版公司，2014 年，第 325 页

材料二十六 南北大运河的形成和发展，是与中国古代城市发展的历史密不可分的。没有元代的大都，没有明清时期的北京，没有运河沿岸的城市，南北大运河的形成和发展就没有动力了。反之，没有南北大运河的畅通，中国古代北京的发展，运河沿岸某些城市的形成和所有运河沿岸城市的发展，都会受到极大的限制。明清时期南北大运河沿岸是当时全国三大经济区之一。明清时期的手工业中心城市、商业中心城市多数分布在南北大运河沿岸，明清时期资本主义萌芽的产生和发展，比较集中的地区就是南北大运河沿岸的城市和乡村。

——傅崇兰著：《中国运河城市发展史》，成都：四川人民出版社，1985 年，第 5—6 页

教师设问： 概括中国古代城市的特点，并简要分析原因。

学生活动： 阅读材料，认识中国古代集权政治下，城市主要发挥的是政治功能，生活在城市中的居民以行政人员和文化教育人士为主。中国古代以自然经济为基础，是决定因素。到明清时期，随着商品经济的发展，江南市镇发展，形成有特色产业的工商业城镇。

材料二十七 宋代规定一般宅制，“私居执政亲王曰府，余官曰宅，庶民曰家……六品以上宅舍许作乌头门，父祖舍宅有者，子孙许仍用之。凡民庶家，不得施重栱藻井，及五色文采为饰，仍不得四铺飞檐，庶人舍屋许五架。门一间两厦而已”。（《宋史·舆服志》）仁宗景祐三年（公元 1036 年）诏：“天下士庶之家，凡屋宇非邸店楼阁临街市之处，毋得为四铺作斗八，非品官毋得起门屋，非宫室寺观，毋得彩绘栋宇及朱漆梁柱窗牖雕铸柱础。”可见宋代与唐代一样的限制随便营造。这是封建社会的整体秩序，大家必须遵守，而在建筑的整体上确是条理井然，外观毫不杂乱，是中国建筑上很成功的地方。

（明朝）洪武二十六年定制官员营造房屋，……一品二品厅堂五间九架，……庶民庐舍定制不过三间五架，不许用斗拱饰彩色……

——摘编自刘致平著，王其明增补：《中国居住建筑简史：城市、住宅、园林（第 2 版）》，北京：中国建筑工业出版社，2000 年，第 42、53 页

教师设问： 材料反映宋、明两朝对官员和百姓居住的房屋建筑有怎样的限制？

学生活动： 通过概括材料信息，知道宋朝和明朝在房屋式样以及装饰等方面都有明确的规定。说明宋代在民居房屋的建筑方面，是深受等级制度约束的，体现了儒家“礼”的思想。宋、明为维护社会秩序，严格限制官民住宅建筑。

教师讲述： 通过上述材料，我们可以总结以下几个特点：城市的核心区是行政和宗庙结

合的功能区；背北面南成为重要的公共建筑布局的主导原则；科举和官学（包括私学）机构是城市的重要设施；城市的行政、宗教、教育等设施的服务对象主要是城市的腹地居民而不仅仅是市内居民；工商活动一般在空间布局和营运上受到歧视和严格控制；城市虽设城墙和门卫，但一般人员的往来和在城内居住不受限制。[1]

【设计意图】 中国古代城市发展过程没有中断，这一点与西欧城市发展有显著的不同。通过材料阅读和问题思考，增强学生在特定历史条件下分析问题的意识和能力，能客观理性地分析历史问题。城市产生和发展，受到多种因素的影响，在问题思考中发展历史思维能力。

过渡： 再来看看西方城市的发展情况，阅读下面的材料。

3. 古代希腊和古代罗马的城市

材料二十八 在希腊城市中社会共同生活的新特征突出地表现为：

城市形成统一的整体，城内既无封闭的区域也无独立的区域。对外，有些城用城墙与周边分隔开；对外，不像远东城市那样设有区界。住宅都按同样的建筑原则来建造，只是规模不同。住宅分布在整个城市中，不存在只有一定的阶级或阶层才可进入的区域。

在一些特别设置的地点，如广场或剧场，能举行全体居民或至少是大部分居民参加的集会，使每人都可感到：自己确实是属于大家共同的集体中的一员。

城市可分为三部分：建有住宅的私人区，建有祭祀用神庙的宗教区以及进行政集会、商业活动、演出和运动会等公共活动用的区域。国家体现出集团的普遍利益，故直接对公共区负责，并参与对私人区及宗教区的管理工作。三个区之间的差别主要在于功能的不同。

由于希腊的城市具有四个特点——统一性；内部的开放性；与大自然呈平衡状态和自觉地控制城市的发展。故至今仍被看作是城市规划的典范。它为实现人类共同生活的理想提供了恰当而经久不变的物质条件。

——［意］L. 贝纳沃罗：《世界城市史》，薛钟灵等译，北京：科学出版社，2000 年，第 96 页

材料二十九 罗马有一个不同寻常的发展过程：从一个位于伊特鲁里亚和被希腊城邦殖民统治的领土之间边界上的不重要的小城市发展为一个世界帝国的首都，一个卓越的城市。

罗马人对所征服的国土进行殖民统治所采取的做法和方式，特别使我们感兴趣的首先是对自然界进行的三项开发：(1)建设基础设施：道路、桥梁、高架水道、城防设施：(2)把一片富饶的土地划分成单个的可以建造的地区；(3)建造新城市。

——［意］L. 贝纳沃罗：《世界城市史》，薛钟灵等译，北京：科学出版社，2000 年，第 171 页

教师设问： 阅读上面两则材料，概括古代希腊和古代罗马城市发展的特点。

学生活动： 教师引导学生阅读课本《雅典城市平面示意图》和“历史纵横”中介绍的古罗马城镇的管道系统，结合材料信息，概括古代希腊和古代罗马城市发展的状况。

教师讲述： 通过材料信息可以看出欧洲古代城市发展有特点。通过初中世界历史和高

---

① 薛凤旋著：《中国城市及其文明的演变》，香港：三联书店（香港）有限公司，2009 年，第 329 页。

—《中外历史纲要》下册的学习，我们知道中古时期，日耳曼人的侵入，古代城市衰落，到10世纪左右，欧洲城市开始复兴。看下面的表1和图1，了解欧洲城市复兴的时序以及城市的特征。

表1　9—11世纪欧洲城市发展

时间	城市发展
9世纪	意大利北部和法国南部，城市较早出现
10—11世纪	法国北部、尼德兰、莱茵河流域及邻近地中海和北海、波罗的海两大贸易区城市兴起
14—15世纪	西欧城市逐渐由政治、宗教、文化中心发展成为地区性经济中心

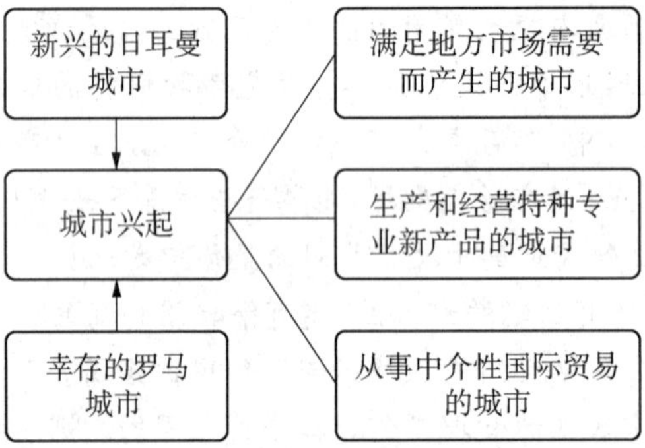

图1　欧洲城市复兴与类型

教师讲述：中古时期，随着经济的发展，欧洲城市进行了争取自治的斗争，在经济发展的同时，逐渐形成了城市自治的共同体。西方学者韦伯依据西方城市的特征判断中国古代没有城市。我们看看他的论述。

材料三十　城市永远是个“市场聚落”；它拥有一个市场，构成聚落的经济中心，在那儿，城外的居民及市民——基于既存的专业生产的基础——以交易的方式取得所需的工业新产品或商品。城市——不管其与农村有何种结构上的差异——最早通常既是一个庄园领主（或君侯）的居住地，同时又是一个市场聚落，因此可说是两种类型的经济中心：“庄宅”与市场。通常，除了经常性的地方市场外，城市也可能有为长途行商所举办的定期市集。因此，城市（就我们此处的定义而言）本质上是个市场聚落。

要发展成一个城市共同体，聚落至少得具有较强的工商业性格，而且还得有下列特征：(1)防御设施；(2)市场；(3)自己的法庭以及——至少部分的——自己的法律；(4)团体的特性；(5)有部分的自律性与自主性，这点包括官方的行政，在其任命下，市民得以以某种形式参与市政。

——摘编自[德]马克斯·韦伯著：《非正当性的支配——城市的类型学》，康乐等译，桂林：广西师范大学出版社，2005年，第3—4、23页

教师设问：韦伯如何概括城市的形成及城市特点的？你如何看待他的观点？

学生活动：概括材料信息，韦伯认为城市是个“市场聚落”。

教师讲述：据此，反推出来的结论就是，如果不是市场聚落，就不能称其为城市。韦伯认为市场共同体是城市发展的重要标准，并提出了五条判断标志。韦伯提出这样的观点是基于对欧洲中世纪城市发展史研究而概括出来的。

美国学者罗威廉认为，韦伯对中国所知甚少，而且从未到过中国。出自韦伯笔下的中国城市并不是一种历史事实，而更主要的是一种与他所认识的欧洲城市发展相对应的理想类型。① 罗威廉从观点、证据到论证方法等方面对韦伯的观点提出批驳。中国城市随着经济的发展也形成了市场，特别是江南市镇的发展。但并没有经历一个城市共同体的建立过程。中国是个有集权传统的国家。中世纪欧洲城市自治的发展，是随商品经济发展，城市建立共同体，以对抗封建领主。

教师设问：影响城市健康发展的因素有哪些呢？请同学们阅读下面的研究成果。

材料三十一　成功的城市靠的是什么？早在发轫之初，城市区域就已扮演三种不同的重要功能：构建神圣的空间；提供基本的安全保障；拥有一个商业市场。城市或多或少地都拥有这些功能。一般而言，城市在这三个方面只要有一个薄弱环节，都会损毁其生活，甚至最终导致其衰亡。

有三个关键因素决定了这些城市全面健康的发展，即地点的神圣；提供安全和规划的能力；商业的激励作用。在这些因素共同存在的地方，城市文化就兴盛；反之，在这些因素式微的地方，城市就会淡出，最后被历史所抛弃。

可能最引人注目的成功的城市建设，是在新儒教信仰体系与外来西方科学的理性主义结合之下进行的。今天，城市既要与没有约束的市场资本主义的不良影响抗争，而且还要与自私自利的腐败的统治权贵们周旋。

——[美]乔尔·科特金著：《全球城市史(典藏版)》，王旭等译，北京：社会科学文献出版社，2014 年，第 3—5 页(前言)、第 296 页(正文)

教师设问：科特金认为：成功的城市靠的是什么？除了这些因素之外，你认为影响城市发展的因素还包括哪些？说说你的理由。

学生活动：阅读材料概括信息。科特金认为历史上城市有三种重要功能：成为政治权威和宗教信仰的中心，能为居民提供安全保障，具有商品交换的商业市场。

教师讲述：科特金认为这三个关键因素决定了这些城市全面健康地发展。他认为未来城市建设的成功来自于新儒教信仰体系与外来西方科学的理性主义结合。而影响城市健康发展的因素，一要消除市场带来的不良影响，二要与自私自利的腐败的权贵作斗争。除这些之外，还需要注意城市发展的自然环境的保护，还要注意提升市民的现代观念和现代生活方式。

城市健康发展关系到生活在其中的每个居民。而作者强调儒家重义轻利、注意人与人之间的和谐相处，强调天人合一观念，这些与科学知识、科学方法结合，将会引导城市健康发展。

【设计意图】　古代西欧城市发展过程一度中断，中古时期城市复兴。通过材料阅读与问题思考，理解西欧城市发展的特殊历程，提升在特定条件下分析问题的能力。通过学术争

① [美]罗威廉著：《汉口：一个中国城市的商业和社会(1796—1889)》，北京：中国人民大学出版社，2005 年第 1 页。

议问题的辨析，提升思维能力。

教师讲述：下一课时，我们学习世界各地的民居。

（第 2 课时）

（四）世界各地的民居

教师讲述：阅读课本，对世界各地民居的特点进行梳理，填写表 1。

表 1

地区	建筑特点	住屋与布局特色
古代两河流域		
古代埃及		
古代中国		
古代希腊		
古代罗马		
古代印第安人		

教师设问：通过阅读课文，总结影响住屋建筑及特色的因素有哪些。

学生活动：阅读课本图文，填写表格，交流讨论疑惑，概括影响居住建筑的影响因素。

教师讲述：下面我们通过材料阅读，了解各地区居住的差异。先看西亚的沙塔尔遗址。这个遗址分东西两丘，东丘是新石器时代，西丘是铜石并用时代。遗址共分 14 层堆积，通过碳 14 监测绝大多数在公元前 6250—前 5400 年之间。

材料一　房屋建筑的形式非常统一。一般面积 6 米×4 米，并附有小贮藏室，其中有贮藏谷物的泥制方箱。房屋南墙靠着一个梯子，供上下出入。南墙中部有一壁炉，房内南部还有一地面灶，一般为方形。灶的周围有镶嵌在地面的马鞍形磨石和石臼。这个布局说明房屋南部主要从事炊事和进出房屋。因此这里的天窗既是人们出入的门道，又是通风换气的烟道。

建筑材料最早使用木材，后来开始使用模制干砖，尺寸从 32 厘米×16 厘米×8 厘米至 62 厘米×16 厘米×10 厘米不等。

建筑的一致不仅表现在房屋的布局、大小和建材规格以及炉、灶的大小上，整体村落的布局也规整。房屋排列密集，隔一定距离有一个院落，以解决通风和采光的问题。人们在房顶交往，从屋顶出入是这一地区新石器时代以来的传统，它可以防御外敌入侵。这种方式也见于美洲的印第安人部落，但美洲的房屋是依山呈阶梯状排列，这里则是建在平原上，都处于同一水平面。

——摘编自杨建华著：《两河流域史前时代》，长春：吉林大学出版社，1993 年，第 15、18 页

材料二　在法国，新石器时代早期的居民在地面上留下 5 排平行的柱洞。我们据此推

断，内部的柱子支撑着两面斜坡屋顶的房屋，外部的墙壁是用并排靠着的柱子组成，编织的树枝将柱子连接起来，再用黏土糊上。屋子外面是挖取黏土后形成的土沟。房屋经常得到翻修。屋子长10来米、宽5至6米，可以容纳一个核心家庭。聚集成平原的村庄，有时周围还围以栅栏。在法国南部，大部分建筑偏向于用未经加工的石块建造，至少基础部分用石块，在这些地区这是比木料更容易获得的材料。

——摘编自[法]乔治·杜比主编：《法国史》上卷，吕一民等译，北京：商务印书馆，2010年，第72页

材料三　(近些年来的考古发掘表明)由于食物供应较为稳定，因而绳纹人可以在一个地方居住较长时间，并逐渐开始过定居生活。住宅为竖穴式房屋，即从地面下挖50厘米左右，四周用若干根木柱支撑屋顶，房屋的平面形状有圆角方形、方形、梯形、圆形、椭圆形等，室内中间设有炉灶。每个房屋居住一个家庭，几个家庭构成一个居住区。居住区大多以弧形或环形构筑竖穴建筑群，其中央辟有召开会议、举行集体活动和从事祭祀的场所。

——王新生著：《日本简史(第3版)》，北京：北京大学出版社，2016年，第4—5页

材料四　清代各类型住宅的分布、形制及构造：(1)穴居——穴居最早是竖穴，后来逐渐用横穴住人，竖穴作储藏用。华北西北谓窑洞。(2)干阑建筑——是一种很原始的建筑，人类很早就使用它。在中国从殷周以后，使用极为普遍，自汉代以后，北方使用就少见了。(3)宫室式建筑——指“上为屋顶，中为柱墙，下为台基”的中国最正统的结构形式的住宅建筑，现在习惯称为“庭院式第宅”。(4)碉房——这是康藏青高原以及内蒙古部分地区常见的居住建筑形式。(5)“阿以旺”住宅——这是新疆南部维吾尔族住宅的一种常见形式。住宅多为土木结构，平屋顶，带外廊。(6)蒙古包——这是蒙古、新疆等游牧民族不定居建筑的最成功的作品。(7)井干壁体——在我国原始社会即使用，今日云南及东北等林区仍可见这种住房。(书中有大量的插图，能直观地了解到各种住宅的形制。)

——摘编自刘致平著，王其明增补：《中国居住建筑简史：城市、住宅、园林(第2版)》，北京：中国建筑工业出版社，2000年，第61—64页

学生活动：阅读材料，提取信息，运用材料信息说明不同国家和地区居住的特点。

教师讲述：通过以上材料阅读，我们了解了西亚、法国、日本等地居住的特点。结合课文的图片和文字叙述，增强了对世界各地住屋特点的理解。这里要揭示的是，古代各地住屋条件与特点，不用过分关注先进与落后之分，应更多地关注适宜与不适宜之别。因为，古代各地住屋遗存的信息极其有限，而已知的住屋研究又直接与各地居住文化相关，要从住屋文化的角度理解世界文化的多样性，提升自己认识问题的境界。清代住屋的地区差异大，与自然条件、生产生活方式紧密相关。

【设计意图】　阅读教科书，归纳知识，梳理特点，培养阅读概括能力。引导同学们在自主阅读的基础上填写，并进行分享交流，完善表格内容。指导同学们在阅读正文的同时阅读课本提供的图片，实现图文信息的整合，了解各地区居住条件的特点。鼓励提出阅读过程中发现的问题或知识理解时存在的疑问。

【本课小结】

教师设问：本课内容较复杂，请同学们先对课文内容进行一个整理：

(1) 请同学们依据课文内容,整理本课内容的大致时序。

(2) 概括古代村落、集镇和城市形成发展对民居的影响。

学生活动: 翻阅课本,整理知识结构;交流各自整理的视角和结构。

教师讲述: 考古学中,把古代村落、集镇和城市遗址统称为聚落。我们再来看学者是如何总结聚落居住环境的。

材料五 作为聚落,它是由许多物质要素构成的综合性实体,它每每包括各种类型的房屋、防卫性设施(如壕沟、哨所等)、经济性设施(如烧陶器的窑、豢养家畜的圈栏、储藏用的窖穴),以及公共墓地等。构成聚落的这些诸要素,当然是在聚落的发展过程中逐渐获得的,而且因地而异有一些变通。但这些要素一经形成,彼此之间就存在着紧密的联系,它们各自的功能分工使其不能孤立地存在于聚落之中,而是组成一个有机的整体。

——王震中著:《中国文明起源的比较研究》,西安:陕西人民出版社,1994 年,第 58 页

教师讲述: 通过材料可以整理出学者的观点,也可以看出这些观点是基于考古发掘的证据和古代文献的记载推论出来的。就是说,学者的观点是基于考古资料和传世文献的记载等证据,研究得出结论,要借鉴其中材料运用、结论推导的基本方法。

以城市为例,城市既有居住功能,又有经济功能,还有政治、军事和宗教功能,古代城和市的发展,反映了不同时期历史发展的特点。通过对比古代中国与外国城市遗址、城市规划和工商业城市发展的状况等,了解古代中国与欧洲城市发展的差异,认识中国古代城市发展的独特性,培养自己的概括材料信息的能力、运用考古资料和文献论述历史结论能力,学会运用历史材料和相关知识论述自己观点,提升在历史条件下分析问题、解释问题的能力,认识东西方居住演变的差异。

第 11 课　近代以来的城市化进程

一、学习目标

1. 通过材料阅读和问题思考,理解工业化与城市化发展的关系,通过对比认识近代以来西方和中国城市化发展的不同特点,理解城市化进程及其历史影响。

2. 通过知识梳理认识城市化进程中基础设施建设和居住条件改善的历史进程,理解技术创新对改善人们生活的作用。

3. 通过阅读材料梳理城市化进程中面临的问题,理性分析问题产生的原因,增强建设生态城市、智慧城市的责任感和使命感。

二、学习重点

城市发展的进程及影响。

三、学习难点

客观分析城市化进程中面临的问题。

四、教与学活动

【导入新课】

教师讲述：请同学们阅读下面的材料，思考问题：两则材料分别反映了怎样的发展趋势？导致国家间发展存在差异的原因是什么？

材料一 英国伦敦城市人口变化图。

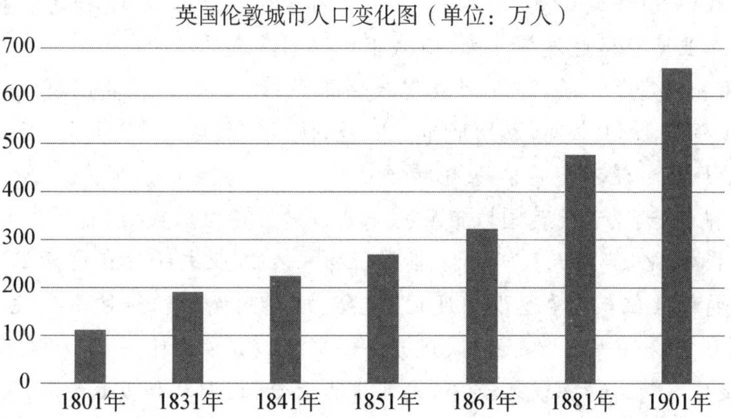

——摘编自钱乘旦著：《第一个工业化社会》，成都：四川人民出版社，1988年，第70页

材料二 1851年人口普查表明，英国城市人口已占全国人口的51%，而法国是25.2%，美国是13%，俄国是7%。到1861年，英国城市人口的比重已达62.3%，而法国是28.9%，美国1860年仅19.8%。

——李其荣著：《世界城市史话》，武汉：湖北人民出版社，1997年，第90页

教师讲述：英国伦敦城市人口迅速增加；英国、美国、法国、俄国城市人口占总人口比例逐渐上升。出现差异的原因是因为工业革命的进程存在差异。

【设计意图】 通过材料阅读，理解城市化发展的趋势，引导学生在特定历史条件下认识问题：城市化进程与工业革命发展紧密相关。

【学习新课】

（一）城市化的演进

1. 城市化的内涵

教师讲述：城市化是指农村社区向城市社区集聚和转化的过程。包括：城市数量的增

加、规模的扩大;城市人口在总人口中比重的增长;公用设施、生活方式、组织体制、价值观念等方面城市特征的形成、发展以及对周围农村地区的传播和影响。一般以城市人口占总人口中的比重衡量城市化水平。反城市化又称“逆城市化”,指城市人口向非城市地区迁移的过程,也指一定时期城市化速度出现负值的状况,在资本主义国家往往因城市的生态环境恶化、人口过度膨胀、社会问题严重而发生。

城市化就是人类生产、生活由传统农业社会向现代工业社会、由分散式向集中式的转变。城市化的内涵包括两个方面:农村城市化,指农村人口、农村地区(空间)演变为城市市民和市区;城市现代化,指已有的城市在建设管理、精神文化、市民的价值观与生活方式等方面适应工业文明的发展。

2. 西方国家城市化

教师讲述:工业革命首先发生在英国,我们先来看看英国的城市化进程。请同学们阅读材料。

材料一 在1780年到1830年间,工业从乡村转移出来,工厂逐渐集中到城市和交通便捷之处。新的工业城市迅速发展起来,旧城市也得到改造复兴,成为充满活力的城市。大批城市崛起,城市相对密集发展,逐渐形成现代城市群落。1801年,英国有1 036个大小城市(镇)。从1801年到1911年间,新增城市429座,使城市数达到1 541个(有的城市后来被吸收进大城市,故城市数量不是简单的相加)。

——陆伟芳:《近代英国城市群落与城市发展定位》,载《世界历史》,2004年第6期

材料二 18世纪,英国人民开创了世界上第一个工业文明。在这两三百年期间,英国呈现了许多独特的表征:科学逐步制度化;造船、玻璃陶瓷纺织等技术突飞猛进;人力能的早期替代品或补充物——风、水、牲畜、煤炭——长足发展;运河、公路以及后来的铁路降低了交通成本;财富从海外源源流入英国,尤其得力于食糖、烟草和贩奴的利润。

——摘编自[英]艾伦·麦克法兰主讲,刘北成评议:《现代世界的诞生》,上海:上海人民出版社,2013年,第353—354页

材料三 1851年的人口调查表明,英国的城市人口第一次超过了农村人口,达到总人口的50%,实现了初步的城市化。在19世纪后期和20世纪初,英国政府先后推行了一系列有关的社会立法,如1860—1875年间颁布的一连串关于食品饮料标准、环境卫生、健康和居住条件的法令;1890年的关于解决工人住房问题的法律;1909年的“住房与城市规划法”等等。完全可以说,世界上第一个实现工业化与城市化的英国,所走的是一条先污染、后治理的被动之路。因此,当我们惊异于英国工业城市文明在历史上的辉煌时,切莫忘了那时的城市人所为之付出的代价。

——梅雪芹:《19世纪英国城市的环境问题初探》,载《辽宁师范大学学报(社会科学版)》,2000年第3期

教师设问:依据材料,概括英国工业化和城市化发展的特点。结合本课内容和《中外历史纲要》下册的相关内容,分析工业化与城市化的关系。

学生活动:阅读材料,思考问题,把材料信息与课文内容建立关联,并运用相关信息回答问题。

教师讲述:英国工业化和城市化都是多种因素促进发展的。发生在英国18世纪到20

世纪间的城市化的过程有着鲜明的特点：英国的城市化有着自发性和盲目性，进而产生非均衡性的特征；英国城市化发展速度快、规模大；英国在城市化过程中出现了城市职能的分工。在英国由于城市发展得迅速和密集，不同类型的城市分工也出现了。大致上可以分为四类：工业城市；交通枢纽型城市；休闲型城市和综合型城市。主要存在环境问题、城市住房问题和城市犯罪问题等。

请同学们阅读材料，了解美国城市化进程的特点。

材料四 美国城市化自19世纪70年代以来，出现了三次高潮。第一次高潮是19世纪后期大规模铁路建设带动城市的兴起；第二次是第一次世界大战后汽车的广泛使用推动城市的发展；第三次是在20世纪50年代至60年代，出现的主要原因是高速公路网的修建，使得城市向郊区发展，带动了大城市和城市群的出现，使美国城市化水平位居世界前列。美国城市化进程的教训：由于美国城市化是以市场为主导的低密度蔓延式的城市化，出现过自由放任的发展态势，并为此付出了巨大的代价。具体表现在：过度郊区化、城市功能的弱化与失衡、人口老年化、生态环境破坏严重、城市不断向外低密度蔓延、城镇建设无序等。

——周正祥、张平：《美国城市化经验对我国农村中心集镇发展的启示》，载《中国软科学》，2015年第4期

教师讲述：通过材料，能看到美国城市化的三次高潮。这与工业革命的发展紧密相关。美国城市化进程中也出现了一些问题。纵观美国城市化发展，与移民大量涌入美国并进入美国的新兴工业城市也有很大关系，形成了美国多元的文化特色。因此，促进城市健康发展，保持文化的特色，是城市化进程中的一个重要问题。

【设计意图】 通过材料阅读，理解英、美城市化发展的进程与特点，提升在特定历史条件下认识问题的能力和水平。

过渡：我们再来看看中国近代城市化发展的情况。

3. 中国近代以来的城市化

材料五 中国近代城市发展，既包括古代城市的近代化，不仅指空间、管理、规划的近代化，更重要是城市居民的生产生活方式、思想观念等方面的近代化，还包括近代新兴工商业城市的产生，既有工业城市，也有商业城市，还有近代交通中心。中国近代城市发展的过程，是农村空间城市化，农村人口市民化，生产生活方式和思想观念的近代化。

鸦片战争到中华人民共和国成立是传统城市向近代城市过渡，是近代城市兴起、发展时期。主要特点有：城市出现现代化发展趋势；城市的分布更加不平衡，沿海、沿江及东北地区受列强侵略的影响，城市发展较快；由于近代工业、商业、金融、文化教育等事业主要集中在大城市，大城市发展十分迅速，到1935年全国百万人以上的特大城市有上海、北京、天津、武汉、广州、南京等6个。

——摘编自何一民著：《中国城市史纲》，成都：四川大学出版社，1994年，第13—15页

教师设问：中国近代城市化的主要内容有哪些？近代城市化发展有哪些特点？

学生活动：阅读材料，提取信息，运用材料信息回答问题。找到材料中的关键词“近代化”“特点”等，即可概括信息回答问题。

教师讲述：中国古代城市发展的过程没有中断，这与西欧有明显的不同。因此，中国近代城市化既包括古代城市的近代化，也包括近代新兴工商业城市的产生和发展。最突出的

特点：一是顺应现代化发展趋势，新兴工商业城市受西方资本主义的影响；二是城市分布和发展呈现地区不平衡的特征，城市近代化并没有带动广大农村传统社会结构的动摇。请同学们阅读汉口城市发展的案例和晚清政府加强城镇管理的材料，看看近代城市化与城市管理近代化的相关内容。

材料六 在汉口开埠后，西方国家竞相在武汉地区建工厂、设银行、兴航运、办洋行，汉口被迅速卷入国际市场。但在西方经济、文化力量的撞击下，武汉只消极地成为商品倾销地和原料供应地。当时，主政湖北的官文、曾国荃、李瀚章等，思想偏于僵固，自卫自守的观念强，竞争和分利的意识弱。因而在开埠后二三十年内，在湖北由国人自办的近代工厂蹒跚不能起步。1889 年，张之洞调任湖广总督，充当了湖北、武汉地区早期近代化的设计者。他的中体西用模式制约着一个时代武汉城市的发展，武汉成为中体西用的近代化模式的试验地。正是在这个时期，湖北地区从手工业生产进入机器生产，武汉崛起而成为我国中部腹心地区的工业基地。张之洞以军用工业、钢铁工业为先导，并采取重轻工业并举、军用民用并举的办法，兴建武汉近代工业体系，修建铁路发展交通，推广邮政发展电讯，鼓励商业发展。

——皮明庥主编：《近代武汉城市史》，北京：中国社会科学出版社，1993 年，第 170—171 页

材料七 城、镇是传统政治和消费中心。城的规模大，常为政治、工业或大型商业中心；镇的规模小，常为乡村区内的商业中心，是乡村生活不可或缺的中心纽带。1909 年 1 月，清政府出台了《城镇乡地方自治章程》，规定“府厅州县官府所在地为城，其他集镇人口满 5 万以上者为镇，不满者为乡。乡设议事会和乡董，议事与行政分开。乡里有乡董、乡佐各 1 名，管理学务、卫生、道路、农工商务、慈善事业、公共营业等”，这是镇建制的首部法规，也说明乡镇在我国封建时期就有成熟的形态。

——蓝志勇：《新中国成立 70 年来城市发展的进程与未来道路》，载《福建师范大学学报（哲学社会科学版）》，2019 年第 5 期

教师设问：① 近代汉口城市发展的表现有哪些？是哪些因素促进发展的？

② 晚清城镇管理的基本思路是怎样的？

学生活动：阅读材料，提取信息，运用材料信息回答问题。对汉口城市发展的材料，要进行概括。对晚清城镇管理的材料，要进行分类。材料重点介绍了镇的管理和自治章程的内容。

教师讲述：在开埠通商后，汉口城市进入到近代化发展的轨道。列强经济侵入、洋务运动的推动、近代交通的发展等，成为推动因素。而晚清在加强城镇管理时，把省府县府所在地当作城，在县治以下的经济中心设置市镇，实行自治管理。

综合近代以来城市化发展，可以看出：城市一般作为商品交换地、宗教中心、军事重地、政治中心、手工业中心以及地理环境独特（比如海港）的地区出现，但不同时期影响城市发展的突出因素不同。古代影响城市设置的因素主要是政治、军事和宗教，但中世纪之后欧洲商品经济的发展深刻影响着城市的规模和职能，工业革命后，工商业的发展成为影响城市发展的最突出因素。近代中国城市发展，受西方侵略的影响。要注意划分阶段，总结中外城市发展的特点。

【设计意图】 通过材料阅读和问题思考，理解中国近代以来城市化发展的特点；通过汉口城市发展的案例分析，具体了解城市化发展与城市特点形成的关系，与欧洲城市发展史对

比，深化学生对本课历史内容的理解。

过渡： 生活在城市中的人们，也因为经济发展、城市建设等，享受到居住条件改善的福利。下面我们学习第二个子目“居住条件的改善”。

（二）居住条件的改善

教师讲述： 首先请同学们阅读课文，完成下面的两项任务。阅读时要注意对内容进行适当的标识和归类，梳理课文内容间的关系，最终要建立起适合自己理解的知识结构。

（1）列表整理城市发展改善居住条件的表现。

改善	建筑与技术进步	生活服务改进
表现		

（2）居住条件改善相关因素分析。用结构图示呈现出来。

学生活动： 阅读课文，填写表格，梳理知识结构。

教师讲述： 我们再来阅读英国城市化进程中住房问题及政府立法的相关材料。

材料八　19 世纪城市社会展现出一系列城市工人的住宅问题，终于引起了公众的关注。特别是几次大的疫病的发生，牺牲了许多城市人的生命，包括穷人与富人共同遭受的死亡，终于使政府开始关注弱势群体的生活，逐渐改变了不干预政策。第一步是调查研究。第二步通过立法解决问题。第三步是通过立法规范处理大杂院建筑，变院子为街道。最后是由政府规划解决各城市的贫民窟问题。这主要是通过城市改造来实现的。在伦敦，从 19 世纪 60 年代初开始，发起了“模范住宅运动”，盖起了成排的房屋，虽然拥挤但比较卫生，低价出租给劳动者。到 1884 年，已经为 25 000 人建造房屋。

——[英]克拉潘著：《现代英国经济史》上，姚曾廙译，北京：商务印书馆，1974 年，第 619 页

材料九　英国 1848 年的公共卫生法案鼓励改进供水系统和沟道系统。卫生法案还明确规定必须用抽水马桶，并且必须用直径为 6 英寸的陶制上釉圆形水管。这也是工业革命的优惠之一，从而使生活质量提高了。1850 年英国颁布《公共宿舍法》，成为政府干预住宅问题的世界性开端和公共住宅史的起源。工业化伴随着城市化，不仅使居住行为主体阶层化，而且进一步形成一种新的集约式居住行为形态——城市社会制度、组织形式以及生产和生活方式。1919 年又制定了《住宅法》，确立了公共住宅的政策，其后经历了 8 次修订和调整，逐步形成了现行的公共住宅政策体系。至 1939 年地方政府建造了 100 万套出租住宅，约占住宅存量的 10%。

——闫凤英、赵黎明：《从西方的城市化进程看集约式居住行为的发展》，载《天津大学学报（社会科学版）》，2009 年第 1 期

教师设问： 在英国城市发展的过程中，住房问题的表现有哪些？政府为缓解住房问题及相关社会矛盾采取了哪些措施？从中受到哪些启示？

学生活动： 阅读材料，提取信息，运用材料信息回答问题。注意提炼英国城市住房问题调查研究和解决的思路与方法。

教师讲述： 阅读不同的材料时，建立材料间内容的关联，梳理历史发展相关因素的线索，是培养自己概括能力时要重点关注的。通过以上材料可以看到，随着工业革命的发展，大量人口进入城市，住房问题凸显：住房类型不健康、住房空间拥挤、住房质量和卫生环境差、房租高。政府和思想家都关注这一社会问题，展开调查研究，提出建议，议会通过法律试图解决相关问题。但也要看到，虽然采取了措施，从数字上看是巨大的，但相对于庞大的工人阶级队伍而言，这些远不能满足工人基本住房的需要。联系工业革命的学习，可以分析出现这些问题的原因与圈地运动、工业化和城市化吸引了大批移民来到城市、工人收入低导致贫困、政府缺少及时有效的调控等因素相关。这也导致城市发展出现新的问题：城市环境污染、居住环境恶化、富人迁居郊区。这种现象在美国城市化进程中也广泛存在。

阅读下面的表格，了解英国住房研究者关注的主要内容和研究思路。

作者	著作	主要内容
理查德·罗杰	《1780—1914 年间的英国城市住房》	介绍了城市住房、投资、收入、健康、贫困之间的关系，以及造成城市住房紧张的原因和当时人们的需求问题。
约翰·纳尔逊·塔恩	《19 世纪的英国工人阶级住房》	分析了处于急剧变化的 19 世纪英国社会比较严重的社会问题之一的住房问题，还阐述了住房与建筑业、商业、投资、政府等若干部门的关系，并详细阐述了改善工人阶级住房问题的若干不同方式。
伊妮德·高尔迪	《肮脏的住所：1780—1918 年工人阶级住房史》	分析了工业革命前的城市和农村的住房状况、工业革命后城市的住房和公共卫生问题与生活贫困的关系、英国政府为解决住房问题而颁布的住房立法。
约翰·伯内特	《1815—1985 年的住房社会史》	介绍了 19 世纪以来英国城市和乡村住房的发展状况，由于住房条件的不同，作者对工人阶级住房、中产阶级住房、郊区住房、政府市郡住房进行了归类分析。
克里斯·霍姆斯	《新视野下的住房》	分析了政府工作的一个重点是建设和谐稳定的社区，减少社会隔离，促进社会融合，因此作者从英国住房发展过程中探寻那些影响社会和谐的因素，且在该书的第一章详细分析了第一次世界大战前的英国住房的发展状况。

教师设问： 英国学者对住房的研究，主要是集中在哪些方面的问题？从这些研究中能得到哪些启示。

学生活动： 阅读材料，提取信息，进行归类，运用材料信息回答问题。

教师讲述： 总结学者对英国城市住房问题调查研究的方法，可以增强同学们分析问题、解决问题的思维的结构性和整体性，同时，研究问题还要注意理论与实践相结合。

【设计意图】 通过对英国住房问题的具体分析，提升材料阅读和信息概括能力，提升运用材料信息解答问题的能力，从具体问题研究中了解相关方法，提升学生思考问题、解决问题的综合素养。

过渡：我们再来看看城市化进程中城市基础设施建设的情况及影响。

（三）基础设施的发展

教师讲述：首先请同学们阅读课文，完成下面的表格。阅读时要注意梳理课文内容间的关系，最终要建立起适合自己理解的知识结构。

1. **城市基础设施发展**

分阶段整理城市基础设施发展的表现：

地区	阶段一	阶段二
西方		
中国		

教师设问：阅读课后“问题探究”中关于巴黎基础设施建设的材料并结合所学，分析城市化从哪些方面改善了人们的居住条件和生活环境。

2. **新中国建设成就**

教师讲述：1949 年新中国成立后，在 1950 年至 1980 年的 30 年中，世界城市人口比重由 28.4%上升到 41.3%，而中国城市人口比重则由 11.2%上升到 19.4%，低于世界平均水平。但中国的工业总产值却增长了 38.18 倍，国民收入增长了 7.41 倍，非农产业的比重也从 1949 年的 31.6%上升到 1978 年的 64.6%，都高于世界平均水平。经济的迅速发展，促进了基础设施建设，也完善了国家制造业体系。这为改革开放后改善生活条件和居住条件奠定了基础。

结合所在地区城市化发展的进程，列举学生自己了解的诸如“安居工程”“健康城市”“海绵城市”“绿色城市”“智慧城市”等方面的建设情况，说明目前中国城市化建设中取得的成就，并就本地城市和城镇基础设施建设提出自己的建议。

【设计意图】 总结基础设施建设与城市化发展的关系，特别是认识新中国城市发展的成就，深化学生对本课内容的理解。

过渡：我们再来看看世界近代城市化发展过程中出现的问题。

（四）城市化进程中的问题

教师讲述：首先请同学们阅读课文，完成下面的表格。阅读时要注意进行归类，把相同类型的问题归类、合并，梳理问题的层次性和结构性，为寻找解决问题的策略打下基础。

1. **城市化进程中出现的主要问题**

分阶段整理城市化进程中出现的主要问题：

历史阶段	主要问题	出现问题的领域

教师讲述：学者对城市化进程中的问题进行了全面的研究。主要包括：城市发展面临人口密度增高、“热岛效应”加剧、非工业污染等生态新问题；城市发展空间差距加大，引发社会经济问题；不同地区和部门政策之间的规划协调问题；城市主导产业单一，产业发展缺乏创新型产业集群的带动，也包括城市老龄化的问题，城市建设和城市生活中土地、能源、时间等资源浪费的问题。世界范围城市贫困化和社会利益分化冲突问题带来的社会风险日益突出。房地产市场出现的问题，影响城市健康发展。同学们日常生活中能感受到的问题包括：城市农民工子女入学的问题，城市农民工住房问题，“城市贫困人群”——下岗职工、退休职工及其家属、老弱病残等弱势群体的生活问题，还有民居拆迁问题、城市内涝问题、交通拥堵问题、空气和噪声污染、水体污染突出、生活垃圾污染和光污染等问题，都增加了社会成本。这些问题严重阻碍了城市的持续健康发展。

教师讲述：请同学们阅读下面的材料，并结合自己的生活经验，说说城市化进程中这些问题的危害。

材料十　快速的城市化发展，不仅加速了城市人的生活步伐，也使人们的居住环境发生了巨大的变化。一方面带来了高科技和高效率的价值，另一方面也带来了各种负面影响。宏观地看，城市中无处不在的环境污染、声音嘈杂、资源短缺等问题引起了人与环境的失衡以及城市生存环境质量下降。微观地看，紧张的生活节奏、繁重的工作压力，使城市人感到身心俱疲，缺乏归属感。城市住房问题主要指低收入群体住房不足、居住拥挤、住房条件恶劣等。在大城市人口集聚，房价昂贵，住房问题更为突出。城市环境污染，如伦敦烟雾事件、洛杉矶光化学雾事件。由于空气污染，导致死亡和疾病的发生比例提高。

——摘编自许媛媛等：《基于生态美学的城市居住环境问题及解决措施研究》，载《设计》，2016 年第 13 期

材料十一　一份研究报告显示：在许多城市，人口数量的增长已超出了社区所能承受的能力，“发展中国家中有 6 亿城市居民得不到最基本的住房、用水、食物、卫生、教育保障”。城市人口的增加还给自然环境带来了巨大损害，全球二氧化碳排放量的 70%来自城市，人类砍伐树木的 75%是被城市“吃掉”的。全球有 11 亿人饱受大气污染的折磨，另有 25 亿人生活在空气已被严重污染的房间内，这些人大部分住在城市里。缺水和水污染是城市居民面临的另一个严重问题。报告在最后支招：实行计划生育、搞好城市规划、增加公共交通投资、节约用水、储存能源、废物利用等等。

——摘编自蔡玉民：《世界大城市问题一大堆》，载《中国国土资源报》，2002 - 01 - 25

教师讲述：这些危害很容易从材料中概括出来。作为生活在城市化进程中的亲历者，想办法解决这些问题，是我们自己的责任，也直接关系着自己的学习生活和未来。

2. 问题分析与对策研讨

教师讲述：请同学们阅读下面的材料，并结合自己的生活经验，针对城市化进程中面临的问题，从城市建设与居住条件改善两个角度谈谈自己认为合理的解决问题的建议。

材料十二　1994 年，我国政府发表了《中国 21 世纪议程》，为我国城乡建设的持续发展提出了 7 大目标，这就是：城市化与人类居住区管理；基础设施建设与完善人类居住区功能；改善人类居住区环境；向所有人提供适当住房；促进建筑业可持续发展；建筑节能和提高居住区能源利用效率；农业与农村的可持续发展；发展乡村企业和农村乡镇中心。

——蒋高宸著：《云南民族住屋文化》，昆明：云南大学出版社，1997 年，第 448 页

材料十三　人类居住文明的创新，也离不开科技进步。3 次科技革命分别把我们带入蒸汽时代、电气时代和信息时代。当前，以互联网为代表的信息技术迅速发展，尤其是新一代物联网、云计算、大数据等技术应用，极大地改变了人们的生产与生活方式。从 2007 年 10 月欧盟委员会发表的《欧盟智慧城市报告》可知，智慧城市的打造要从 6 个方面来界定，即智慧经济、智慧流动、智慧环境、智慧人群、智慧居住和智慧管理。智慧城市就是一个网络城市，物联网是智慧城市的重要标志。智慧城市基于物联网、云计算等新一代信息技术，以及社交网络、综合集成法等工具应用，营造有利于创新涌现的生态之城，它令城市生活更加智能、科技、环保、低碳，鼓励公众参与。

——摘编自郐贺铨：《智慧城市——人类居住文明创新“引擎”》，载《居业》，2014 年第 1 期

教师讲述：从材料中可以看出，建设生态城市和智慧城市是未来城市发展的出路。从城市管理学的角度看，世界城市的发展应当从城市区域的空间组织、政府管理、可持续发展问题、社区民众组织管理、城市移民问题、城市内部网络等几个方面考虑。世界城市的未来将取决于城市管理者、政治家的观念和务实精神。

学生活动：自主表达自己的认识。

教师讲述：作为未来的建设者和接班人，同学们有责任、有义务时刻关注城市化进程中的问题，不断思考如何解决这些问题，让城市生活更美好。

【设计意图】　通过梳理城市进程中存在的问题，借鉴历史经验，寻求现实问题解决的基本策略，增强学习的现实性和思维迁移的实用性。

【本课小结】

教师讲述：本课我们学习了近代以来城市化进程，需要我们把世界城市化和中国城市化进程放在工业革命以来社会生活巨变的大背景下理解，明确城市化进程各阶段的特点，需要在经济全球化、社会生活信息化的大背景下理解世界城市化和中国城市化的发展趋势，汲取近代以来城市化发展中有益的经验，剖析城市化进程中面临的诸多问题，找到信息时代促进城市健康发展的对策，在正确的观念引导下推动人与自然和谐发展，为建设美丽中国而努力奋斗。目前，城市化进程中面临的问题都是暂时的，相信通过我们的理性思考，总能找到解决问题的办法，更好地提升城市化进程中人们的生活品质。

【单元总结】

教师讲述： 本单元学习主题是“人类居住环境变化及其历史影响”。生活在农村，我们强调“绿水青山就是金山银山”的理念，强调传统村落文化的传承与保护，强调人与自然和谐相处。生活在城市，我们突出生态城市和智慧城市建设，强调用科技创新推动美好生活。请同学们阅读下面的材料，我们宏观梳理一下相关的变化，从中寻找启示。

材料一 在欧洲和亚洲，从10世纪到18世纪，经济关系的转换改变了城市与其腹地之间简单的索取关系。当贸易变成了经济的引擎，城市商人开始进行买卖交易。他们一般购买原材料——羊毛、木材、香料，然后将其加工成制成品，如纺织品、小船和食品。

工业革命加速了城市化进程，尤其是在欧洲。以水力或火力为动力，工厂中被工业人口所操作的越来越多的新机器形成了大规模生产。过去以教堂或宫殿为中心、被城墙环绕、集中在市场或河流旁的城市，现在有了根本性变化：城市的经济财富集中在工厂、铁路和工厂工人的住房上。

——[美]阿瑟·格蒂斯等著：《地理学与生活》，黄润华等译，北京：世界图书出版公司·北京，2013年，第478、480页

材料二 西方城市化的三个阶段：18世纪中叶—1950年：工业城市化阶段；1950—1990年：逆城市化阶段；20世纪90年代以来：再城市化阶段。

——崔婷：《西方城市化的三个阶段》，载《学习时报》，2013-01-28

教师设问： 在欧洲城市发展的过程中，不同阶段影响城市发展的突出因素有哪些？

学生活动： 阅读材料，概括信息，自主表达自己的认识。

材料三 2000年5月国务院批转的公安部《关于推进小城镇户籍管理制度改革的意见》，是关键性的一个文件。批准“凡是在建制镇范围内有合法固定的住所、稳定的职业或生活来源的人员及与其共同居住生活的直系亲属，均可根据本人意愿办理城镇常住户口；已在小城镇办理的蓝印户口、地方城镇居民户口、自理口粮户口等，符合上述条件的，统一登记为城镇常住户口”。这一具体政策在推动中国的城镇化过程中起到了十分关键的作用，城镇化的增长速度保持在每年1.2%以上。

——蓝志勇：《新中国成立70年来城市发展的进程与未来道路》，载《福建师范大学学报(哲学社会科学版)》，2019年第5期

材料四 城市基础设施和服务设计变化情况

指标	2000年	2012年
用水普及率(%)	63.9	97.2
燃气普及率(%)	44.6	93.2
人均道路面积(平方米)	6.1	14.4
人均住宅建筑面积(平方米)	20.3	32.9
污水处理率(%)	34.3	87.3

续表

指标	2000 年	2012 年
人均公园绿地面积(平方米)	3.7	12.3
普通中学(所)	14473	17333
病床数(万张)	142.6	273.3

——陈胜昌:《中国的城市化:从数字城市到智慧城市》,载《中国生产力学会第十八届年会专辑》,2015 年

教师设问: 依据材料,概括中国基础设施建设取得的成就和改革措施的关系,指出哪些方面还存在突出的问题,说说解决这些问题的建议。

学生活动: 阅读材料,概括信息,自主表达自己的认识。

材料五 人类居住的四次革命性变化:根据居住方式、建筑材料及建筑技术的发展等因素,第一次居住革命以走出群居,并以自己的力量,利用木材、泥木、石块等天然材料建造有支撑的房屋为主要标志;第二次居住革命以砖瓦产品的广泛应用和手工建筑技术的成熟等为特征;第三次居住革命以钢筋混凝土的广泛应用为主要标志;第四次居住革命是在以信息化和生态化为主要特征的居住领域的深刻变革。

——王立奇、张红:《从人类的四次居住革命看"数字化家园"》,载《中国房地产金融》,2002 年 12 期

教师设问: 依据材料,说说人类居住革命的发展情况。结合所学知识,说说不同阶段影响居住环境改善的因素有哪些。

学生活动: 阅读材料,概括信息,自主表达自己的认识。

教师讲述: 通过材料阅读与问题思考,同学们要注意梳理本单元重点问题,加深对内容的理解;总结学习成果,积累学习经验,提炼历史学科思考问题方法。

第三部分

学习资源拓展

第10课　古代的村落、集镇和城市

材料一　聚落的内涵

“聚落”指人类聚居地，狭义的范围仅指村落，而广义范围包含城市；例如在“聚落”和“城市”并提时，很可能是在对比城乡之间的问题。道萨迪亚斯在“人类聚居学”中将人类聚居划分为乡村型聚居和城市型聚居，并认为“乡村型聚居”应具有以下特征：(1)居民的生活依赖于自然界，通常从事种植、养殖或采伐业；(2)聚居规模较小，并且是内向的；(3)一般都不经过规划，是自然生长发展的；(4)通常就是一个最简单最基本的社区。

——吴良镛著：《人居环境科学导论》，北京：中国建筑工业出版社，2003年，第240—241页

材料二　农业产生及影响

农业(包括种植庄稼和驯养家畜)在世界上几个不同的地区分别独立地发展起来。已知的最早的农业活动大约发生在公元前9000年前，亚洲西南部(今天的伊拉克、叙利亚和土耳其)的居民开始种植大麦，同时驯养了绵羊、山羊、猪和牛。已知的最古老的村庄是耶利哥，公元前8000年，它就出现在今天以色列境内死海北边的绿洲上。大约在公元前7000年的时候，当地居民在他们的圆形茅屋周围建造起坚固的围墙，挖掘了护城河，这些情况反映出耶利哥聚集起的财富已经引起了其他掠夺者的兴趣。已知的最古老的城市，出现在现代伊拉克的底格里斯河和幼发拉底河流域，那里的农业村庄和城镇逐渐发展成为城市。这些地区在大约公元前4 000年到前3500年的时候跨进了城市的门槛，并迅速在当地占据了统治地位。此后，世界的其他地方，包括埃及、印度北部、中国北部、墨西哥中部和南美的安第斯山区中部，也出现了城市。

——摘编自[美]本特利等：《新全球史：文明的传承与交流》上，魏凤莲等译，北京：北京大学出版社，2007年，第24、28页

材料三　村落与环境

村落主要是从事农业生产的人们生活居住、生养繁衍的场所和进行各种生产活动、社会活动的基地。社会动荡，战火不息，灾荒连年，瘟疫流行等，迫使农民背井离乡，避灾逃难，家破人亡，田园荒芜，村落必定随之而萧条衰败，久之成为废墟。而在农业开发很晚的地方，或仅局部开发，甚至刀耕火种、粗放经营的地方，村落必定稀疏，村小人少，村貌粗陋。从另一方面来说，如果排除社会人文因素，单从自然环境考察，那么，凡是土地广阔、土壤肥沃、水利

富饶、气候适宜、交通方便的平原地区、山麓地带或山间盆地，必定村落发展历史悠久，村落大而稠密。

——尹钧科：《关于〈北京郊区村落发展史〉研究浅说》，载《北京社会科学》，1997 年第 3 期

材料四　欧洲中古时期的村落

我们知道，领主的府邸、宫殿及富裕农民的住宅都是经过规划的，他们讲究排场。每个地区的房屋都有自己的建筑风格。16 世纪之前的建筑都是木制的，17 世纪以后改为石头建筑。

村子里的每座建筑都是一个相当独立的单位，是自主的，要求有自给自足的原则，但没有一个院落是完全封闭的；相反，每个邻居都能看到一个农户是如何劳动，怎样庆祝，他们从不向他人掩饰自己的财产，人们之间几乎没有秘密而言。人们表达的和想要表达的常常可以从房屋立面的特殊外观上看出来，城市和村庄在这方面逐渐地有了区别。每座院落和房屋都是通过路和小径连通的，这些路和小径没有铺设石块，所以夏季尘土飞扬，雨季时泥泞难行，不仅人走车行，而且还跑着家禽和羊群。

(1520 年)他们(村民)的处境非常令人同情，非常艰苦；他们分开居住，很恭顺，与亲属、牲畜在一起。茅舍是用黏土和木板建构的，很低矮，用秸秆做屋顶，这就是他们的房子。很少的面包、燕麦粥、煮熟的蔬菜是他们的食物，水和乳清是他们的饮料。一件亚麻织的外衣、一双靴子、一顶熏黑了的帽子是他们的衣物。这些人没有休息时间，很勤劳，不讲卫生。他们把在地里生长出来的和牲畜生产出来的东西拿到附近的城里去出售，又在那里买回他们所需要的东西。手工业者很少或者根本就不与他们同住。一般每一个村庄里都有一座教堂，听他们的教士讲上帝说的话，做弥撒。

——[德]里夏德·范迪尔门著：《欧洲近代生活——村庄与城市》，王亚平译，北京：东方出版社，2004 年，第 8—9、18—19 页

材料五　城市的十条标准

西方社会科学对“城市”(city)、“城市生活方式”(urbanism)与“向城市生活方式发展”(urbanization)这一连串的概念的研究和讨论，常用的关于城市的定义，多源于英国史前学者戈登·柴尔德(Gordon Childe)1950 年在利物浦大学《城市规划评论》杂志里发表的题为《城市革命》的一篇影响力甚为深广的文章。从考古学的资料中来界说城市，柴氏举出了 10 项标准：(1)最初的城市较过去任何聚落均为广大，其人口亦较稠密。(2)城市人口的构成和功能与前迥异，包括不从事农业、畜牧、渔猎或采集以取得食物的其他阶层——专门化的工匠、运输工人、商人、官吏与僧侣。(3)直接生产者必须向神或神权下的国王缴纳赋税，以产生剩余财富的集中。(4)规模巨大的公共建筑不但标志城市与此前村落之异，而且作为社会剩余财富的象征。(5)僧侣、官吏和军事首长形成统治阶级，从事计划、组织等劳心活动。下层阶级从事劳力。(6)财富的经营迫使文字的发明。(7)文字的发明进一步推动科学的产生——算学、几何学、天文学。(8)由剩余财富所供养的其他专家从事美术的新活动，其美术的概念化与复杂化造成各城市中心美术之差异。(9)剩余财富用于输入外来商品，造成贸易的发达。(10)由于原料能够输入，同时受到以居住地位(而非亲族地位)为基础的国家的保护，专门化的工匠成为城市政治构成的下层成员。柴氏的 10 大标准如加以简化，实指古代

社会演进过程中从事生产活动人口的分化。

——张光直：《关于中国初期"城市"这个概念》，载《文物》，1985年第2期

材料六　中国古代市镇发展

墟市也叫草市，是进行交换活动的最为古老的形式。草市之名初见于东晋南朝。墟市草市都是在乡村设立的，岭南称墟，偏北称草市，都是按干支排列的定期集市。吴处厚称，"蜀有痎市，而间日一集，如痎疟之发，则其俗又以冷热发歇为市喻"，这种解释，早就受到非议，以为不如以亥日作为定期集市之日为合理。"岭南村墟聚落，间日会集稗贩"，也是间日一集的。但也可以三数日一集，"乡落有号为虚市者，止是三数日一次市会"。集市间隔时间的长短，反映了这个地区贸易、交换能力的强弱。草市当中靠近城市的，如上所述，逐步变成城市的外厢，成为城市的一个组成部分。而在乡村中的草市，也有两种情况，一类是趁虚之后，星散无人烟；一类是在交易的地点逐步出现小酒店、茶肆之类的店铺。宋神宗熙宁十年曾经诏令地方，"无可取买食用盐茶农具，人户愿于本地分兴置草市，招集人户住坐作业者"，可见有的墟市草市上是有"人户住坐作业"的小商铺的。所以，在草市上，能够买到酒，"草市寒沽酒"，也能够吃到饭，"离东林，饭太平宫前草市"。这类草市发展到相当繁盛的时候，便能够上升为镇市了。

——漆侠著：《宋代经济史》，上海：上海人民出版社，1987年，第938—939页

事实上，市镇的兴起与发展，反映了乡村逐步都市化的进程，因而市镇作为城乡间的中介和过渡地带，具有显著的历史意义。从某种程度上说，传统农业社会的历史也就是乡村不断都市化的过程。在这一过程中，县以上都市的数量变化不大，那么都市化不能不体现在这样两个方面：一方面体现在原有的县以上层次的都市，不断由政治中心、军事中心向经济中心转化，或者经济中心的地位越来越突出；另一方面体现在大量市镇的兴起与繁荣，以它突出的经济中心、文化中心的地位，成为不同于乡村的都市。

市镇是商品经济发展的产物，也是乡村向都市化方向转变的产物。南宋时代已兴起了大批市镇，明代在此基础上出现了市镇空前繁荣的盛况，清代前期这种盛况还在持续发展。长江三角洲地区市镇发展最为迅速，分布密度也最大，因而选择这一地区深入剖析是具有典型价值的。

——樊树志著：《明清江南市镇探微》，上海：复旦大学出版社，1990年，第5、7页

以嘉定县为例，对社会经济发展的特点进行分析，男耕女织一贯是中国封建自然经济的基本特征，但明清时嘉定县的棉植与棉织业有自己的特征：一是棉植业不是副业，它在农业经营中所处地位高于稻禾；二是棉植与棉织业除了部分用于自身消费外，大部分是投入市场，也即是具有明显的商品生产的性质，为了交换而生产，棉织业经济收益亦好。据陆世仪说："棉三斤，织布一匹，利率三倍。"

——陈学文著：《明清社会经济史研究》，台北：稻香出版社，1991年，第101页

材料七　欧洲城市自治

埃克塞特主教沃尔特·布朗内斯康姆赐予彭林自治市的特许状。它确认了早年威廉·布鲁尔主教(1223—1244年在位)的特许状，后者已经遗失。

受神的怜悯，埃克塞特主教沃尔特，问候诸位将读到本信的忠实基督信徒。

我已查阅我们虔诚记忆中的前任威廉(布鲁尔)之信中……下列条款：对所有的基督信

徒……威廉借助神的怜悯……知悉基于我们自己和后代的利益，我已转让并以本特许状向我们彭林自治市的好市民及其后代确认，同意他们可以自由占有城市地产，每英亩以每年12便士标准的租金付给我们或后代，每年给付两次，即万圣节（11月1日）和5月1日。我们还同意，如果一块地产转让，或一个佃户死去，获土地者须按每英亩12便士付给赔偿金……我们希望并敕令上述市民享有各种特惠，以及永久享有各种自由和免税权。1236年，赐于彭林。

——庞兹著：《中世纪城市》，刘景华、孙继静译，北京：商务印书馆，2014年，第194页

材料八　居住空间

我们应该从比较而言更为我们熟悉的东西——房间而非空间——开始。人人都知道房间，尤其是因为房间是位置——工作的位置、休息的位置、开会的位置等等。一座建筑物或多或少都被明确地划分为房间，建筑物不仅提供房间，而且提供出空间，建筑物自身作为空间就是一个位置：可以住居的位置。但建筑物还不只是一个位置；就它也占据位置而言，它还是一个特殊的位置。

作为房间的建筑物或多或少被严格地划分为诸房间，这建筑物不仅是一个位置，也不仅提供出一个位置，而且这个位置还是自由空间，或者我们可以说：空间中的自由。有一块自由空间，是可供移动的空间性的自由，它也可以用来放置或储存物品。

——[德]君特·菲加尔：《论居住：有关人类生活、建筑物和空间的思考》，载《同济大学学报（社会科学版）》，2016年第2期

材料九　气候影响住居

住的问题和气候关系更为密切。住宅的第一目的，就是要蔽风雨。我国北方风沙大，雨雪少，北平一带屋顶上瓦沟和屋檐的封固，要比南方紧密些。北平比较考究的房子，就有两重窗户。许多平民住宅，屋顶全是平的。这在多雨雪的地方，不但要引起屋漏，而且冬天大雪之后，可以把房子压倒的。欧美各国，凡是多雪之地，屋顶统尖削作金字塔式冰雪不至于堆积在屋上。我国的纬度低，夏季长，黄河流域夏季已有3个月之久，到了长江下游就有5个月，到了华南增至8个月，而且每天照到太阳光的时间要比英法德各国长得多。所以英法德诸国患阳光太少，而我国大部尤其是在夏天患阳光太多，一到夏季，南京各处的新式洋房，便搭上一个芦席棚，好像一个华服的妇人，外面罩上一件褴褛不堪的大衣。新式洋房墙上多开窗户原是要想多收吸太阳光，但是外面遮一层芦席棚，是不准阳光进去。欧美式的房子，为节省煤力、电力，所以住屋宜矮小，我们长江以南，夏长冬短，故房间宜高大而宽敞。

——竺可桢：《气候与人生及其他生物之关系》，载《气象杂志》，1936年第9期

材料十　房屋的差异

希腊房屋最早的风格通常以柱子和墙壁为框架建成的圆形小屋，墙壁用缠绕在一起的芦苇涂抹着黏土建成。后来出现了长方形的用泥砖建造的房屋，起初没有石头做地基；随后出现了在矮的一端由带入口的长方形房间组成的中央大厅的类型，房间前方是由两根柱子支撑的开放的门廊。东方和西方的木结构建筑存在着一个本质的差别。西方建筑的墙面顶端是与屋顶的下面相接合的，因为墙面是屋顶的支撑物。但在东方建筑中，墙面不再起支撑作用，因此屋顶和墙之间是有距离的。中国建筑的演化是缓慢的，后来结构上的进化似乎只

发生在斗拱上。最初斗拱是非常原始的，而且是纯粹功能性的。

——[美]加得纳著：《人类的居所：房屋的起源和演变》，汪瑞等译，北京：北京大学出版社，2006年，第39页

材料十一　中国六大考古文化区系

从全国范围来看，我们可以将现今人口分布密集地区的考古学文化分为六大区系，它们分别是：(1)以燕山南北长城地带为重心的北方；(2)以山东为中心的东方；(3)以关中(陕西)、晋南、豫西为中心的中原；(4)以环太湖为中心的东南部；(5)以环洞庭湖与四川盆地为中心的西南部；(6)以鄱阳湖—珠江三角洲一线为中轴的南方。中国国家起源发展三部曲是：古国—方国—帝国；发展模式的三种类型是：原生型、次生型和续生型。中国考古学文化区系类型学说的建立、中华文明起源和国家形成系统概念的形成，不仅使重建中的中国古史逐渐清晰起来，而且进一步提出了中国考古学与世界考古学接轨、古与今接轨的新课题。

——苏秉琦著：《中国文明起源新探》，北京：生活·读书·新知三联书店，1999年，第35页

材料十二　居住的变迁

在新石器时代后期，尤其是在黄河中游和下游地区为中心的区域内，平地穴式房屋即地面建筑与半地穴式房屋开始并存。在黄河中游地区房屋构造开始向多样化发展。即基坛建筑、平地式地面建筑、半地穴式房屋、窑洞式房屋等。在商代后期的都城殷墟，并存着基坛建筑、地面建筑和半地穴式房屋。反映着使用这些建筑的人们的阶层差距，也反映着神殿或宗庙、贵族阶层的住宅、普通房屋、粮食贮存仓库等建筑物的功能不同，也就是说这些因社会分化而产生的不同，都反映在了房屋建筑的构造之中。

——[日]宫本一夫著：《从神话到历史：神话时代、夏王朝》，吴菲译，桂林：广西师范大学出版社，2014年，第261页

第11课　近代以来的城市化进程

材料一　城市化的内涵

蒂斯代尔1942年提出的观点——城市化是人口聚集的过程，它以两种方式进行：数个聚集点的成倍增加和个别聚集的规模增长。提出将城市与其他定居形式区别开来的维度：人口规模、定居密度、非农业职业的比重以及非农业职业的多样性程度，认为这四个标准是连续统一的，不可能武断地划一道线来区别城市与非城市。提出了从城市增长或人口城市化，社会的城市化或行为城市化，结构城市化(强调城市功能或人口功能)等三方面来研究。

——[美]简·德·弗里斯著：《欧洲的城市化：1500—1800年》，朱明译，北京：商务印书馆，2015年，第12—13页

让·德·伏里在1984年将这些多角度和多层面的探讨归纳为三种主要的视角：第一种称之为人口城市化；第二种称之为行为城市化；第三种是结构城市化，这是指社会组织变化的过程，这一过程培育了人口的集中。人口城市化是强调人口的集中，结构的城市化强调

的是在中心点的集中行动。这两者既有关联，也有区别，前者反映了向城市集中的人口在数量和规模上的变化，后者反映了伴随着大规模综合行为的发展而在城市社会中发生的变化。

——王挺之、刘耀春著：《欧洲文艺复兴史·城市与社会生活卷》，北京：人民出版社，2008年，第367页

材料二　英国工人住房问题

在19世纪的英国工业化和城市化的急速推进中，大量人口涌入城市，对城市住房，特别是下层阶级的住房提出了严重的挑战。而开发商的逐利行为、政府的不干预政策加重了工人的住房困难，于是在城市里，从地下室到阁楼都变成了工人住宅，把原先的公寓房子或联排住宅，进行重新分割，出租给不同的人群，或者修建背靠背式的大杂院式住宅，试图改善工人的居住条件。但是，工人住宅的改善，最终还有待于政府的干预乃至参与。

——陆伟芳：《19世纪英国城市工人之住宅问题及成因——兼谈恩格斯的〈英国工人阶级状况〉》，载《扬州大学学报(人文社会科学版)》，2009年第2期

材料三　美国城市住房立法

“哑铃楼”这个名字的得名不是因为它的设计师，而是它的形状。这种廉租公寓紧跟潮流，完全符合1879年《合租房法案》的各个条款。这项法案要求新的合租公寓房必须给每个房间安上窗子。这种设计无疑是在宽25英尺长100英尺的狭小土地上盖多人居住房屋的最佳方案。……哑铃廉租公寓并没有让居住条件变得舒适，反而让住房拥挤变得更严重。

全美第一位全职的职业住房改造专家劳伦斯·威尔勒所带领的深入调查，造就了1901年通过的《廉租公寓住房法案》。新的法规使哑铃楼的天井变成了一个更长、更开阔的庭院。法律也要求每套公寓都要有独立的厕所，并要求配备有力的消防措施。但显而易见的是，新的法律适用于新建筑；法案是包括一些约束力很弱的条款以改进现存的廉租公寓的采光、通风、排水和防火措施，但这并不能有效地改善纽约市全部8万座廉租公寓房的状况。

——[美]丘达柯夫著：《美国城市社会的演变》，熊茜超、郭旻天译，上海：上海社会科学院出版社，2016年，第119—120页

材料四　美国城市化发展

当先驱者们踏上这片广袤而陌生的疆土时，他们必须建造城市。这些城市仿效了以下两种模式中的一种：一种是方格网布局，如大多数拉美城市、纽约城和其他中心城市那样；另一种呈“主要街道”村落的结构，这种城市的形象在西部电影中已具有传奇性的色彩。在这两种模式中，都出现了欧洲中产阶级城市中的那些建筑：教堂、银行、学校、酒吧和市场。甚至美洲的住房建设也严格依照了欧洲住房的两种基本类型：拉美国家是带有栅栏和有凉廊的西班牙式住宅，美国是英国式乡村住宅。

——[意]罗西著：《城市建筑学》，黄士钧译，北京：中国建筑工业出版社，2006年，第17页

材料五　联合国人居大会

联合国于1976年在温哥华第一次召开关于人类居住的大会，并成立了联合国人类住区(生境)中心。这个会议被称为“人居一”。“人居二”于1996年6月在土耳其的伊期坦布尔举行，它由全球大会、世界城市大会、声像论坛、世界住房及住区展览和市长及城市协会等非政府组织论坛等部分组成。大会的主题是：强化城市化管理，提高人类住区环境的质量，制

定城市管理和住房发展的新政策和战略，改善城市环境和加强基础设施的投资和建设。

联合国“人居二”的一项重要内容是要求各国政府编制符合本国实际的1996—2000年国家行动计划，来改善本国的城市环境和住房以及基础设施的条件。国家行动计划应根据本国的经济发展目标、住房和城市化发展的情况和存在的问题，包括以下内容：(1)住房和城市化发展的趋势预测；(2)住房和城市的发展和融资；(3)城市管理和权力下放；(4)发展经济，减轻贫困并创造就业；(5)城市环境管理以及城市减灾和重建；(6)满足妇女等不同社会群体的需求。国家行动计划要求提供本国在以上方面做得出色的实例。

——《联合国第二次人类居住大会》，载《住宅科技》，1995年第5期

材料六　中国近代城市化

晚清时期的中国，城市发展进入传统城市转向现代城市的过渡期，西方列强入侵和社会巨变虽然一定程度上会对近代中国的城市化产生负面影响，但整体趋势不可逆，这两方面的因素同样也是晚清时期中国城市发展的动力。这一时期的中国城市发展，伴随着地区发展极不平衡、城乡分裂发展、城市社会生活的巨大变迁、城市空间结构的复杂化等特征。在20世纪初期中国也诞生了近代城市治理的萌芽，随着城市经济和社会的变革以及西方观念的影响，市民开始在政治层面和市政层面参与到城市治理中。尽管其发展曲折坎坷，但是透过历史看现在，晚清时期中国城市发展的道路、特征和经验，在物质、精神和制度层面对于现在的城市治理现代化都有启示意义。

——顾强、章钊铭：《从城市化到城市治理：晚清时期中国城市发展的历史逻辑》，载《城市学刊》，2020年第4期

材料七　新中国城镇发展

1954年底，全国设5400个镇，人口2000到50000不等。1955年6月国务院发布了《关于设置市、镇建制的决定》，确定设镇标准。1975年和1978年的两部宪法都废除了乡建制，保留了镇建制。至1978年底，全国有2173个镇。1984年11月国务院公布新建镇标准，确定县政府机关所在地，乡政府驻地非农业人口占全乡人口10%以上的，可以设镇；少数民族地区、人口稀缺的边远地区、山区和小型工矿区、小港口、风景旅游区、边境口岸等地，非农业人口虽不足2000者。有必要的话，也可设镇。

1993后，一系列由国家体改委、建设部、公安部等多部委联合颁发的政府文件推动了小城镇的综合改革和农村居民的市民化。如1993年10月的《关于加强小城镇建设的若干意见》；1995年4月的《小城镇综合改革试点指导意见》，1997年的《小城镇户籍管理制度改革试点方案》和《关于完善农村户籍管理制度意见》，允许农民进城，允许在小城镇就业、居住和符合条件的农村人口办理常住户口，新生婴儿随父母入城市户口，许多城市都放松了户口限制。

1998年十五届三中全会通过的《中共中央关于农业和农村工作若干重大问题的决定》认为发展小城镇是带动农村经济发展的大战略，2000年国务院也颁发了《关于促进小城镇健康发展的若干意见》，推动农村改革和小城镇建设。2000年5月国务院批转的公安部《关于推进小城镇户籍管理制度改革的意见》，是关键性的一个文件。

——蓝志勇：《新中国成立70年来城市发展的进程与未来道路》，载《福建师范大学学报(哲学社会科学版)》，2019年第5期

材料八　中国城市化发展方针演变

发展时期	城市化方针的主要内容
“五五”时期（1976—1980）	严格控制大城市规模，合理发展中等城市和小城市。
“六五”时期（1981—1985）	控制大城市规模，合理发展中等城市，积极发展小城市。
“七五”时期（1986—1990）	继续贯彻执行“控制大城市规模，合理发展中等城市，积极发展小城市”的方针，切实防止大城市人口规模的过度膨胀，有重点地发展一批中等城市和小城市。
“八五”时期（1991—1995）	城市发展要坚持实行严格控制大城市规模、合理发展中等城市和小城市的方针，有计划地推进我国城市化进程，并使之同国民经济协调发展。
“九五”时期（1996—2000）	统筹规划城乡建设，严格控制城乡建设用地，加强城乡建设法制化管理。逐步形成大中小城市和城镇规模适度、布局和结构合理的城镇体系。
“十五”时期（2001—2005）	推进城镇化，要遵循客观规律，与经济发展水平和市场发育程度相适应，循序渐进，走符合我国国情、大中小城市和小城镇协调发展的多样化城镇化道路，逐步形成合理的城镇体系。
“十一五”时期（2006—2010）	坚持大中小城市和小城镇协调发展，提高城镇综合承载能力，按照循序渐进、节约土地、集约发展、合理布局的原则，积极稳妥地推进城镇化，逐步改变城乡二元结构。把城市群作为推进城镇化的主体形态。
“十二五”时期（2011—2015）	按照统筹规划、合理布局、完善功能、以大带小的原则，遵循城市发展客观规律，以大城市为依托，以中小城市为重点，逐步形成辐射作用大的城市群，促进大中小城市和小城镇协调发展。
“十三五”时期（2016—2020）	加快构建以陆桥通道、沿长江通道为横轴，以沿海、京哈京广、包昆通道为纵轴，大中小城市和小城镇合理分布、协调发展的“两横三纵”城市化战略格局。

城市化进程不仅涉及生产要素由乡村向城市的转移，而且还包含着城市规模体系的变动。从城市化发展阶段和城市规模体系演进两个维度，对改革开放40年的中国城市化进程进行分析，结果表明：1978—1984年为城市化的初期阶段，1985—2018年为城市化的快速发展阶段；各种规模城市的数量和总人数均得到了显著增加；城市规模体系指数由2000年的0.6961，上升为2010年的0.7376，城市规模体系呈现集中化趋势。工业化、信息化、城镇化和农业现代化叠加，以及对外开放格局的完善，是我国城市化进程取得显著成就的主要经验。未来，进一步坚持以人民为中心的指导原则，优化城市规模体系，树立正确的城乡一体化发展观，是促进中国城市化持续发展的主要途径。

——任杲、宋迎昌、蒋金星：《改革开放40年中国城市化进程研究》，载《宁夏社会科学》，2019年第1期

材料九　中国城市住房和基础设施建设

住房供给是城镇化的重要抓手。70年来，人民群众的住房条件得到了极大改善。1949年城镇人均住房建筑面积仅为8.3平方米，2018年已经上升至39平方米。随着保障性安居工程加快推进，累计建设各类保障性住房和棚户改造安置住房8 000多万套，帮助2亿多群

众解决了住房困难，建成了世界上最大的住房保障体系。

基础设施建设是城镇化的中心载体。70 年来，城市基础设施建设水平实现了巨大跨越。交通方面，至 2018 年底，中国大陆地区共有 35 个城市开通城市轨道交通运营线路 185 条，运营线路长度 5761.4 公里，全年累计完成客运量 210.7 亿人次；定期航班国内通航城市 230 个，国内航线 4096 条(其中港澳台航线 100 条)，国内航线完成旅客周转量 7889.70 亿人公里(其中港澳台航线完成 165.05 亿人公里)。

——张卓群：《中国 70 年城镇化发展成就回顾与展望》，载《经济论坛》，2019 年 10 月第 10 期

材料十　智慧城市的内涵

表 1　对智慧城市的定义和理解

国家/地区	定义
欧洲	智慧城市是一个集中高科技的先进城市；在城市中，信息通信技术联系人、信息和城市的各部分，以创造一个可持续的、绿色的、有竞争力和创新的、高生活质量的城市。 判定一个城市是否智慧，取决于在人力资源软环境，以及传统(交通)、现代(信息通信技术)交流基础设施投资能够加速可持续的经济增长、提升生活质量、促进资源的智能管理、并推动参与性城市管治。 智慧城市是一个集聚高学历、知识型工作、创新活动的城市。
美国	智慧城市通过将传感及信息传播技术运用到城市基础设施中，从而优化电力、交通以及其他运输的运行，从而提升每个人的生活质量。 智慧城市是指面对已有全球、环境、经济和社会发展趋势带来的挑战，建设一个健康和快乐的社区。
新加坡	智慧城市是指在一个社区、城市、区域或国家尺度下应用信息通信技术做出实时的分析，促进经济的可持续发展。
中国	智慧城市的建设是一个持续更新、可升级的发展过程和手段；不仅仅是部门和领域信息化的深入，而是依托和借助信息化，促使城市社会、经济、环境、空间及管治全方面、多尺度地互联、互通与互动。
巴西	智慧城市的建设就是通过更加智能和协同的方式利用各种技术和资源来发展一个集中、宜居和可持续发展的城市中心。

表 2　智慧城市建设重点领域和关键方面

领域	技术/概念	关键方面目标		
		高效/绿色	便利/移动	连接/共享
交通	利用信息通信技术的综合集成出行模式；基于需求的数字化交通；活力交通(自行车、步行)便利化设计；自动(无人)驾驶；电动汽车	减少污染物及碳排放；提升土地利用效率	提升可步行性与公共交通；减少交通拥堵；降低交通事故率	普及可达性；节约时间；提升健康舒适度；降低交通运行费用和提升生产率
能源	分布式可再生能源；片区供暖和制冷；低能源存储技术；智能电网及芯片；节能照明器具；改善空调系统	提升能源利用效率；降低能源生产、运输与消耗过程中的污染排放	降低能源运输中的消耗	保障突发事故的能源供给能力和应对措施；提升能源供给的可靠性；强化不同片区能源的互动管理

续表

领域	技术/概念	关键方面目标		
		高效/绿色	便利/移动	连接/共享
建筑与住房	新建筑技术和设计；建筑生命周期设计与优化；基于传感器的实时空间管理；自适应空间设计；加强有利于创新的融资、规范和标准建设	减少碳排放；减少能源消耗	提升舒适；实施居家环境远程管理	连接健康的生活和工作环境；保障可负担住房；满足安全
水资源	水系统的综合设计和管理；片区水资源循环利用；智能监控用水效率；建筑内水循环重复利用	提升循环利用率；提升水利用效率；完善储水系统设计	降低水资源调配运输中的消耗	保证区域各地供水
城市农业	无土栽培；垂直种植	提升城市绿化率；减少农业用水消耗	完善农产品洁净运输	促进新鲜农产品生产与共享
城市制造业	高科技；3D打印；个性化、小批量生产模式；高人力资本附加值产业；创新园区建设	低能耗、低排放	创立便捷的电子化生产消费网络；促进生产生活一体化	提升技术教育与培训；重视社会资本（人才）积累

——王波、甄峰、卢佩莹：《美国〈科技与未来城市报告〉对中国智慧城市建设的启示》，载《科技导报》，2018年第18期

第五单元

交通与社会变迁

第一部分

单元教学设计

单元学习主题和目标

1. 课标要求与分析

课标要求：了解古代的水陆交通建设及主要交通工具；认识新航路开辟和工业革命对促进交通进步的作用；认识20世纪交通运输的新变化对民众生活及社会变迁的意义。

依据课程标准，本单元的教学需把握古今中外交通运输的发展，以及交通运输与社会变迁的关系。随着物品的丰富和社会经济的发展，人们对交通运输的需求越来越迫切。第1课主要介绍了古代和近代东西方交通运输的变迁，以及交通与社会发展之间的关联。第2课主要介绍了现代交通运输的新变化以及交通与社会生活的关系。

由于生产力发展的局限，古代东西方交通，采用水陆并进的方式。陆上交通以人工道路为基础，以轮式车为工具，逐渐建立了四通八达的大陆交通网络。水上运输分为内河航运和海洋运输，丝绸之路成为古代连接东西方的主要贸易通道。工业革命的发展，带来了交通运输业的革命。交通的发展，加强了各地的沟通，促进了各地之间的政治、经济和文化发展，深刻影响了城市的发展，方便了物品传递和信息交流，各国之间的联系更加密切。

第二次工业革命以来，科技的发展推动交通运输快速发展。现代交通进一步缩短了世界各地人流和物流的时间，世界成了息息相关的“地球村”。城市公共交通为人类市内交通提供了方便。随着交通成本的降低，出现旅游潮，人们的生活品质也得到了提升。

通过本单元的学习，认识交通运输与社会变迁之间存在互相推动的关系；社会经济发展为交通运输提供了需求，交通运输推动了经济发展。

2. 单元学习主题

本单元的教学设计可围绕“交通的发展便利了人们的生活并增强了世界各地的联系”这一单元主题展开。通过教学活动的开展，促进学生的时空观念、历史解释和史料实证等学科核心素养的发展。比如，对时空观念的认识，可通过从古至今交通工具和交通运输的历史发展演变，引领学生认识不同时期交通运输的进步。随着经济发展，自然科学不断取得进步，科技应用于交通运输，推动了交通运输的持续发展，从最早的人力车船，到第一次工业革命之后蒸汽机运用于交通运输，出现了蒸汽机车和轮船，再到第二次工业革命之后内燃机和电力应用于交通运输，出现了内燃机车、汽车、电力机车、高速铁路、飞机等。又如，历史解释和史料实证学科素养的发展，可以充分运用交通运输工具的进步与社会变迁之间的互动关系，通过多角度论证分析，培养学生分析历史事物阐释历史问题的能力。

3. 单元学习目标

（1）通过阅读分析东西方交通的相关资料，认识丝绸之路成为古代连接东西方的主要贸易通道，了解近代西方开始主导建立环球交通网络；通过梳理工业革命推动交通运输业发展的史事，认识科技进步推动交通发展和社会变迁的作用，认识世界联系增强的历史发展趋势。

（2）通过学习第二次工业革命以来科技的发展，梳理现代交通运输工具进步的表现，认识科技推动交通运输快速发展，认识交通对社会生活改变和对生活品质提升的作用。

（3）在了解古今中外交通运输发展的基础之上，能够认识从古至今交通运输取得的巨大进步，以及交通运输与社会变迁之间的内在关系，提升综合分析历史问题的能力。

单元学习重点与难点

1. 学习重点分析

本单元的学习重点是交通运输的进步，以及交通运输与社会发展之间的联系。

从本单元的知识结构看，古代东西方都形成了具有本地特色的水路交通体系，各地的交通水平虽然具有差异，但基本都停留在依靠人力和自然力的阶段，交通工具相对比较落后，涉及的范围相对比较有限。随着新航路的开辟，西方交通运输业取得了很大进步，开始建立以西方为主导的全球交通网络。两次工业革命极大推动了交通运输业的进步，科学技术取得突飞猛进的发展。单元教学设计需展现古代中西方交通的发展概况，认识新航路开辟后交通运输的发展，整体把握世界交通运输的发展趋势。

了解两次工业革命后交通运输的进步，更有助于学生理解近代历史的发展。从单元整体角度看，工业革命后交通运输是单元教学设计的重点。

2. 学习难点分析

本单元学习难点是科学技术与交通运输的关系，以及交通运输与社会变迁的关系。

梳理不同时期交通工具的发展相对容易，而认识科学技术与交通运输的关系，以及交通运输与社会变迁的关系是教学的难点。在教学设计中，教师应该整体上把握二者之间的关系，通过引用适当的材料，对历史问题进行归纳、概括、比较，引导学生分析不同时期交通与社会变迁之间的相互关系，引导学生从多元的角度认识二者的关系。

单元教学设计

1. 单元知识结构

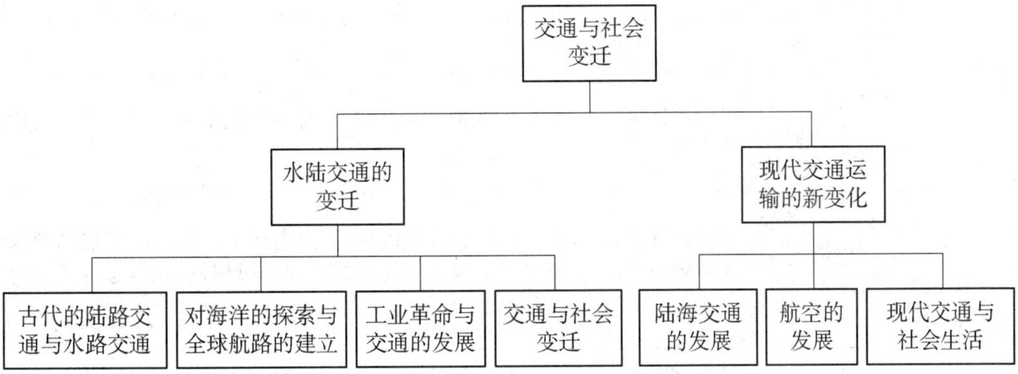

2. 主干知识与问题链

课时	主干知识	教材预设问题	问题链
1	水陆交通的变迁 (1) 古代的陆路交通与水路交通 (2) 对海洋的探索与全球航路的建立 (3) 工业革命与交通的发展 (4) 交通与社会变迁	〔思考点〕你怎样理解轮船招商局在中国近代航运史上的意义？ 〔学思之窗〕运河对人类社会发展有什么意义？ 〔问题探究〕阅读材料，结合所学，分析铁路建设对中国社会的影响。 〔学习拓展〕桥梁是道路交通的重要组成部分。查阅资料，了解桥梁的发展历史。	(1) 古代中外的人工道路有哪些类型？ (2) 古代中外的运河有哪些？分析运河对社会发展的意义。 (3) 说明推动丝绸之路繁荣的原因有哪些。 (4) 说明新航路开辟的过程以及影响。 (5) 工业革命是如何推动交通运输发展的？ (6) 中国近代交通运输有何进步？ (7) 分析交通运输与社会变迁之间的关系。
2	现代交通运输的新变化 (1) 陆海交通的发展 (2) 航空的发展 (3) 现代交通与社会生活	〔思考点〕20 世纪陆上交通有什么新特点？ 〔问题探究〕中国为什么要克服万难建设青藏铁路？ 〔学习拓展〕查阅相关资料，举例说明人类传递信息的主要方式。	(1) 汽车工业进步的原因有哪些？ (2) 新中国成立后，汽车业取得了哪些进步？ (3) 总结公路建设取得的成就。 (4) 中外高铁取得了哪些进步？ (5) 中外航海业的进步体现在哪些方面？ (6) 总结世界航空业的成就。 (7) 分析中国航空业的进步。 (8) 多角度分析现代交通与社会生活之间的关系。

3. 教与学活动设计

流程	主要内容	教与学的活动设计
单元导入	交通运输的发展及其与社会变迁的关系	通过阅读分析单元导言的内容，初步了解古代东西方交通运输的方式及特点。研读历史材料并思考问题：交通运输与社会变迁之间存在什么关系？导入本单元的学习。
第1课时 水路交通的变迁	(1) 古代的陆路交通与水路交通	阅读教材相关内容，分析教师补充的材料，总结古代中西方交通方式的内容及特点。
	(2) 对海洋的探索与全球航路的建立	阅读教材相关内容，分析教师补充的材料，思考海上丝绸之路发展的原因以及影响，分析新航路开辟后全球交通网络建立的过程及影响，思考运河对人类社会发展的意义。
	(3) 工业革命与交通的发展	阅读教材相关内容，分析教师补充的材料，总结工业革命如何推动交通的变革，概括近代中国交通运输的发展，分析铁路建设对中国社会的影响，以及轮船招商局在中国近代航运史上的意义。
	(4) 交通与社会变迁	阅读教材相关内容，分析教师补充的材料，思考交通的意义，分析交通与社会变迁的互动关系。
第2课时 现代交通运输的新变化	(1) 陆海交通运输的新变化	阅读教材相关内容，分析教师补充的材料，总结汽车业发展的原因及意义，概括新中国汽车业的发展，总结中外高速公路发展成就，分析中国高铁发展的原因，概括中外航海业的发展。
	(2) 航空的发展	阅读教材相关内容，分析教师补充的材料，总结西方航空业发展的过程，概括新中国航空业取得的巨大进步，思考“学思之窗”的问题。
	(3) 现代交通与社会生活	阅读教材相关内容，分析教师补充的材料，思考现代交通从哪些方面改变了人们的生活。
单元总结	知识体系建构与单元认识深化	建构东西方交通运输发展的单元知识结构，归纳交通运输取得的进步，理解科技发展与交通运输的关系，以及交通运输与社会变迁的双向互动。

单元导入

教师设问：请阅读第五单元单元导言，思考并回答：

(1) 依据单元导言的内容，指出古代东西方交通发展状况，列举这个时期东西方的交通工具。

(2) 依据单元导言的内容，指出新航路开辟后交通运输的发展，分析交通运输与社会变迁的关系。

【设计意图】 通过对单元导言内容的学习，初步了解本单元的时空观念和重大历史时间，整体感知交通运输的历史概貌。

教师总结： 通过以上问题的研讨，我们可以总体把握交通运输的发展变迁。在古代，东西方形成了具有地方特色的交通体系，交通发展水平差距不大，丝绸之路成为联系亚欧贸易的主要通道。新航路开辟后，西方开始建立自己主导的全球交通体系。两次工业革命，推动了西方交通运输飞速发展，中西方交通运输差距明显。西方近代交通传入中国，推动了中国近代交通的发展。新中国成立后，国家重视发展交通运输，成就斐然。那么，问题来了：古代东西方各自形成了怎样的交通体系？二者有什么异同呢？我们阅读下面的材料。

材料一 （罗马）公路筑得极好，其底层是置于坚硬泥土中的大石头，中层为沙砾，上层是大石板。路面被仔细地修成中凸形，使路面的水排入公路两侧的沟渠。这些出色的公路连同途中的桥梁因为建造得好而一直使用到中世纪，有些甚至到现在还在使用。

——摘编自[美]斯塔夫里阿诺斯著：《全球通史（第7版）》，董书慧等译，北京：北京大学出版社，2005年，第129页

材料二 驰道，是秦始皇二十七年开始修筑的。驰道所采的路线，都是按最近的距离规定的，没有什么迂回曲折的地方，所以又叫做直道。驰道的通达区域，据贾山说，是"东穷燕齐，南极吴楚，江湖之上，濒海之观毕至"。驰道的建筑，是"道广五十步，三丈而树，厚筑其外，隐以金椎，树以青松"。驰道路线之长，宽度之阔，取道之近，建筑之坚实侈丽，真是一个前古无匹的大工程。

——白寿彝著：《中国交通史》，北京：团结出版社，2007年，第81—82页

教师设问： 在古代，东西方是如何建立道路交通网络的？

教师引导学生分析： 社会经济的发展，推动了道路建设的进步。无论是中国，还是西方，都在建立发达的道路交通体系。道路交通将各地联系在一起，有利于人员和物资的交流，推动了经济发展。为了保障道路建造的质量，东西方都建立了相对完善的道路建造制度。

第二部分

课时教学设计

第 12 课　水陆交通的变迁

一、学习目标

1. 通过图片、文字等历史资料研读，说明古代中西方交通运输工具及方式。

2. 通过图片、文字等历史资料研读，分析海上丝绸之路形成的原因，概括运河对人类社会发展的意义。

3. 通过图片、文字等历史资料研读，分析工业革命如何推动交通运输发展，能辨析交通运输与社会变迁之间的互动关系。

二、学习重点

新航路开辟后，西方交通运输业的发展。

三、学习难点

分析科技与交通运输的关系，理解交通运输与社会变迁的关系。

四、教与学活动

【导入新课】

教师讲述： 随着物质生产丰富，经济交往的增加，社会对交通运输业提出了更高的需求。古今中外交通运输业如何发展的呢？今天我们学习第 12 课“水陆交通的变迁”。

【学习新课】

(一) 古代的陆路交通与水路交通

教师讲述： 阅读教材内容可知，人类在定居以后，对于产品交换的需求越来越迫切，需要建立并发展交通运输。

1. 东西方的人工道路

教师设问： 阅读"水陆交通的变迁"相关内容，说明古代西方和中国在人工道路建设方面取得的成就。

教师讲述： 西方的罗马帝国通过修筑发达的道路，将罗马和各行省连接起来，加强了对各行省的控制。中国秦朝时期，修筑了以咸阳为中心的全国性道路网。唐朝时，修建了以长安为中心的道路网。元朝对道路网进行扩建，还普遍建立驿站。同时，中国历代通过丝绸之路，加强了中外经济文化交流。

【设计意图】 通过引领学生阅读分析教材相关内容，了解古代东西方人工道路的基本内容，引领学生思考教师所补充的材料，认识人工道路的作用。

过渡： 我们通过以上的研究讨论对陆上交通有了初步的了解，除了陆上交通，这一时期水上交通取得了哪些进步？请阅读下列材料。

2. 古代东西方运河

材料一　灵渠是秦始皇统一六国后修建的。其目的是为统一南越(今广东、广西少数民族地区)。由于途中河道纵横，军队经常受阻，粮运极不方便，秦始皇令史禄负责凿渠，创造了中国历史上又一著名的运河。灵渠连接了湘江与漓江两大水系。

隋唐运河，主要有四大工程，第一是广通渠；第二是通济渠，第三是永济渠；第四是江南河。从隋京都长安出发，由广通渠入黄河进洛水到洛阳，从洛阳由永济渠直到涿郡(今北京)，从洛水进入通济渠到达淮河，从淮河入邗沟到达长江，从长江入江南河至杭州，全长约五千余里。……这条大运河，不仅沟通了我国黄河、淮河、长江三大水系，而且又汇总了所经许多河流。这样，以大运河为中心，形成了华北、黄淮平原水陆交通网络，对于这些地区的经济发展有着极大的意义。隋唐宋时期社会经济日趋繁荣，与大运河的开凿有着密切的关系。

——摘编自赵云旗著：《中国古代交通》，北京：新华出版社，1993 年，第 17、22 页

材料二　英国作为一个岛国，四面环海。在东边和西边，北海沿岸和爱尔兰沿岸，深入内陆的海湾和港口，彼此相连。内陆河流密布，布里斯托尔海峡和泰晤士河口、亨伯河口和默西河、泰恩河与索尔威湾、克莱德河河口与福斯河河口，彼此相对，中间只留下一些越来越窄的地方。这样的河流分布情况对于水路运输来说具有独特的优势。……众多交叉分布的河流为水路运输网络的形成提供了天然的优势。英格兰适于通航的主干河流有奥斯河、特伦特河、大奥斯河、泰晤士河和塞文河，这些河流及其支流是主要的适航河流。……由于水运设施的改善和河流的疏浚，大量体积大、数量多的货物一般是通过水路运输。

——摘编自郭华：《中世纪晚期英国交通运输的发展及其对社会变化的影响》，载《西南大学学报(社会科学版)》，2010 年第 5 期

教师设问： ① 依据材料一所述内容，画一幅隋唐大运河路线图。

② 依据材料一、二的内容，概括运河对社会发展的意义。

参考答案： 运河的修建，能够运输大宗货物，加强了各地之间的经济联系，推动了社会经济发展。

③ 如何辩证地看待隋唐大运河？

参考答案： 从修建过程看，在隋炀帝修建大运河的过程中，征调大量民力，增加了百姓

负担；从修建目的看，大运河将南方物资运往洛阳和长安，满足了两地经济发展需要，也反映了经济重心开始南移；从长远意义看，大运河沟通南北，推动了南北方经济文化交流，促进了经济发展。

【设计意图】 此环节设计的三个问题指向不同的学科能力和素养，三个问题之间有层次递进的关系，有利于帮助学生深入理解运河的意义。第一个层级的问题指向知识的归纳梳理，用画路线图的方式引导学生梳理隋唐大运河的地理位置。第二个层级是引导学生在分析材料的基础上概括大运河的意义，其意图在于培养学生运用材料的有效信息准确阐释历史问题的能力。第三个层级是如何全面看待隋唐大运河为论题，培养学生从不同角度多元论证历史观点的能力。三个层次的问题依次递进，难度逐步上升。

过渡： 从以上分析我们可以概括出古代东西方水路和陆路交通的发展，这些交通运输主要限于各地区内部。那么，世界各地之间有没有交通联系呢？

（二）对海洋的探索与全球航路的建立

1. 中国古代海上运输

教师讲述： 阅读教材内容，概括中国古代海上运输发展的条件。

中国古代海上运输发展的条件包括：造船工艺和航海技术进步；海船载重量大、抗沉性能提高；磁罗盘、实用航海图和天文定位技术广泛应用；政府的支持和推动。

【设计意图】 通过引领学生阅读分析教材相关内容，了解中国古代海上运输发展的条件。

过渡： 我们通过以上的研究讨论对海上交通运输有了初步的了解。在中外航海史上，有两项伟大的壮举：一是中国的郑和下西洋，一是西方的开辟新航路。郑和下西洋过程中到过哪些地方？我们该如何评价郑和下西洋和开辟新航路？请阅读下列材料。

2. 郑和下西洋和开辟新航路

材料三 明成祖在对外政策上……大力发展传统的朝贡贸易，还将这一贸易形式主动推往海外进行，这就是著名的“郑和下西洋”之举……自永乐三年(1405)至宣宗宣德八年(1433)，郑和先后七次奉命率船队出海远航，到达了东南亚、南亚、西亚直至东非地区的30多个国家……郑和的船队规模巨大，船只上百，满载瓷器、丝绸、铁器等货物，称为“宝船”……船队所到之处宣扬明朝国威，邀请各小国前往朝贡，并就地进行贸易，用所载货物换取当地特产。郑和出航所带军队很多，但主要是用于自卫，为和平贸易服务……另一方面，郑和下西洋主要是出于政治目的，“耀兵异域，示中国富强”。其贸易并非等价交换，往往入不敷出，所得又多为奢侈品、珍禽异兽等无用之物，而航行成本巨大，颇有劳民伤财之弊。因此到成祖死后，航行规模已有所缩减。宣德八年郑和在航海途中去世，以后下西洋之举即不再进行。

——摘编自张帆著：《中国古代简史》，北京：北京大学出版社，2015年，第322—323页

材料四 地理大发现以及随之发生的商业革命和殖民扩张所造成的各种后果，集中到一点，便是资本势力的增长，一个新兴的拥有资本的阶级——资产阶级首先从西方登上历史舞台。……马克思指出：“在16世纪和17世纪，由于地理上的发现而在商业上发生并迅速促进了商人资本发展的大革命，是促使封建生产方式向资本主义生产方式过渡的一个主要

因素。世界市场的突然扩大，流通商品种类的增多，欧洲各国竭力想占有亚洲产品和美洲富源的竞争热，殖民制度——所有这一切对打破生产的封建束缚起了重大的作用。”

——吴于廑、齐世荣主编：《世界史：近代史编》上卷，北京：高等教育出版社，2011 年，第 14 页

教师设问：① 依据材料三所述内容，画一幅郑和下西洋路线图。

② 依据材料三的内容，分析如何评价郑和下西洋。

参考答案：积极方面：加强了中国与海外各国的联系，扩大了中国的政治影响力；消极方面：厚往薄来，航行成本开支过大，增加了政府的财政负担。

③ 依据材料四的内容，如何辩证看待新航路开辟？

参考答案：对世界，打破了世界各地相对孤立隔绝的状态，加强了世界各地的联系，形成了以西欧为中心的世界市场；对欧洲，推动了西欧国家的殖民扩张，实现了资本原始积累，推动资本主义发展和封建制度的没落；对亚非拉国家，殖民扩张带来了破坏和灾难。

【设计意图】　此环节设计的三个问题指向不同的学科能力和素养，三个问题之间有层次递进的关系，有利于帮助学生深入理解航海壮举的意义。第一个层级的问题指向知识的归纳梳理，用画路线图的方式引导学生梳理郑和下西洋到达的地区。第二个层级是引导学生在分析材料的基础上分析郑和下西洋，其意图在于培养学生运用材料的有效信息准确阐释历史问题的能力。第三个层级是以如何全面看待新航路开辟为论题，培养学生从不同角度多元论证历史观点的能力。三个层次的问题依次递进，难度逐步上升。

过渡：从以上分析我们可以看出东西方对海洋探索的初衷及影响，随着第一次工业革命的开展，科学技术有了长足进步，从而推动了交通运输业的发展。

（三）工业革命与交通的发展

1. 工业革命推动交通变革

教师讲述：阅读教材内容，总结工业革命是如何推动交通变革的。

工业革命推动了蒸汽机的改进和应用，蒸汽机应用于交通运输，出现了蒸汽机车。随着各国纷纷兴建铁路网，铁路成为陆路交通的主干，人类进入铁路时代。蒸汽机还应用于水上运输，出现了轮船。轮船凭着吨位大、速度快、航距远等优点，促进了海上交通发展。

【设计意图】　通过引领学生阅读分析教材相关内容，概括工业革命如何推动交通运输变革。

过渡：我们通过以上的分析，对工业革命后西方交通运输的进步有了初步的了解。鸦片战争后，随着中外联系日益密切，西方的交通运输逐步传入中国，推动了中国交通运输的近代化。

2. 中国近代交通运输业的发展

材料五　咸丰八年，《天津条约》订立……于是外国轮船畅行于中国所有的领海中，而英法及其他外国轮船也得开入长江，直达沿江各商埠了。同治元年，美国那绥公司设立旗昌洋行。四年，英人设立省港澳轮船公司。六年，英太古洋行又设立中国航业公司。于是，沿海及长江各通商口岸尽成外国轮船的势力，给予中国旧式的帆船以极大压迫……轮船所表现的新式机械之力量已使中国有识之士不能视如无睹了。

同治十一年,李鸿章建议设轮船招商局。当时,反对者以为轮船妨河船生计。但李氏说:"当咸丰间,河船三千余艘,今仅存四百艘。及今不图,将权利尽失。"又说:"欧洲诸国闯入中国边界腹地,无不款关而求互市。海外之险,有兵船巡防,而我与彼可共分之。长江及各海口之利,有轮船转运,而我与彼亦共分之,或不至让洋人独擅其利与险,而浸至反客为主也。"李氏从经济方面和国防方面着眼,都看出招商局不可缓办。于是,他的主张胜利,而招商局于是年成立。

——摘编自白寿彝著:《中国交通史》,北京:团结出版社,2007年,第207—208页

材料六 1865年,一些与对华贸易有关系的英国商人在伦敦成立了中国铁路有限公司,筹划修建上海至苏州的铁路。同年,以英商怡和洋行为主,在上海成立了吴淞道路公司,计划修筑上海至吴淞的铁路,以方便上海港进出口货物的运输,遭到清政府的拒绝。此后,英国驻上海领事出面,以修筑"一条寻常马路"为由,向上海地方当局提出购买上海至吴淞间筑路所需土地的要求,获取了征地权,随即开始铺设路基。1876年1月,路基铺成,开始路面工程,12月1日,这条铁路全线通车。吴淞铁路的修筑和首段告成,招致清朝政府的强烈反应。经过交涉,英、美接受了中方"给价买回"和"另招华商股本承办"的方案,由中方赎回吴淞铁路。1877年夏秋间,清朝政府在交付赎金后,拆毁了这条在中国最早出现的铁路。

——戴鞍钢:《近代江浙沪地区铁路修筑述略》,载《徐州工程学院学报(社会科学版)》,2013年第9期

教师设问: ① 依据材料五所述内容,概括李鸿章创办轮船招商局的理由。

参考答案: 抵制西方经济侵略,维护中国经济利益。

② 依据材料六的内容分析,淞沪铁路是如何在中国修建的?它的命运反映了什么?

参考答案: 英国商人为了发展在华贸易,在上海修建了中国第一条铁路。但这条铁路引发清政府强烈反对,最后被高价购回拆毁。淞沪铁路的命运,反映了清政府对外国科技的排斥,但西方科技传入中国,已经成为时代发展的必然趋势。

③ 依据材料五、六的内容,思考轮船和铁路为何在早期举步维艰。

参考答案: 守旧势力比较强大,对西方科技持抵制态度;儒家思想重视经义轻视科技创新;统治者观念陈腐,思想落后。

【设计意图】 此环节设计的三个问题指向不同的学科能力和素养,三个问题之间有层次递进的关系,有利于帮助学生深入理解近代中国交通运输业的发展历程。第一个层级的问题指向材料信息的归纳梳理,引导学生分析材料,概括轮船招商局创办的背景。第二个层级是引导学生在分析材料的基础上分析近代交通在清朝面临的遭遇,其意图在于培养学生将历史史实置于当时的历史情境中思考历史问题的能力。第三个层级是从历史的角度分析近代交通运输业在中国举步维艰的原因,要解答这个问题,需要结合以往所学的知识。三个层次的问题依次递进,难度逐步上升。

过渡: 从以上分析可以看出工业革命后西方交通运输业的进步,以及西方交通对中国近代交通运输的影响。交通运输的发展,是怎么影响到社会变迁的呢?

（四）交通与社会变迁

1. 交通发展加强各地联系

教师讲述：阅读教材内容，总结交通进步如何推动政治、经济和文化发展的。

交通进步提高了国家行政效率，加强了对各地的控制，促进了各地经济文化交流，具有深远影响。

【设计意图】　通过引领学生阅读分析教材相关内容，概括交通对各地联系的推动作用。

过渡：我们通过以上的分析，对交通对古代社会发展的影响已经有了了解。那么，近代以来，交通是如何推动城市发展的呢？

2. 交通发展推动城市发展

材料七　受沪宁铁路借款权被英商攫取的刺激，江浙地区一些士绅和实业界人士等决意筹集资本，自主修筑铁路。1912 年 4 月，张謇发起成立江苏铁路公司。1906 年，浙江方面率先修建杭州至嘉兴段铁路。次年 4 月，在张謇的主持下，上海至嘉兴段也开工兴建。

沪嘉杭铁路的修建，其意义不仅在于唤醒了国民的利权思想，从外人手中争回了路权，而且在于它把实业界的视线引向了铁路，以与列强对中国路权的攫夺相抗衡。沪杭铁路资本以商界为大宗，商界的投资又集中在杭州、嘉兴、湖州、宁波、绍兴五府，皆浙江工商业相对发达地区，其中宁、湖二府尤多富商。

铁路的修筑，对沿线城镇民智的启迪影响颇大。1909 年 8 月沪杭铁路全线通车，沿途观者如堵。

——摘编自戴鞍钢：《近代江浙沪地区铁路修筑述略》，载《徐州工程学院学报(社会科学版)》，2013 年第 5 期

教师设问：依据材料所述内容，概括铁路兴建的意义。

学生答案：获取铁路修筑权，抵制西方控制中国铁路，维护中国经济利益；唤醒国民的利权思想，启迪民智；加强了城市间的联系，推动了城市发展。

过渡：近代中国交通运输的发展，除了表现在铁路和轮船方面，还表现在物品传递和信息交流方面。西方信息传递技术的传入，使中国从传统的邮驿系统向近代邮电系统发展。

3. 从传统邮驿到近代邮电

材料八　殷商时期的邮驿是我国最早有明确文字记载的有组织的邮驿制度；周朝时期邮驿制度开始发展，体现在邮驿组织和驿递方式的进步；春秋战国时期邮驿通信突出成就是邮驿网络设施的基本建成；秦朝时期政府通过书同文、车同轨、修驰道，有效地促进了邮驿的发展，并诞生了我国历史上第一部邮驿法《秦邮律》，汉代时邮驿制度明确统一称“邮驿”，“丝绸之路”也确立起中外邮路；魏晋南北朝时期，《邮驿令》颁行邮、驿二字并用是邮驿史的首创；隋时，健全了邮驿典制规章，恢复汉驿制度，改善邮驿交通；唐朝时期邮驿规模空前，管理严格有序，突出了官办的邮驿性质；宋沿袭唐制，又创设了昼夜兼程的急递铺，有专门的邮驿法典《嘉祐驿令》，元朝因袭宋制，急递铺变为办理中央官衙文书传递的常设机构；明朝的邮驿制度趋于完备，《大明律》中有专门关于邮驿的详细规定，商品经济的发展催生了商办民用的民信局；清代集历代邮驿之大成，融交通与通信为一体，克服了前代邮驿制的种种弊端；晚清时期由于外国资本主义的入侵，原有的邮驿旧制被打破，形成了驿站、民信局和近代邮政

并存的局面，后裁驿归邮，近代邮政完全取代传统邮驿。

——摘编自苏全有、陈自豪：《中国邮驿史研究的回顾与反思》，载《北京邮电大学学报(社会科学版)》，2010年第10期

教师设问： 依据材料所述内容，概括中国邮驿制度发展的特点。

学生答案： 我国古代邮驿制度在历代都有所完善发展，逐渐形成了完善的邮驿体制。中国古代邮驿制度存在官营和私营并存的特点。近代以来，随着商品经济的发展和外国邮政制度的传入，传统的邮驿制度逐渐瓦解。

【本课小结】

通过本课的学习，我们了解了古代中西方交通运输的状况，新航路开辟以来西方交通运输的发展，近代中国交通的进步，以及交通与社会变迁的关系。本课内容涉及事件所跨时段较长，内容较多，同学们需要按照时间先后对课本知识进行梳理。

第13课　现代交通运输的新变化

一、学习目标

1. 通过图片、文字等历史资料研读，说明现代陆海交通运输的进步。
2. 通过图片、文字等历史资料研读，概括现代航空运输业的发展。
3. 通过图片、文字等历史资料研读，分析现代交通与社会生活的关系。

二、学习重点

新航路开辟后，现代交通运输的新变化。

三、学习难点

分析现代交通与社会生活的关系。

四、教与学活动

【导入新课】

教师讲述： 截至2015年底，中国高速铁路已经突破1.9万公里，是世界上高速铁路运营里程最长、在建规模最大、拥有动车组列车最多、运营最繁忙的国家。中国高铁积极拓展海外经营业务，品牌价值和国际影响力逐年攀升，以高铁为代表的现代轨道交通装备，成为我

国高端装备“走出去”的亮丽名片。除了高速铁路，现代还有哪些交通装备？这些装备如何改变我们的生活呢？我们一起学习第 13 课“现代交通运输的新变化”。

【学习新课】

(一) 陆海交通的发展

教师讲述： 现代社会，汽车成为人们外出旅行常用的交通工具。因为价格适中，使用方便，得到了大众的青睐。其实在 20 世纪之前，汽车还是富贵人家的高档奢侈品；20 世纪后，汽车越来越普及，价格越来越低，成为普通人买得起的日用品。汽车为什么会成为现代社会广泛使用的重要交通工具呢？

1. 汽车技术的进步

材料一　1879 年，德国工程师卡尔·本茨首次试验成功一台二冲程试验性发动机。1883 年 10 月，本茨创立了奔驰公司和莱茵煤气发动机厂，1885 年又在曼海姆制成了第一辆奔驰专利机动车，该车为三轮汽车……需要说明的是，那时的汽车驾驶员必须是勇敢、机智的机械修理工，在许多场合下他不得不从汽车内爬出或爬到汽车下或者到乡下铁匠那儿去修车，所以一般人是望车莫及的。

进入 20 世纪以后，汽车不再仅是欧洲人的专利了，特别是当亨利·福特于 1908 年 10 月开始制造和销售著名的 T 型车以后，这种车产量增长惊人。1913 年，福特公司首次采用流水装配线方式大规模生产汽车，使汽车成本大跌，汽车不再是贵族和有钱人的奢侈品而开始逐渐成为大众化的商品。从此，美国汽车迅速成为世界宠儿，福特公司也因此成为名副其实的汽车王国。所以，人们说，汽车发明于欧洲，但获得巨大发展是在 20 世纪 30 年代的美国。福特采用流水作业方式生产汽车，在汽车发展史上树起了一座里程碑。短短几年时间，汽车已经从一种实验性的发明转变为关联产业最广、涉及工业技术最丰富的综合性工业。

——摘编自刘志刚：《汽车发展史简述》，载《汽车运用》，2000 年第 12 期

教师设问： 阅读教材相关内容和材料、信息，分析汽车得到普及的原因有哪些。

参考答案： 第二次工业革命推动科技的发展，尤其是内燃机技术的进步；生产技术的进步，流水装配线技术使分工更加精细。

教师讲述： 美国福特公司采用流水装配线技术，提高了生产效率，增加了汽车产量，降低了汽车价格，使汽车开始普及。

我们通过以上的研究讨论对现代汽车业有了初步的了解，通过阅读教材相关内容，概括新中国汽车业取得了哪些进步。

【设计意图】　通过引领学生阅读分析教材和材料相关内容，了解科学技术推动汽车制造业的发展，以及新中国汽车业的进步。

过渡： 我们通过以上的研究，对汽车业有了初步的了解。汽车业的发展，离不开发达的道路网络，高速公路应运而生。

2. 高速公路的发展

教师设问： 阅读教材相关内容，概括高速公路的特点，以及中国高速公路发展状况。

学生答案： 高速公路出现于两次世界大战之间，特点是控制出入、专供汽车分向、分车

道高速行驶的公路。

1988年,中国大陆建成了第一条高速公路——上海沪嘉高速。到2018年底,我国高速公路总里程已超过14万千米,位列世界第一。

【设计意图】 通过引领学生阅读分析教材相关内容,了解高速公路的发展。

过渡: 从以上分析我们可以概括出高速公路的发展历程,除了汽车和高速公路快速发展,铁路也取得了长足进步。

3. 高速铁路的发展

材料二 50年代初,日本经济进入战后复兴期,由于公路、港口建设缓慢,大量运量压向铁路,使铁路的运能越来越不能满足运量的需要。其中,连接东京—大阪最重要的东海道干线(复线),单向每日发送列车数超过200列,达到了运能的限度,成为制约国家经济发展的重要原因。

面对这种形势,原日本国有铁道1956年5月设立了"增强东海道干线调查会",着手研究从根本上增强运能的对策……在政府方面,于1957年8月设立了运输大臣的咨询机构"日本国有铁道干线调查会",聚集了各方面的专家,开始进行具体的研究……经过上述各有关部门的工作,国铁在得到了运输大臣的批准后,于1959年4月开始着手进行东京—大阪的新线建设工程,即东海道新干线工程。1964年10月东海道新干线正式开业。

由于新干线具有高速性能,再加上优良的安全性、稳定性和方便性,已经成为普通国民认可的运输工具,人们呼吁建设覆盖全国的新干线网的议论日趋高涨。为此,于1970年5月制定了"全国新干线铁道整备法"(简称整备法),其目的是"鉴于高速铁路运输体系的建立,对日本国土的综合而普遍的开发具有重要作用,建设全国新干线铁路网,有助于国民经济的发展和国民生活领域的扩大"。

——摘编自冈田宏:《日本高速铁路(新干线)的发展》,载《中国铁路》,2000年第2期

材料三 回顾世界高铁发展史,日本用半个世纪的时间实现了2 300多公里的高铁里程运行,平均运营时速243公里;法国历时40余年建设了1900多公里的TGV高速路,平均运营时速277公里;德国历时20余年建设了近1 600公里的ICE高速铁路,平均运营时速232公里。而中国只用了不到7年的时间建设运营了1.9万公里高速铁路,超过世界其他国家高铁运营里程的总和。中国高铁的成就包括:规模最大,截至2015年底,中国高速铁路已突破1.9万公里,是世界上高速铁路运营里程最长、在建规模最大、拥有动车组列车最多、运营最繁忙的国家;技术先进,在工程建造方面,为适应我国地质及气候条件复杂多样的特点,在路基、桥梁、隧道、客站等基础设施建设,以及无砟轨道、牵引供电、通信信号等专业领域,攻克了一系列技术难题;安全可靠,中国高铁在运营过程中,不仅构建了安全保障体系,还建造了庞大的铁路调度指挥系统,有力地保障了列车大密度开行;兼容性好,中国高铁在工程建设、动车组、列控、牵引供电等主要领域,与世界先进技术具有良好的兼容性;性价比高,通过创新施工组织动态管理模式,以工厂化、机械化等为支撑,实现施工方案、资源配置与控制目标的最佳匹配,大大提高了建设效率,确保了工期和质量。

——摘编自徐飞:《中国高铁的全球战略价值》,载《人民论坛·学术前沿》,2016年第2期

教师设问: ① 依据材料二所述内容,概括推动日本发展高速铁路的因素。

参考答案：社会经济发展的需要；日本研究机构和政府的推动；高速铁路具有安全便捷的优势。

② 依据材料三的内容，概括中国高速铁路取得了哪些成就。

参考答案：规模最大，技术先进，安全可靠，兼容性好，性价比高。

【设计意图】 此环节设计的两个问题主要指向史料实证能力，学生通过分析材料，概括信息。

过渡：从以上分析我们可以看到陆路交通的发展，除了陆上交通的进步，在航运技术的推动下，水上交通也取得了快速进步。

4. 造船和航运业的发展

教师设问：阅读教材相关内容，概括现代航运技术进步的表现，以及中国造船业有何特点。

参考答案：航运技术进步体现在航海雷达的使用和海事卫星通信系统的发展，船舶制造也呈现出大型化、专业化、高速化和自动化等趋势。

中国造船业特点包括：从服务于国防建设到融入市场；发展迅速。

【设计意图】 此环节设计的问题主要指向概括信息能力。学生通过阅读教材正文，概括信息。

过渡：从以上分析我们可以看到陆路和水上交通取得了快速发展，进入 20 世纪，除了陆上和水上交通，飞机的发明和使用，还推动了空中交通运输业出现和快速发展。

（二）航空的发展

1. 世界航空的发展

教师讲述：阅读教材内容和材料，分析相对于其他交通运输方式，航空运输的优势有哪些。

材料四　工业化以前，人与货的位移主要依靠人力、畜力和自然动力，人类扩展空间活动的范围十分有限。工业化发生后，科技进步导致新的运输方式相继诞生，1807 年在美国出现轮船运输，1825 年在英国出现铁路运输，1865 年在美国出现管道运输，1887 年在德国出现汽车运输，这大大拓展了人类水路和陆路交通运输能力。1903 年，美国莱特兄弟发明第一架飞机成功上天，标志着人类进入了航空时代。1919 年，法国与比利时之间开通了世界上第一条国际民航客运航线，标志着交通运输拥有了划时代的新方式、新体系。

各种运输方式的作用会伴随着工业化进程和经济社会发展水平的提高而发生重大变化。当前，在世界范围内产业结构调整和全球性经济竞争的新形势下，民用航空的作用日益突出。在货物运输方面，科技含量高的新兴产业，其产品一般都具有体积小、附加值大、运输时效性要求高等特点，对航空运输具有很强的依赖性。传统制造业的高级化过程，也使得其产品对航空运输提出了越来越多的需求。20 世纪的最后 20 年中，航空货运以每年 7%的速度增长，而世界经济的增长率为 3.2%。在旅客运输方面，随着人们收入水平的提高、生活节奏的加快和消费结构的升级，航空运输以其快速、便捷、舒适、安全、机动等特点，日益成为长距离客运最重要的方式。比如，美国航空客运周转量在 1957 年就超过了铁路，2006 年国内航空为铁路的 105 倍，美国的铁路主要承担国内货物运输，而飞机主要承担中长距离客运功能。

——摘编自李家祥:《世界民用航空与中国民用航空的发展》,载《中国民航报》,2009-06-19

教师讲述: 航空运输具有快速、便捷、舒适、安全、机动的优点,能够实现长途运输,加强了各洲之间的货物和人员往来。

【设计意图】 通过引领学生阅读分析教材相关内容,了解航空运输业迅速发展的原因。

过渡: 通过以上的研究讨论,我们对航空业发展有了初步的了解。接下来我们继续了解中国航空业的成就。

2. 中国航空业的成就

教师设问: 阅读教材相关内容,总结中国航空业的发展成就。

参考答案: 中国航空业取得了快速发展,机场、飞机、定期航线数量多,联通了中国国内各大城市和世界各地,推动了人员往来和社会经济发展。

【设计意图】 此环节设计的问题主要指向学生阅读材料,以及概括信息的学科能力和素养。

过渡: 从以上分析我们可以看出,现代以来交通运输技术取得了长足的进步,从陆上交通到水上交通,到航空运输,构建了立体交通运输网络。那么,现代交通对社会生活产生了哪些影响呢?

(三) 现代交通与社会生活

1. 交通进步缩短了人流和物流时间

教师讲述: 阅读教材相关内容和材料,概括现代交通是如何推动社会发展的。

材料五 现代交通运输系统由公路、铁路、航空、水运、管道等多种运输方式组成。对任何国家而言,交通运输业都是一个国家的重要国民经济基础产业,对国家经济社会发展有着重要的影响。国外主要发达国家交通行政管理体制经历了由分散走向集中的历史过程。

日本交通的高效、便捷,即便在发达国家中也属典型。目前,日本已在全国范围内建成了海陆空密切协作的现代化交通枢纽运输体系,成功缓解了由于地少人多、城市人口密集、建筑物星罗棋布而导致的交通运输压力等焦点问题。2001 年 1 月,日本中央政府的机构改组得以最终完成,原来的 1 府 22 个省厅被综合改编成 1 府 1 委 12 省厅。其中新成立的国土交通省,就是将运输省、建设省、国土厅、北海道开发厅合并而成。至此,日本的"超大交通"行政体制改革拉开帷幕。国土交通省的业务范围包括道路、港湾、河川、国土计划、都市、住宅、政府厅舍营缮的建设与维持管理等,不仅管辖全国的铁路、航空、公路、海事等所有交通运输部门,而且还负责国家建筑、国土资源的整治、利用等项工作。成立国土交通省的目的是为了使日本国土资源能够最有效地综合利用及系统开发,以保持最大限度地利用海陆空立体空间和各种资源。

——摘编自李嘉美:《美国和日本大交通体制的借鉴》,载《行政管理改革》,2012 年第 10 期

教师讲述: 交通运输缩短了人流和物流时间,加快了人员和物资的交流。同时,现代交通开始将不同交通方式进行有效整合,建立海陆空密切协同的现代交通体系,这种做法可以

最大限度地发挥交通运输对社会经济发展的推动作用。

【设计意图】 通过引领学生阅读分析教材相关内容，总结现代交通体系的特点及其对社会发展的影响。

过渡： 我们通过以上分析，对现代交通运输与社会经济发展的关系有了初步的了解。除此之外，交通运输还促进了城市发展和城市区域分工。

2. 交通运输推动了城市发展

教师讲述： 阅读教材相关内容和材料，概括公共交通是如何推动城市发展的。

材料六　近代以来，中国城市的转型发展带来了城市公共交通的巨大变革，人力车、电车和公共汽车等新式公共交通相继兴起。与此同时，这些新式公共交通兴起以后又反过来对近代中国城市的转型发展起到了重要的推动作用。

首先，新式公共交通的兴起在推动近代中国城市资本主义商品经济诸要素（主要包括人员、物资等）越来越快捷地流动发挥了巨大作用，有力地促进了资本主义商品经济的发展。

第二，新式公共交通事业所吸纳的从业人口改变了城市的社会结构，形成了近代中国城市新的社会阶层。

第三，新式公共交通的兴起对城市空间结构的改变也产生了很大作用。

天津是中国首先开通电车的城市。电车的开通对于城市空间结构的演进影响巨大。传统时期的天津是以老城及其以北的沿河商业区为中心，城市空间呈团块状，表现为典型的“步行城市”形态。电车的出现促使城市的发展重心由旧城及河流沿岸向电车沿线转移，改变了传统城市的空间模式。

——摘编自鲍成志：《试论新式公共交通兴起与近代中国城市发展》，载《四川大学学报（哲学社会科学版）》，2009 年第 2 期

材料七　地铁是一种独立的有轨交通系统，其正常运行不受地面道路拥挤的影响，能快捷、安全、舒适地运送旅客。地铁（或者轨道交通）是现代城市交通的主流和方向，其运量大，速度快，干扰小，能耗低，被誉为现代城市的大动脉，是一座城市融入国际大城市现代化交通的显著标志，它不仅是一个国家国力和科技水平的实力展现，而且是解决大城市交通紧张状况的最有效的方式。

我国地铁建设事业起步较晚。改革开放以来，随着国民经济的不断发展，我国的城市化进程也在逐步加快。经济的发展，人们生活水平的提高，城市规模的扩大，城市人口的急剧增加，居民出行和物资交流的高度频繁，城市交通面临着严峻的局势。伴随着我国城市现代化、工业化进程，地铁这种动力大、不占用地面空间的交通运输设施，正在大中城市建设中悄然兴起，并成为解决城市交通问题的最佳选择。

——摘编自张国碧等：《我国地铁的发展现状及展望》，载《山西建筑》，2010 年第 11 期

学生活动： 阅读教材，概括信息，回答问题。

教师讲述： 城市公共交通运输工具推动了城市的发展，促进了商品的流通，改变了城市人口结构，改变了城市空间结构和传统城市的空间模式。地铁具有运量大，速度快，干扰小，能耗低，不占用地面空间等优点，成为解决城市交通问题的重要选择，便利了市民生活。

【设计意图】 通过引领学生阅读分析教材相关内容，总结城市公共交通对城市发展的影响。

过渡：我们通过以上的分析，对城市公共交通与城市发展的关系有了初步的了解。除此之外，交通运输还改变了人们的日常生活。

3. 交通进步改变了人们的日常生活

教师讲述：阅读教材相关内容和材料，概括现代交通是如何改变人们的日常生活的。

材料八 近代中国新式公共交通的兴起，从人力的轿子到人力车，再到机械化的电车和公共汽车，巨大的变革除了对近代中国城市结构功能产生重要的作用外，还对城市传统文化生活提出了严峻的挑战。

首先，新式公共交通的兴起使近代中国城市社会确立了精确的时间观念。众所周知，交通与时间有一种天然的联系。传统中国社会日常生活对于时间的定位比较模糊，新式公共交通兴起以后，由于机械化交通工具具有准确运行的基本特性，必然会给人们带来更加精确的时间定位。在上海，"自轮船、火车通行，往来有一定时刻，钟表始盛行"。在汉口，公共汽车开通以后，市民的时间观念也发生了很大变化。……正是由于新式公共交通的出现，以"分""秒"为单位的时间观念才得以逐渐深入到近代中国城市社会市民的日常工作和生活中，变成人们生活的一部分。

第二，新式公共交通的兴起使近代中国城市社会的生活节奏不断加快。应当说，在传统的"步行城市"里，人们的生活属于"田园牧歌"式的，节奏比较舒缓。近代以来，随着新式公共交通的兴起和时间观念的确立，城市里许多人的生活节奏在统一时间的要求下，开始明显加快。尤其是19世纪末20世纪初以来，随着城市商业贸易更趋繁盛，整个社会创造财富的欲望与动力大大增强，人们对于时间与效率的追求逐渐转化为对于方便、快捷的新式公共交通方式的迫切需要。

——摘编自鲍成志：《试论新式公共交通兴起与近代中国城市发展》，载《四川大学学报(哲学社会科学版)》，2009年第2期

学生活动：阅读教材，概括信息，回答问题。

教师讲述：交通运输具有严格的时间运作表，要求人们具备精确的时间观念，并成为人们生活的一部分。交通运输具有便捷快速的特点，加快了人们的生活节奏和城市经济发展。交通运输规则的逐步实施，在一定程度上改变了人们落后的生活习俗，使人们的行为方式更加文明进步。

【设计意图】 通过引领学生阅读分析教材相关内容，总结交通运输对日常生活的影响。

过渡：我们通过以上的分析，对交通运输与日常生活的关系有了初步的了解。除此之外，交通运输还推动了大众的旅游热。

4. 交通进步推动了旅游热

教师讲述：阅读教材相关内容和材料，概括现代交通是如何推动大众旅游潮流出现的。

材料九 沪杭铁路的开通，还带动了莫干山的旅游业。位于浙江省武康县境内的莫干山，风景优美，气候宜人，为避暑胜地。但以往从杭州去莫干山，交通并不方便，须由杭州乘船经水路到三桥埠，然后步行上山，山路曲折难行，游客往往畏而止步。

1920年，经沪杭甬铁路局沈叔玉等人实地考察，决定由该局在山上出资购买原由德国人经营的旅舍作为铁路旅馆，并收回杭州至莫干山水路汽船营业由铁路办理，由工程处派工程队到三桥埠测量和建筑到山上旅馆这10余里一段的公路。

据同年日本驻杭州领事馆的一项调查："莫干山是离上海最近的避暑地，因此开始逐渐在此处建造别墅和洋房，现在外国人拥有的房屋约有130幢，盛夏时节约有600人聚集到此地，俨然已经形成一个小部落了。"从上海来的游客，"如果是从上海出发走水路，可以先利用沪杭间的大运河到达塘栖镇，然后再由塘栖镇北折，直达三桥埠。一般游客都是先利用沪杭甬铁路到达良山门车站，换乘后再到达拱宸桥车站，然后再乘坐石油发动机船。

游客的增多，促进了相关的服务业，同时也提供了不少就业机会。上述调查称："关于居住在此地的中国人，在此地被开辟之前仅有两户。现在逐渐多起来，他们大多散居在外国人部落的四周，约有500人。他们多是轿夫、担夫、建筑工人以及佣人等，一年四季居住在此。除了冬季的三四个月外，这里可见到的中国人超过千人，他们建小茅屋作为居住的地方。""这里的商店几乎都是由中国人经营的，有食品店、杂货店、书店、五金店、鞋店、洋服店、竹器店、水果店、牛肉店、豆腐店、酒馆、干货店、理发店、洗衣店等，这些店穿插在外国人的房屋之间，或散落在其附近。"

——摘编自戴鞍钢：《近代江浙沪地区铁路修筑述略》，载《徐州工程学院学报(社会科学版)》，2013年第5期

材料十 民用航空改变了人们的时空观念和生活方式。从飞机发明至今，100年过去了。由于飞机变大变快，使地球越变越小，变成了真正意义上的"地球村"。正是因为航空运输，彻底改变了人们的时空观念和传统的经济地理概念，使得人们的视野拓宽了，工作的机会增加了，消费的选择范围扩大了。航空运输还使得相距遥远的人群和不同的民族能够更容易地交流思想、文化、情感、艺术、宗教、风俗等等，加深彼此的了解与沟通，共同推进社会文明。

——摘编自李家祥：《世界民用航空与中国民用航空的发展》，载《中国民航报》，2009-06-19

学生活动：阅读教材，概括信息，回答问题。

教师讲述：交通运输的进步便利了旅行，降低了旅行成本，减少了旅行时间，推动了旅游业的快速发展，推动了思想文化的交流，开阔了视野，加深了不同文化之间的了解。同时，交通运输还推动了服务业的进步，提供了更多的就业岗位。

【设计意图】 通过引领学生阅读分析教材相关内容，总结交通运输对旅游业的影响。我们通过以上的分析，对交通运输与社会生活的关系有了全面的了解。

【本课小结】

通过本课的学习，我们了解了现代交通运输的新变化，新中国陆海空交通取得的巨大成就，以及现代交通如何改变了人们的生活。本课内容涵盖陆海空等领域，涉及交通成果很多，请同学们按照陆、海、空的三维体系，将中外交通成就置于同一知识结构中进行总结梳理，可以进一步体会新中国成立后交通领域的巨大变化，并结合生活实际举例说明交通发展的影响。

【设计意图】 总结本课主要内容，梳理陆海空交通的巨大成就，深化学生对本课历史知识的理解。

【单元总结】

教师讲述：本单元我们梳理了世界交通运输的发展，以及交通发展与社会变迁的关系。关于交通的定义以及交通运输发展的趋势，我们进行简单梳理。

材料一 《辞海》定义的交通是“各种运输和邮电通信的总称。即人和物的转运输送，语言、文字、符号、图像等的传递播送”，但是，人们对交通或交通运输业的理论认识和发展实践，基本上局限于人流和物流的传统交通范畴。例如，同一本《辞海》定义的交通量是：“道路上交通负荷的指标，用一昼夜或一小时内通过某段道路的车辆和行人数表示”，对交通标志下的定义是：“为管理和指挥交通在道路设置的以符号或文字表示的标志牌”；《政治经济学辞典》把交通运输业解释为“使用各种工具设备，通过各种方式，使货物或旅客在区域之间实现位置移动的物质生产部门”①；《经济与管理大辞典》认为：交通工程是“研究公路（包括城市）交通建设和管理的一门应用科学。它以道路及其设施、车辆、人（包括行人、乘客和驾驶员）为对象，综合研究三者的相互关系”②；沈殿忠在其著作《第三产业史话》里，也是从铁路、公路、水运、管道、航空等五个主要交通部门在第一、二、三产业时代各自发生、发展的状况，论述作为第三产业的交通运输业的发展历史③。

在人流和物流的传统交通观念的指导下，世界各国发展交通系统的实践走过了一条漫长曲折的道路。从水运和公路运输开始，发展到包括铁路、管道和航空在内的立体交通系统，传统交通系统在最近几十年内取得了长足进步。“至少在50年代和60年代，世界范围内交通运输业的年平均增长率高于国民生产总值的年平均增长率，也高于除工业部门之外其他部门的年平均增长率。”迄今为止，发达国家的传统交通系统四通八达。

——摘编自林擎国、叶文振：《打破传统交通的观念，发展现代大交通系统》，载《经济学家》，1995年第1期

材料二 交通是一种文化现象，是人类社会关系拓展和深化的结果，深深地打上了人的本质的烙印。《辞源》称：“凡减少或排除因地域隔离而发生困难者，皆为交通。”所以，作为文化现象的交通，应该是大交通……突破传统的交通观念，将铁路、公路、水运、航空相结合，形成海陆空立体交通网，不失为“大”；将实体交通与信息交通融为一体，更不用说是“大”；不过，真正的大交通有着更深远的意蕴，它不仅包容全部的交通形式，而且将交通建设、交通活动和交通管理协同起来，将人的交通需要与人的其他需要协同起来。我们所说的大交通就是在这个意义下讲的。

1. 大交通系统的构成

大交通系统的分析，首先要从它的构成元素着手，这就是：交通主体、交通通路、交通工具、交通标的物。

2. 大交通系统的特性

构成要素的复杂性，使大交通系统呈现出多种系统特性。

---

① 许涤新主编：《政治经济学辞典》下册，北京：人民出版社，1981。
② 马洪等：《经济与管理大辞典》，北京：中国社会科学出版社，1985。
③ 沈殿忠：《第三产业史话》，北京：中国展望出版社，1986。

2.1　整体性。作为一个大交通系统，它的纷繁复杂的内部成分之间存在着密切的关联，这种关联是它的内在结构的客观性决定的。

2.2　工具性。所有的交通形式都是人类的工具，都以人的需要为目的；大交通系统作为公共品，是人类共同的工具，它本身不具备排他功能；它仅为人类工具而已，除了作为工具，别无特殊意义，即它超民族、超阶级、超善恶。

2.3　动态性。纵向而言，交通随历史的变迁而跃升，每一个时代都有自己的主导交通形式，它使大交通系统具有自己的时代品质。横向而言，投资系统、技术支持系统、设施系统、管理系统之间以及它们内部都处在由不平衡到平衡，由平衡到新的不平衡这样一个不断变动的过程之中。

3. 大交通系统的功能

大交通系统的功能不是各种具体交通形式之功能的简单相加，它具有比子系统功能之和更强大的功能。

3.1　更强大的效率功能

交通在当今国民经济中发挥着重要作用。一方面它为经济发展服务，使社会财富的生产、分配、交换、消费得以实现；另一方面它还作为一个产业创造着巨额财富。这种经济作用任何一种交通形式都具备。合理布局的大交通系统可以起到比孤立交通形式更强大的经济效率功能。

3.2　更全面的环境功能

大交通系统力图将交通建设、交通活动和交通管理协同起来，将人的交通需要与人的其他需要协同起来，可以通过改进技术支持系统、改进管理系统的办法兴利去弊，这就为解决好交通与环境的矛盾，更全面地为人类造福提供了可能。

3.3　更深刻的人文功能

我们说，大交通系统主要属于文化范畴，这里的文化，可以理解为人类生活的方式。交通本身是人类生活方式的一部分，是人类文化演进的结晶。同时，大交通系统的完善也进一步改变着人们的生活方式，推进着人类文化的发展。

——摘编自高建明、何卓恩：《大交通的系统审视与我国大交通系统的建构》，载《系统辩证学学报》，2000 年第 7 期

教师设问：① 依据材料一，分析交通的不同概念包含的共同特征。

参考答案：交通工具：车、船、飞机；交通设施：道路、港口码头、邮电设施；交通管理及运营系统：信号标志、交通规则；交通的作用：推动人员和物资的流动。

教师设问　② 概括材料二中大交通的特征以及意义。

参考答案：大交通的特征：整体性、工具性、动态性。

大交通的意义：更强大的效率功能、更全面的环境功能、更深刻的人文功能。

教师讲述：通过概括材料，宏观把握交通运输的历史发展以及未来交通运输发展的趋势。未来的交通运输，不再是单一交通方式的独立运行，而是各种交通方式的横向联合，这样可以提高运输效率，推动社会经济发展。

第三部分

学习资源拓展

第12课　水陆交通的变迁

材料一　中国古代道路发展

约在公元前21世纪，大禹治水，辟山疏河，已开始人工筑路。“周道如砥，其直如矢”，(《诗经·小雅》)，西周建设起来的广宽平坦的道路，其规划与路政管理，在世界道路史上亦属首创。春秋战国时期，魏在黄河以南的荥阳，楚在汉水、云梦，吴在江、淮、太湖，齐在山东淄、济等地开凿运河。挖河筑堤，河成路就，是为河堤路之先导。秦筑驰道，汉通西域，灿烂的中华文明，远播西方。魏晋南北朝割据近400年，长期战乱，交通阻塞，但在南北分治的历史背景下，东北、西北、西南地区的道路交通却获得了发展。三国时的孙吴政权还派大规模船队到达夷州(今台湾)，进一步加强了台湾与大陆的水陆交通往来。隋、唐的大一统，给道路交通带来了大发展。隋、唐建都长安、洛阳，粮食、财赋多取给于东南，隋炀帝大业六年(公元610年)在建成北起涿郡(今北京)南至余杭(今浙江杭州)大运河的同时，开通了沿运河长达四五千里的道路，加强了南北经济与文化的交流。唐代的中国是当时世界上最先进、文明的国家，以长安为中心的道路交通向四方辐射，达全国各地。由京师向西，经陇西逾黄河向西北，贯通河西四郡，连接西域诸国的大道，经过盛唐时期的进一步修筑，沿途设置驿站、军、城、关、戍，天山南北分别设置安西和北庭都护府，完善了交通设置和安全保障措施，极大地方便了中西经济文化的交流，成为举世闻名的“丝绸之路”。经过宋、辽、夏、金对峙300多年的历史，到元朝统一中国，全国道路交通又得到新的发展，拓展了云南驿路、贵州山区道路和黑龙江通往奴尔干的道路等，方便了西南、东北少数民族聚居区的交通往来。乃至明、清时代，全国统一，经济发展，道路里程较前大有增长，进一步沟通了西南、东北、内蒙古等地区少数民族的联系。这些表明，经过元、明两代，清代的道路交通已发展到了鼎盛时期。

——摘编自中国公路交通史编审委员会:《中国古代道路交通史》，北京：人民交通出版社，1994年，第2页

材料二　大运河的修建及意义

隋唐两朝不但开凿了连通长安、洛阳、杭州、涿郡的广通渠、永济渠、通济渠、山阳渎、江南河，而且在沿河一线设置了黎阳、思洛、河阳、含嘉、洛口等漕仓，用于蓄积漕粮，每仓存粮多达数百万甚至上千万石，其数量非常可观。这条运河东西南北纵贯2 700余公里，不但连接了数省，而且将中国的黄河、长江、海河、淮河等大江大河贯通起来，方便了政治、经济、文化的交流，对于促进国家的统一起到了重要的作用。

元明清是中国运河发展的最后阶段，也是鼎盛时期，其河道管理之系统、漕运运作之完善，均前无古人，后无来者，漕运、河道、仓场之总督，运军、旗军、水手之运粮队伍，夫役、河兵之看守制度，天津、德州、临清之水次仓储，支运、兑运、长运之运法，南旺、高家堰之水利工程，无不体现着国家政权对运河与漕运的重视。元代开济州河、会通河与通惠河，改隋唐运河之弯曲，将运河线路变为直线，直接连接了北京与杭州，形成了真正意义上的京杭大运河。

中国运河在发挥着交通运输、物资交流、文化传播的作用，其历史、文化、实用价值不可估量。

首先，运河具有重要的政治与军事功能……运河对于巩固国家政权、保障京城稳定、皇室与官员粮食供给也具有很大的意义，无论是秦汉时期的东西方向漕运路线，还是明清时期的南北路线，其最终的目的都是为了便于将全国的漕粮输往京城与边防要地，以实现统治者对国家的控制与物资的调配。

其次，运河具有重要的经济与商贸价值。运河虽是国家为了政治目的而开，但却间接促进了南北物资与商货的交流，刺激了商人商帮的兴起及沿运城市与乡镇的开发。运河在古代社会相较于陆运与海运，具有很大的优势，不但安全省力，而且运量较大、运输方便、受自然环境的影响较小，所以很多商人往往将全国的货物贩卖于运河沿线。当时运河沿线的天津、临清、德州、聊城、济宁、徐州、淮安等城市商业繁荣、物资殷富，属全国著名的漕运码头、商贸重地、物流枢纽、河政要地，形成了经济总量大、商品种类全、人流密集的东部运河经济圈。

再次，运河的文化交流功能也非常重要。运河既是经济带，又是文化带，大量人群在运河上航行，将自己家乡的各种习俗、信仰带到了运河一线，并与当地文化进行交流与融合，逐渐形成了一种贯通南北、杂糅东西、丰富多彩的文化特色。

最后，运河的贯通促进了民族融合与国际交往。大运河连通南北、纵贯东西，便利了全国各族人民的友好往来与商业交流，使不同民族之间的文化传播速度加快，增强了民族凝聚力，促进了国家统一局面的形成。

——摘编自郑民德：《中国大运河的历史变迁、功能及价值》，载《西部学刊》，2014 年第 9 期

材料三　中世纪欧洲的道路交通

在陆路上，商品由马和牛来运送，但不一定是大量货物。中世纪英国和别的国家的搬运服务由两部分组成：马的驮运（实际上有时用人背）和马车的运送；但是英国庄园的记录使得这些问题更清楚，对大宗货物或者长途货运来说用的是马车，假如合适的话就用船。在有些地方，比如过山隘，驮畜也许是唯一可能的运输方式，13 世纪末期热那亚和爱斯提的商人穿过阿尔卑斯山到香槟的贸易显然利用了马。但是一般而言，大小不同的各种马车队构成了中世纪商队的主体。13 世纪佩让恩的贸易关税表明，地方贸易是山搬运工人——中世纪的苦力——来进行的，他们推着手推车和其他的小型的交通工具；有些地方贸易用驮马。但是大量的贸易运输是由一种两轮车完成的，根据 1327 年的记述，它能够装一包，也就是 13 块布；还有四轮的厢式小车，它的载货量是两轮车的 2—3 倍。

人工平整和排水的主干道并不普遍；由人造碎石铺就的路面肯定十分稀少。然而，通往许多城镇的道路经常被铺平，在广阔的乡村，人工路基也常有发现。论起源，它们大多是罗

马时代建的,尽管中世纪道路做了许多改变,但只要有可能,罗马时代的道路仍在利用。在英格兰,古罗马的道路是中世纪道路系统的主流,在尚存的14世纪地图上的主要道路与10世纪或更早期没有多大差别。就这方面来讲,它们与4个世纪以后的道路也没有太多的不同,这些道路的路面是否更差也并不一定。除了中世纪手推车普遍比后来的马车更轻外,这些道路的地基比18世纪"更新"。金属车轮很少使用,伊丽莎白时的立法者认为,那种车轮对路面的破坏性很大。

有可能在英国、法国的部分地区和低地国家,路面的平整和干湿程度维持了一个较好的水平,远远超过仅是一条小路的标准。在许多欧洲国家,道路立法和道路检查是不规则的,处于初步阶段……有些道路工程是由王室主持的。法国国王有可能忽视执行道路立法,但是,英国13世纪的材料保存了由王室自己从事的道路和桥梁工程的记录。在英格兰,王室在准备军队远征时经常从事大规模的工程。但是并不是所有的道路工程都是国家努力的结果。宗教机构、市政府、领主和私人赞助者都做出了贡献。荷兰人堤实际上是由一个宗教团体完成的;加拉斯通布里堤道实际上是由另一个宗教机构维护的。

——摘编自[英]波斯坦、哈巴库克主编:《剑桥欧洲经济史》第二卷,王春法主译,北京:经济科学出版社,2002年,第161—163页

材料四　郑和下西洋与新航路开辟的比较

15—16世纪既是世界远洋航行探险取得重大突破的时代,也是旧大陆以外大量未知世界被"发现"、征服的时代。在这个人类航海史上最伟大、航海成果最丰硕的时代里,中国航海家郑和七下西洋,首先开辟了中国经印度洋直通东非的航线。随后葡萄牙、西班牙的航海家们,纷纷进行了南下非洲海岸、横渡大西洋和环球航行,先后开辟了西欧绕好望角到印度、西欧到美洲和环球新航路。新航路的开辟,不仅使人类活动舞台得到空前的扩展,而且对中西社会历史发展产生了巨大的影响。

一、中西航海的不同背景与动因

郑和航海是在中国资本主义尚未萌芽的情况下发生的,推动其航海的动力是政治因素而非经济因素。西欧大航海是在商品经济和资本主义都有了相当发展的情况下发生的,是内在的经济力量推动的结果。

郑和完全是在明朝统治者力图强化和巩固中央集权专制统治的背景下七下西洋的。他的出使实际上是皇权政治在专制国家外交政策方面的体现,简而言之,即专制政治的外延。西方大航海主要是在谋求基督教扩张的宗教因素与寻求黄金的经济因素两大主要动力推动下进行的。

二、中西航海的不同组织形式

中西在航海组织形式上的差异主要体现在:郑和下西洋是由封建国家中央政府组织的官方出使海外活动;西欧航海则主要是民间筹资组织的海外探险活动。

郑和远洋航行以及由此而构成的一系列连续海上出征,都是由中央王权组织的官方出使海外活动。郑和每次航行都由皇帝决断,他本人被授予总兵之职。出洋之前,由国家所属的府卫、工部、地方提举司在各地分别承造大批海船,并组成庞大的舰队。西欧大航海的组织形式与郑和完全不同,它既非各国中央政权组织,也非海外出使活动,而是私人集资的海外探险活动……西欧航海探险的船只有一部分是自备的,大多数来自于商人。由于资金和

设备主要靠自筹，因此，西欧早期航海探险不可能有太多的船和雇佣太多的人。

三、中西航海的不同目的与性质

中国明朝统治者组织航海是为了强化专制统治；西欧航海是为了获得土地和财富，追逐经济实惠。

明成祖派郑和下西洋鲜明的政治目的：一则通过郑和的航海活动，结连南洋诸国，确保国家安全；二则通过追踪建文帝于海外，转移国内视线，消除他在靖难之役因"篡位"而留下的不良影响，以稳固其统治；三则通过扬威海外，在顺便解决安南的归顺和制服盘踞在三佛齐海盗的基础上，恢复洪武初年诸蕃朝贡的盛况，提高在国内外的威信，从而达到强化皇权统治的目的。西欧航海完全出于经济目的。西欧航海探险活动是在资本主义生产关系有了一定发展的情况下发生的，商品经济发展强烈刺激着人们的贪欲，推动着人们去开辟新的财源，寻找新的财富。在此种背景下发生的航海探险活动，也就不可避免地以追逐经济利益为主要目的。

四、中西航海对中西社会历史发展的不同影响

中西方不同质的航海活动，决定两者对社会发展的影响必然不同。

从政治上看，中国的航海活动不仅没有起到促进封建制度解体的作用，相反，却在一定程度上加强了封建专制统治；西欧航海恰恰相反，它促进和加速了西欧封建制度的解体。

从经济上看，中国的航海活动不仅未能促进本国经济的发展，而且还使正常的对外贸易受到不良影响；西欧航海活动既促进了西欧各国经济发展，又促进了对外贸易的蓬勃发展。

——摘编自彭顺生：《论中西大航海的差异及其影响》，载《学术研究》，2005 年第 12 期

材料五 新航路开辟的意义

航海大发现使葡萄牙人获得了巨大的利益，建立了显赫一时的东方霸权。葡萄牙人在印度洋冲破了阿拉伯人、伊朗人和埃及人的贸易势力圈，到处取而代之。进而攻占马六甲和霍尔木兹，又挺进马鲁古群岛，建立香料贸易基地。其势力还发展到东南亚的暹罗（泰国）、柬埔寨、菲律宾，以及日本和中国。先后在这些国家建立了贸易基地。葡萄牙人在东方所建立的霸权是商业霸权，即贸易垄断权。这与西班牙人在美洲的殖民霸权大不相同。葡萄牙人主要从事垄断东方香料贸易和丝绸贸易中获取高额利润，成为 16 世纪欧洲富有的国家。

大发现开辟了新的贸易航路，东方再也不是那些遥远而神秘的国度了。紧随葡萄牙之后，欧洲的其他国家如西班牙、荷兰、法国、英国、瑞典、丹麦等国接踵来到东方，寻找市场和原料产地。其中多数国家都在东方占据了殖民地，奴役和压迫东方人民。于是东方成了欧洲国家资本原始积累的主要来源。一些西方国家靠掠夺东方致富，发展成为资本主义工业国。

大发现架起了东西方交往的桥梁，使当时世界上最发达的欧亚两洲摆脱相互隔绝状态，推动东西方经济与文化的交流。西化之风迅速吹送到东方来，首先在某些国家的沿海城市产生了一定的影响，其后逐渐地推动着东方的现代化进程。

在中国，葡萄牙人于 1517 年来到广州，1557 年居留澳门贸易，揭开了中国同西方关系史上新的一页。从这时起，澳门成为海上丝绸之路的一个基地，以及中西文化交流的中心。这对于中国接触西方新思想和新文化，产生了持久的积极影响。

——摘编自黄鸿钊：《东方新航路的发现及其历史意义》，载《海交史研究》，2003 年第 1 期

材料六　巴拿马运河

巴拿马运河位于中美洲的巴拿马，横穿巴拿马地峡，连接太平洋和大西洋，是重要的航运要道，被誉为世界7大工程奇迹之一的“世界桥梁”。巴拿马运河是世界上最具有战略意义的人工水道之一，另一条为苏伊士运河。行驶于美国东西海岸之间的船只，原先不得不绕道南美洲的合恩角，使用巴拿马运河后可缩短航程约15000 km(8000海里)。由北美洲的一侧海岸至另一侧的南美洲港口也可节省航程多达6500 km(3500海里)。航行于欧洲与东亚或澳大利亚之间的船只经由该运河也可减少航程3700 km(2000海里)。巴拿马运河全长81.3 km，水深13—15 m不等，河宽152 m至304 m。整个运河的水位高出两大洋26 m，设有6座船闸。船舶通过运河一般需要9个小时，可以通航76000吨级的轮船。……20世纪60年代之后，随着巴拿马人渐渐地觉醒意识到了“国中国”对于一个国家的主权的损坏，美国对于运河的控制权也是紧紧的抓在手中，随着国际社会的舆论和联合国的介入，美国不得已在20世纪的最后一天才把运河的绝对控制权交给了巴拿马。

——摘编自王春华：《巴拿马运河——世界桥梁》，载《水资源研究》，2014年第12期

材料七　工业革命推动铁路发展

近代铁路运输始于19世纪30年代。1830年9月15日，利物浦—曼彻斯特铁路的通车营运，标志着“铁路时代”的开始。第一，它全线使用蒸汽机车牵引，而且运行很成功，从而使蒸汽机车走出试验阶段，进入商业性实用阶段，这极大地推动了铁路运输业的发展，正如蒸汽机的完善极大地推动了工业革命进程一样。第二，“它不仅以私人利润，也以社会福利”作为经营动机，这将使铁路运输拥有坚实的社会基础和广阔的发展前景。第三，它的运输完全由铁路公司经营，以自己的车辆运载客货，收取运费，从而证实：要使铁路和机车发挥最大效益，铁路公司必须既是铁路的所有者，同时又是公共承运人。这使客货运输的观念发生了重大变革。第四，从经济效益上看，它的成功达到了最乐观的发起人也未曾预料到的程度：营运的头18个月，运送乘客近70万人次，不到两年，公司股票价格上涨1倍，到1835年，各种运输的年净收入达8万镑，该线运费和运行时间随之减半。概括地说，利物浦—曼彻斯特铁路的通车营运，展示了近代铁路运输技术上和组织上的主要特征，并且产生了重大的经济效益，它使整个社会认识到，铁路和蒸汽机车无疑将使内地交通运输的整个体系发生根本性变革。

利物浦—曼彻斯特铁路的成功，在英国开启了一个铁路建设大发展的时期，形成了第一次“铁路热”，议会批准拟建铁路1700英里，拟建方案不断获准，投建项目也相继完工，到1844年，通车里程已达2235英里。随着投建项目的完工，新的发起活动又一次活跃起来，1844—1846年间形成了第二次“铁路热”，仅1846年就批准拟建铁路4000多英里。1844—1850年间，平均每年通车里程812英里，到1852年，联合王国通车线路长达7336英里。1855—1860年间平均每年通车线路425英里，1860—1865年间为571英里。1870年，联合王国通车铁路长达15500英里，约占最后通车里数的70%以上。至此，英国很少再有远离铁路交通线的地方了，囊括全英的近代化铁路运输体系大体建成。

——摘编自张廷茂：《英国铁路运输与工业革命进程》，载《世界历史》，1992年第4期

材料八　近代中国铁路发展

中国第一条铁路是1876年英国商人以欺骗手段修建的上海淞沪铁路。淞沪铁路全长

14.5 公里，现已在其路基上建成了轨道交通明珠线。中国人自己修建铁路的开端是唐胥铁路，由唐山至胥各庄，长 10 公里，主要是将煤从矿区运到最近的港口装船运出，于 1881 年建成。铁路建成后，中国工人凭借英国人手中的几份设计图纸，利用矿场的起重机锅炉和长井架等设备，试制成功了中国第一台机车——“龙号”机车。

中国自行设计、自行建筑的第一条铁路是京张铁路，由著名铁路工程师詹天佑主持。京张铁路自北京丰台起，经居庸关、沙城、宣化至张家口，全长 201.2 公里，于 1905 年 9 月开始修建。由于地形复杂，工程极为艰难，外国人曾断言“中国造此路之工程师尚未诞生”。为了跨越燕山山脉以及军都山的陡山深沟，詹天佑在 22 公里的区段内采用了 3% 的坡道和“人”字形铁路，列车头尾有两台机车。列车到达青龙桥车站时，改变行驶方向，后推机车变成牵引机车，牵引机车改为推送，成功地克服了地形困难，回击了外国人的轻蔑狂言。辛亥革命后，詹天佑曾任交通部技监、粤汉铁路会办兼总工程师、中华工程师学会第一任会长等职，先后建成了广州至韶关、武昌至长沙等铁路，完成了川汉铁路的筹建工作。

从 1876 年淞沪铁路问世至 1949 年新中国诞生，我国共建筑铁路 2.1 万公里。这些铁路标准低，设备简陋，分布也极不合理，绝大部分位于东北和东部沿海地区。由于连年战争，年久失修，建国前能通车运营的铁路实际上只有 1 万多公里。

——摘编自晓宇：《铁路简史》，载《交通与运输》，2002 年第 4 期

材料九　美国伊利运河

伊利运河是于 1825 年建成的美国历史上第一条贯穿阿巴拉契亚山脉的运河，在全国交通网络与经济体系的构建过程中具有独特的战略意义与关键的经济价值。它突破了阿巴拉契亚山脉的地形限制，开拓了美国的国内市场，并成为继续开发西部的前哨。在水陆交通方面，伊利运河联系了纽约与五大湖，并向西通过运河连接辛辛那提，从而沟通了密西西比水系，最终形成全国性的水运交通网络。在经济连通方面，它首次实现了美国东部经济中心与美国中西部新兴开发区的经济互动，使中西部地区加快承接国内外产业转移，进而推动了五大湖工业区的形成和中西部区域经济腾飞。

伊利运河选择以奥尔巴尼为起点，以布法罗为终点，是结合地形地貌、技术条件与经济水平等诸多因素综合的结果。在当时的技术条件下，要建立一条穿越阿巴拉契亚山脉、运输量巨大的贸易交通线，修建运河是最佳选择。而受到阿巴拉契亚山脉两侧普遍陡峭的地形限制，只有奥尔巴尼到布法罗之间的相对平坦地形适宜开挖运河。另外，1812 年第二次美英战争以后，纽约在美国东海岸港口城市群中的地位凸显，成为美英贸易的主要窗口，奥尔巴尼所在的哈德逊河入海口恰好是纽约。所以伊利运河以奥尔巴尼为起点，以布法罗为终点，实际上将纽约与五大湖连接起来，成为美国外贸中心与内陆地区联系的桥梁。

在 1851 年第一条贯穿阿巴拉契亚山脉的铁路建立之前的 26 年中，伊利运河一直是沟通美国东西部经济贸易的唯一经济动脉。同时 1851—1852 年水路运输是铁路运输的 6 倍。在运河时代，伊利运河是最早沟通东西部区域的交通与经济动脉，推动农业扩张与东西部工商业城市不断兴起发展，并催生了五大湖工业区的雏形。由此可见，促进东西部区域经济发展具有前瞻性作用和战略影响。

——摘编自许凯文：《试析伊利运河对美国早期区域经济的影响》，载《运河学研究》，2019 年第 1 期

材料十　邮驿制度的变迁

中国最早有关官方通信的记载始于舜统治时期。据《史记·五帝本纪》记载，舜设“纳言”官，“听下纳于上，受上言宣于下”。到了西周，中国出现真正意义上的邮驿制度，即利用国家权力设置专门机构——遂，并派专人——行夫传递“简书”。春秋战国时期，因政治纷繁而造就了多样化的信息传输方式。在官方，各诸侯国进一步强化了统治者对信息的控制，扩充和完善了官方邮驿制度。是时，它们虽然名称有所不同，但均以人力、畜力、烽火、鼓等为传输工具，并在邮路设置邮亭，以分段接力的方式建立起四通八达、密如蛛网的官方邮驿系统。在民间，各国贵族亲胄、商人为了信息融通，相应地建立起非正规的私邮系统，但私邮无论在规模还是效率上均无法与官方邮驿系统相提并论。秦以降，中国实现大一统，邮驿制度便在秦政府支持下开始寻求形式与内容之统一。秦政府废止了春秋以来的“遂”“置”等邮驿机构而将其合并为“邮”，同时制订《行书律》以保障邮传公文的安全性和有效性。自此之后，中国古代邮驿制度大抵遵循秦制，只是名称因朝而改、规模因疆土而变、制度因时势而不断完善。

到了近代，邮驿本身及其制度和组织结构的落后性已很难承载近代国家与社会赋予的使命。因为，中国历代设置的邮驿系统基本上由邮传与驿站两部分组成，邮传主要承担通信传递功能，驿站作为邮传后勤保障机构主要以接待使客、保障邮路畅通为职责，而邮驿设置的主旨自然在于实现信息的上传下达。随着封建制度的发展，官僚队伍不断膨胀，官员迎来送往使得邮驿功能发生错位，驿站已沦为“争华斗靡，曲意奉迎”的官方旅馆，其人员“唯一办差为能事，而邮政转置之不问”。这种功能上的本末倒置使邮驿系统无法完成本应承担的职能，邮驿机构于是越设越多、效率越来越低，从而陷入积重难返的困境。同时，邮驿系统功能缺失，难以满足近代社会发展的需要。邮驿设置以来，“专为官府传递文书”而“民间不能享用”，“有时作为特殊照顾，私人信件也允许由驿夫传递”。……随着封建经济的解体、人员流动的频繁和社会交往范围的扩大，尤其是工商业的勃兴，传统邮驿制度“跬步之间，远于千里”的传递系统已无法适应人们日益增长的信息诉求。

1840 年后，随着众多不平等条约的签订，开放口岸渐趋增加，各国列强纷纷在通商口岸私建所谓“客邮”……但清政府旧有的驿站体系根本无法承担起保护列强在华信件自由、安全往来于各口岸的职责，列强于是开始私设“客邮”。为挽回“面子”和避免列强所交信件丢失，总理衙门于 1866 年决定将此项任务交付海关办理，这种无奈之举反而催生了近代邮政。从 1866 年至 1896 年，在海关统领下，中国近代邮政进入草创阶段。到 1896 年，全国 24 处设有海关的口岸基本上开办了海关邮局。不过，海关此时兼办邮政实属权宜之计，营业范围和业务种类难以满足各方面信息交流的需要，尤其“税关所办邮递，因与国家所设体制不同，故推广甚多窒碍”。在此情势之下，清政府于 1896 年决心开办邮政官局，而邮政官局的设置在体制上为近代邮政正名以及大清邮政的发展奠定了基础。大清邮政建立之初，在体例上仍归海关税务司管理，各海关设邮政总局，以海关区域为邮政服务区域，称为“邮界”。另在邮务区域较大之处设副总局，并称“副邮界”。当时，全国共划分成 35 个邮界。随后，大清邮政相继开办了信函、明信片、贸易契、印刷物、包裹、货样、汇兑、国际包裹等业务。截止 1906 年，大清邮政已具备近代邮政的基本功能。同年，清政府借改革官制之机，成立邮传司，隶属邮传部，并于 1911 年正式从海关手中接管邮政官局。

——摘编自岳谦厚、田明：《近代邮政与中国社会之演变——对一宗邮政贩毒案件的社会学解读》，载《晋阳学刊》，2006 年第 4 期

第 13 课　现代交通运输的新变化

材料一　汽车的发展

汽车发展史是一个漫长的历史，总的说来，可分为蒸汽机发明前、蒸汽汽车问世、流水线大批量生产汽车三个阶段。

蒸汽汽车问世。1705 年，纽可门首次发明了不依靠人和动物作功而是靠机械作功的实用化蒸汽机。这种蒸汽机用于驱动机械，便产生了划时代的第一次工业革命。随着蒸汽驱动的机械即汽车的诞生，人类社会便拉开了永无休止的汽车发展的序幕。1769 年，法国人 N.J. 古诺制造出了世界上第一辆蒸汽驱动的三轮汽车。到了 1804 年，托威迪克设计并制造出一辆蒸汽汽车。当这个笨重的怪物在英国城镇奔跑时，曾引起了很大的骚动。这种车比现在筑路用的压道机还重，速度又低，常常损坏未经铺修的路，引起各种事故。当时市民们曾呼吁取缔这种汽车，为此英国制订了所谓的“红旗法规”。

由于蒸汽汽车本身又笨又重，乘坐蒸汽汽车又热又脏。1879 年，德国工程师卡尔・本茨首次试验成功一台二冲程试验性发动机。1883 年 10 月，本茨创立了奔驰公司和莱茵煤气发动机厂，1885 年又在曼海姆制成了第一辆奔驰专利机动车，该车为三轮汽车，具备了现代汽车的一些基本特点……1886 年，德国人戴姆勒在与威廉・迈巴赫合作制成第一台高速汽油试验性发动机的基础上，又制成了世界上第一辆“无马之车”。人们一般都把 1886 年作为汽车元年，也有些学者把卡尔・本茨制成第一辆三轮汽车的 1885 年视为汽车诞生年。本茨和戴姆勒则被尊为汽车工业的鼻祖。

进入流水线大批量生产时期。进入 20 世纪以后，汽车不再仅是欧洲人的专利了，特别是当亨利・福特于 1908 年 10 月开始制造和销售著名的 T 型车以后，这种车产量增长惊人。1913 年，福特公司首次采用流水装配线方式大规模生产汽车，使汽车成本大跌，汽车不再是贵族和有钱人的奢侈品而开始逐渐成为大众化的商品。从此，美国汽车迅速成为世界宠儿，福特公司也因此成为名副其实的汽车王国。所以，人们说，汽车发明于欧洲，但获得巨大发展是在 20 世纪 30 年代的美国。福特采用流水作业方式生产汽车，在汽车发展史上树起了一座里程碑。

短短几年时间，汽车已经从一种实验性的发明转变为关联产业最广、涉及工业技术最丰富的综合性工业。

——摘编自刘志刚：《汽车发展史简述》，载《汽车运用》，2000 年第 12 期

材料二　世界高速公路发展概况

大规模建设高速公路是发达国家 50 年代以来交通运输发展的重要特点之一。50 年代中期，西方发达国家从第二次世界大战后虚弱的经济状态中恢复过来，进入了经济持续增长

和社会现代化时期。社会运输需求不仅总量增长,需求结构和需求形式也在不断变化。公路运输需求不断增多,铁路运输需求不断减少。随着国民收入水平不断提高,发达国家私人小汽车拥有量不断上升,小汽车成为主要的客运工具。各国都存在着公路通过能力落后于交通量增长需要的问题。建造普通公路无法大幅度提高汽车运输的时效性和可靠性,而高速公路全立交、全部控制出入、双向隔离行驶,能使通行能力和运输速度大幅提高,且安全可靠性好,能全天候运行。建设高速公路是提高公路运输能力,并使交通运输适应经济社会发展需要的必然选择。

在工业化转向成熟发展阶段,大规模建设高速公路,成为各国交通运输发展的共同规律。许多经济振兴的发展中国家继发达国家之后于60—70年代也开始兴建高速公路,同样产生了巨大的运输效益和社会经济效益。目前,全世界80多个国家(地区)拥有高速公路,高速公路通车里程达到22万多公里,美国、澳大利亚、中国、德国、法国、意大利、日本等国高速公路拥有量位于前列。

——摘编自李扬:《欧美发达国家高速公路建设和管理的启示》,载《交通世界》,2004年第7期

材料三　中国公路建设成就

新中国成立后,在修复原有公路基础上,陆续修建了康藏、川藏等公路干线。到1978年,全国公路通车里程达89万公里,是新中国成立初期的11倍。改革开放后,国家持续加大公路基础设施建设投资力度,公路总里程迅猛增长,路网通达度显著提高。到2018年末,全国公路里程达到485万公里,是1949年的60倍。党的十八大以来,国家深入开展"四好农村路"建设,实施"百项交通扶贫骨干通道工程"等工程,农村公路覆盖面和质量进一步提升。到2018年末,农村公路里程达到404万公里,通硬化路乡镇和建制村分别达到99.6%和99.5%。自1988年我国第一条高速公路沪嘉公路建成通车以来,高速公路发展不断提速,实现从无到有再到覆盖成网的跨越式发展。到2018年末,高速公路总里程14.3万公里,年均增长25.8%,总里程居世界第一位。

——《辉煌70年》编写组编:《辉煌70年:新中国经济社会发展成就(1949—2019)》,北京:中国统计出版社,2019年,第281—283页

材料四　中国铁路发展

新中国成立后,我国以沟通西南、西北为重点,修建了大量铁路线路和枢纽,成渝、天兰、兰新等大批铁路干线陆续建成。到1978年末,我国铁路营业里程增至5.2万公里。改革开放后,我国铁路建设突飞猛进,路网规模进一步扩大,路网质量显著提升。到2018年年末,全国铁路营业总里程达到13.2万公里,较1949年增长5倍。2008年京津高铁开通运营,标志着我国铁路开始迈入高铁时代。到2018年末,高铁营业里程3万公里,是2008年的44.5倍,高铁营业里程超过世界高铁总里程的三分之二,居世界第一位。

——《辉煌70年》编写组编:《辉煌70年:新中国经济社会发展成就(1949—2019)》,北京:中国统计出版社,2019年,第280—281页

材料五　中国高铁"走出去"

中国高铁经过多年发展取得了举世瞩目的成就,已经建设并运营着世界最大的高铁网络,积累了应对复杂多样地质条件和气候环境以及长距离、高密度、不同速度等级共线跨线

运行的高铁建设与运营技术，建立了完备的中国高铁技术体系。中国高铁具有技术先进、安全可靠、性价比高、兼容性好、产品交货期有保证、运营经验丰富、建设运营适应性强等比较优势，还有建设与装备有机结合的整体优势，以及投融资支持的综合优势。中国政府力推“一带一路”和高铁“走出去”战略，在外事团访华过程中，乘坐高铁也基本成为必备的活动安排。

近年来，中国铁路特别是高铁“走出去”呈现良好态势。中企在海外承建的第一条高铁——土耳其安伊高铁二期工程顺利通车；中国为马来西亚生产的世界最高运营速度米轨动车下线；中老铁路、印尼“雅加达—万隆”高铁已经开工建设；中泰铁路、匈塞铁路塞尔维亚段已经正式启动；中俄签署“莫斯科—喀山”高铁发展合作谅解备忘录和勘察设计合同；中美签署“美国西部快线”设立合资公司框架协议；中伊签署“德黑兰—马什哈德”铁路高速改造商务合同；马来西亚至新加坡高铁项目进展加速；印度“德里—金奈”高铁可研工作稳步推进；连接巴西和智利长度达 3 560 公里的“两洋”(大西洋、太平洋)铁路可行性基础研究工作取得阶段性重要成果。

中国高铁“走出去”不仅在建设方面表现不俗，在装备出口方面的成绩更是令人举目。据《法兰克福汇报》网站 2015 年 5 月 26 日报道，德国铁路公司董事哈纳加特透露，该公司将于 2015 年秋在北京设立采购办公室，预计中国高铁机车将很快获得德国铁路部门的进口许可。今后 3—5 年内，中国将在德国铁路的机车及零部件采购领域占有重要地位。实际上，中国高铁供应商已具备在西方工业国家中标的实力，其产能将满足全球机车市场一半的需求。

——摘编自徐飞：《中国高铁“走出去”的十大挑战与战略对策》，载《中国战略》，2016 年第 7 期

材料六　新中国造船业

造船业是一个完整的工业体系中重要的一环，一个大国，尤其是具有巨大海洋权益的中国，更应该有自己强大的海军及民用海运能力。当时(60 年代)中国的造船业刚刚起步，造船，尤其是造远洋船，涉及大型机床，钢加工设备，及很多高技术的制造能力。在技术条件明显不足的情况下，买船成为新突破，买回来的船作为自己的财产，不但可以用来运营，还可以在修船及使用中借鉴一些他人造船的经验。……直到 1981 年，众所周知的“长城”号货轮成为中国第一艘出口船，也是我国船舶工业史上第一次按照国际规范和标准建造的万吨级以上船舶。它的顺利下水，有力地宣告了我国造船工业具有承建国际水平船舶的能力，谱写了造船工人造好出口船、为国争光的新篇章。

2019 年我国造船三大指标以载重吨计算占国际市场份额继续保持世界领先，造船完工量、新接订单量、手持订单量分别占世界市场份额的 37.2%、44.5%和 43.5%。我国分别有 4 家、6 家和 4 家企业进入世界造船完工量、新接订单量和手持订单量前 10 强。2019 年，造船产业集中程度保持在较高水平，造船完工量前 10 家企业占全国 67.2%；新接船舶订单前 10 家企业占全国 74.8%；手持船舶订单前 10 家企业占全国 69.4%。

——摘编自马永飞、吴怡君：《中国船舶出口四十年的思考》，载《中国外资》，2020 年第 4 期

材料七　航空运输的发展及优点

1903 年 12 月 17 日，奥维尔·莱特首次将重于空气的、装有动力且可控制、能持续飞行

的“飞行者一号”进行了试飞。1913 年，格伦·克尔迪斯制造出第一架成品双翼飞机。在英国，索普维斯—德哈维兰公司几经努力，终于制作出一架新颖而小巧的，速度较快、机动性较好的飞行器。1909 年，一位名叫路易·布莱里奥的法国飞行员登上他自己设计的单翼飞机，勇敢地驾机飞越了英吉利海峡，成为了创造这一壮举的第一人……1949 年，英国德哈维兰公司制造的彗星 1 型喷气式客机进行了首次民航飞行。1958 年，美国波音 707 正式投入商业运营。喷气客机的时代来临了。

——摘编自雪冬：《世界航空发展简史一瞥》，载《世界文化》，2012 年第 5 期

航空运输是指使用飞机或其他航空器进行运输的一种形式，它具有其他运输无法比拟的优越性，运送速度较快，运输安全准确，可简化包装，节省包装费用等，是交通运输业的一个新兴与高科技产业部门。

航空运输业与其他运输部门的有机联合，从而把社会生产、分配、交换与消费各个环节有机地联系起来，是保证社会经济活动得以正常进行和发展的前提条件。随着社会化大生产的到来和发展，根据生产发展的需要，作为服务于社会化生产的航空运输业，以一个独立的生产部门立足于社会。它的基本任务就是通过极大地提高整个运输业的能力、效率和工作质量，改善国家和各经济区之间的运输联系，安全迅速、经济合理地组织旅客和货物运输，保证最大限度地满足国际、国内和国防建设对远距离的高速运输的需求。航空运输又可以推动社会经济发展，因为优良的交通运输和通信联络，对于充分开发、利用各地区潜在的资源，以推动当地经济发展能起重要的、有时甚至是决定性的作用。

世界各工业发达国家的经济发展经验表明，在工业化过程中都有一个交通运输业超前发展的时期，随着生产的社会化，经济的国际化，催化了交通运输向高效率的航空运输模式发展的速度，这是一个普遍性规律。其主要原因是原料的运进、市场的开拓，都需要由与之相匹配的高效运输体系。美国从 19 世纪 30 年代到 20 世纪 20 年代为铁路大发展时期，铁路作为路上运输的主要方式，它的优点是通达性强、受自然条件限制小、运量大以及价格低廉，从而得到了迅速发展。随着运输技术的进步，运输需求的变化，运输范围的扩大，航空运输业得到了很大的发展。目前美国拥有 24.5 万公里铁路，44.8 万公里航空线，形成了一个运输能力强大的交通体系。

——摘编自钟鸣：《浅析航空运输业的可持续发展》，载《江苏航空》，2010 年第 1 期

材料八　中国航空运输业的发展

机场作为航空运输的起讫点，是航空运输系统的重要基础设施，经过几十年的建设和发展，我国机场总量初具规模，机场密度不断加大，机场服务能力逐步提高，初步形成了以北京、上海、广州等枢纽机场为中心，以成都、昆明、武汉等省会和重点城市机场为骨干以及其他城市支线机场相配合的基本格局，我国航空运输体系初步建立。

近 30 年来，民航发展速度较快，总周转量年平均增长约 18%，旅客运输量增长 16.3%，货邮运输量增长 15%，民航客运量、客运周转量在全社会客运总量、客运总周转量的比重从 1985 年的 0.12%和 2.64%，提高到 2006 年的 0.8%和 12.3%，航空运输在综合交通运输体系中作用日益重要。而且根据《全国民用机场布局规划》，到 2020 年，我国民用机场总数将达 244 个，其中新增 97 个，全国省会城市、主要开放城市、重要旅游地区、交通不便地区以及重要军事要地均有机场连接，逐步形成北方、华东、中南、西南、西北五大机场群、形成功能完

善的枢纽、干线、支线机场网络体系，航空运输整体发展能力和国际竞争力显著增强。

——摘编自黎新华：《高铁对我国航空运输的影响》，载《中国民用航空》，2010年第9期

材料九　交通运输推动社会生活变化

铁路改变了英国社会，这不仅体现在成百倍增加的运输量、数十倍提高的运行速度上，也不仅体现在把全国交织成一张铁路网、从而把各地区不分远近连成一体；它还改变了人的思维方式，改变了人对生活的看法。铁路改变了时间和空间概念，过去时间以天为单位，现在以分钟、以秒计算；过去一两百英里是一个遥远的地方，现在则只是近在咫尺。人们突然感到空间和时间都缩小了，于是生活的节奏也就加快。悠闲的时代已经过去，时间就是金钱。火车还教会人们守时，准时准点成了现代生活的准则，人们开始要随身带上一块表，时间概念是一个全新的概念。火车还进一步教会人们遵守纪律，因为铁路本身体现着强制，纪律是火车运行的基本前提。当然，所有这些变化都不是铁路单独创造的，但铁路确实引起了某种突如其来的变化。

——钱乘旦、许法明著：《英国通史》，上海：上海社会科学院出版社，2012年，第220页

新式公共交通的兴起改变了近代中国城市生活中的许多传统习俗。例如在增强交通秩序意识方面，新式公共交通的兴起使市区建立规范的交通秩序势在必行。上海早在1872年就颁布了较为完善的公共交通规则。当然，市民遵守公共交通秩序还包括文明乘车。在《上海电车公司章程及守则》中就有乘客不准在车上吸烟，不准在车上吐痰，不准妨碍他人，不准与司机谈话，醉酒、衣衫污秽及患有传染病者不准登车等规定。

——摘编自鲍成志：《试论新式公共交通兴起与近代中国城市发展》，载《四川大学学报（哲学社会科学版）》，2009年第2期

材料十　交通发展推动大众旅游潮

空间距离和交通可达性是影响旅游者选择出游目的地的首要因素，而空间距离可以通过交通便捷程度转换为时间距离，时间距离是指在现有交通技术条件下通过单位空间距离所用的时间，或单位时间内在现有的交通技术条件下所达的最大空间距离。可见，空间距离是客观的，而时间距离随交通技术条件变化而发生变化。当交通技术革新产生“时空压缩”效应时，旅游者出游的时间距离不变而空间距离将增大，或空间距离不变而时间距离将变小。每一次交通技术新突破，都能使旅游者以更快速度旅行到更远的目的地。19世纪铁路大大促进了英国滨海度假胜地的发展，因为旅游者出游十分便捷，也相对便宜。20世纪私家车和公共汽车产业的发展深化了陆上旅游，如欧洲大陆和北美洲大陆的旅游，温哥华岛大众旅游的发展是由私家车拥有量增加而诱发的。航天技术的发展，如喷气式飞机和宽体飞机的出现为大众跨洲旅游提供了条件，如加勒比海的假日海岛旅游，飞机是欧美游客最主要的长途交通工具；非洲津巴布韦航空业在推动本国海外旅游业发展中发挥了至关重要的作用。

高速铁路是世界“交通革命”的一个重要标志。高铁已成为解决大通道上大量旅客快速输送问题的最有效途径，其最大特点是快速、安全和高效，产生明显“时空压缩”效应。随着高铁带来“时空压缩”过程，游客在时间距离不变情况下，空间距离逐渐增大，即游客出游半径会逐渐增大。日本东北新干线开通前，东北部对关东客源地来说是非常遥远的旅游地，对于大阪和名古屋客源地来说，更是遥不可及。新干线开通后，通过东京站换乘，几个小时就

能到达东北部的仙台及周边旅游地，东京到东北部的仙台、盛冈、福岛和青森等4个城市的旅行时间缩短率均在50%以上，变化明显；可见，新干线开通使各旅游地更接近客源地，使旅游者出行更为方便，呈现出“把新干线当成走廊来使用”的现象。从巴黎到里昂相距约400 km，汽车行驶需4.5 h，法国第一条高铁(TGV)线开通后，巴黎到里昂行程时间缩短到2 h。高铁使伦敦到爱丁堡、格拉斯哥和苏格兰等大城市的旅行时间大幅度降低，行程时间由原来4个多小时缩短为不足3 h，因旅行时间节省，促进英国各城市商务旅游和休闲旅游发展。南非约翰内斯堡到比勒陀利亚行程时间在高铁开通后缩减到只需35 min，而开通前需要1.5 h，由此极大增强了居民出行欲望，每天客运量增加到6.4万人次。因此，高铁产生的“时空压缩”效应对游客出游距离产生明显作用，进而影响到旅游者选择出游目的地。

——摘编自汪德根、牛玉、王莉：《高铁对旅游者目的地选择的影响——以京沪高铁为例》，载《地理研究》，2015年第9期

第六单元

医疗与公共卫生

第一部分

单元教学设计

单元学习主题和目标

1. 课标要求与分析

课标要求：知道古代历史上疫病的流行与影响；了解中医药的主要成就和西医在中国的传播、发展过程；了解现代医疗卫生体系的建立、发展及其对社会生活的影响。

依据课程标准，本单元从医疗与公共卫生的视角考察经济与社会生活，使学生能够从中了解疫病造成的灾难以及医疗条件进步对人类社会的积极影响。本单元的内容按时间先后呈现，包括历史上的疫病与医学成就，以及现代医疗卫生体系及其对社会生活的影响。

疫病给人类造成极大灾难，人类不是坐以待毙，从古至今人们在抵抗疫病与保障健康方面进行了不懈的努力并积累了大量的经验，现代医疗卫生体系对延长人类寿命、抵御疾病、促进人们形成健康的生活方式与思维观念等方面产生了积极影响。

2. 单元学习主题

本单元的教学设计可围绕“医疗与公共卫生的进步保障了人们身心健康并导致社会生活方式变化”这一单元主题展开。

通过教学活动的开展，促进学生的时空观念、历史解释和史料实证等学科核心素养的发展。比如，对唯物史观的运用，可通过理解历史现象是众多合力作用的结果，历史上的疫病发生大多就是众多因素导致的。同时，人类在天灾面前并不是束手无策的，能够发挥主观能动性，有针对性的控制疫情，治愈疫病。

此外，在时空观念、历史解释的培养方面，可以通过了解不同历史时期的疫病以及中医药学的成就，结合其历史背景进行历史解释。

在史料实证学科素养的发展上，可以引导学生依据历史常识和生活经验，分析历史问题。如针对古代历史的疫病，可以选取伯罗奔尼撒战争中的瘟疫、明朝末年的鼠疫等不同记载的史料，进行分析比较，勾勒出关于疫情发生的整体面貌，总结出疫病发生对历史发展产生的影响，有助于培养学生分析历史事物、阐释历史问题的能力，理解历史发展的复杂性。

本单元内容还是进行家国情怀素养形成的绝佳素材，中国的中医药成就和现代医疗卫生体系的建立与完善都与我们的日常生活密切相关，可以通过屠呦呦获得诺贝尔奖的案例，或者从2020年中国人民抗击“新冠疫情”的具体实践，引导学生感悟现代医疗卫生体系的建立在生活中的重要作用。

3. 单元学习目标

（1）通过了解中外古代历史上的疫病流行的状况，认识疫病发生对人类历史的影响；通过学习古代中医药学的内容，知道中医药学的伟大成就，理解中医药学对人类防治疫病的意义，认识中医药对人类身体健康带来的贡献。

（2）通过学习近代西医在中国传播和发展的概况，认识西医对中国传统卫生医疗体制的影响，理解西医东传对我国民众医学观念和生活方式产生的积极作用。

（3）通过梳理现代医疗卫生体系发展的脉络，了解人类健康状况、生活方式和卫生观念变化，认识现代医疗卫生体系的发展对社会生活带来的影响，感悟现代医疗卫生体系在生活中的重要作用。

单元学习重点与难点

1. 学习重点分析

本单元的学习重点是中医药学成就和现代医疗卫生事业的发展。

本单元整体叙述了人类从古至今的疫病困扰，以及人们防治病症的种种实践；20世纪以来建立了现代医疗卫生体系，促进了人们的身心健康。中医药学成就是本单元的第一个重点内容。中国古代医学家在临床实践的基础上形成了宝贵的理论探索，建构起独具特色的中医药体系。《黄帝内经》被认为是中国现存最早、最有代表性的中医基础理论著作。张仲景的《伤寒杂病论》是中医临床学的基础经典。《唐本草》是世界历史上第一部官方药典。李时珍的《本草纲目》是明朝中药学之大成，创立了科学的药物分类方法，针灸、保健等领域也取得丰硕成果。新中国成立后中医药获得新生，大放异彩。

现代医疗卫生体系的建立是本单元的第二个重点。20世纪以来现代医疗卫生体系建立并完善，人们对公共卫生的认识由浅入深，推动了人类社会的进步。这一重点有两个方面的重要内容。第一是面向民众的医疗保险体系的建立与完善。医疗保险体系包括医疗保障政策的制定、医疗机构（医院、药店等）的建设、医疗费用的保障等。医疗保险体系作为社会保障体系的重要部分，正在各国、各地区不同程度地建立与完善。第二是公共卫生体系的建立与完善。公共卫生体系包括疾病检测、预防、控制与治疗等。20世纪以来，各国、各地区都在努力建立辖区的公共卫生体系。联合国为促进各国、各地区流行病和地方病的防治，改进全球范围内的公共卫生、疾病医疗等，专门成立了世界卫生组织。

2. 学习难点分析

本单元学习难点是理解疫病及其防治对历史的影响。

本单元依据时间先后展开内容，从古代、近代和现当代三个阶段呈现医疗与公共卫生的发展历程。历史上的疫病给人类带来巨大影响，鼠疫、天花、霍乱、伤寒等高传染性的流行病不仅危及人们的生命，而且还很大程度上改变了历史的走向，也促进了疫病的防治与医学经验的积累。

首先是博大精深的中医药文化，就是在特定历史背景中产生与发展的，不仅留下了《黄帝内经》《伤寒杂病论》《本草纲目》等经典，也积累了丰富的临床经验，为今天的中医药事业奠定了坚实的基础。

其次，从古至今，人们在抵抗疫病与保障健康方面积累了大量的经验，现代医疗卫生体系对延长人类寿命、抵御疾病、促进人们形成健康的生活方式与思维观念产生了积极影响。20 世纪以来现代医疗卫生体系对人类社会生活影响巨大。在第二次世界大战后，现代医疗卫生体系日益完善。一是现代医疗保险体系的建立与完善。二是现代公共卫生体系的建立与完善。此外，联合国成立世界卫生组织，为各国流行病的防治、公共卫生条件的改善作出了巨大贡献。

教材对于古代疫病的影响有简要介绍，涉及三个维度：疫病给社会带来的灾难，防疫方法和救治机构的发展，以及人们防疫思维的开拓。但这些还并不足以延展到当今世界，我们还需要结合现实，补充 2003 年抗击非典、2020 年抗击新冠疫情的例子，全方面理解疫病对于人类历史的影响。

单元教学设计

1. 单元知识结构

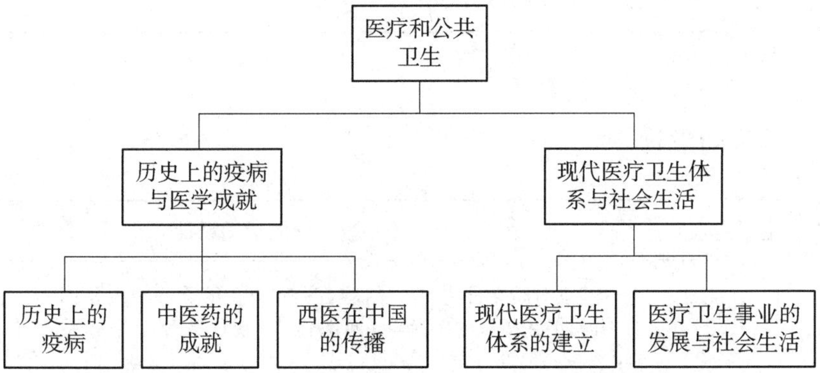

2. 主干知识与问题链

课时	主干知识	教材预设问题	问题链
1	历史上的疫病与医学成就 (1) 历史上的疫病 (2) 中医药的成就 (3) 西医在中国的传播	〔思考点〕古人有哪些防治疫病的措施值得今天借鉴? 〔思考点〕结合所学,谈一谈你对中医药特征的认识。 〔学思之窗〕根据材料,谈谈对《本草纲目》体例特点的认识。 〔思考点〕西医的传入对中国人的健康产生了怎样的影响? 〔问题探究〕这种观点有没有道理? 试用事实说明。 〔学习拓展〕上面两段材料有什么共性? 它们对医生的伦理道德提出了什么要求?	(1) 请大家观看"历史上重大疫病示意图",结合教材内容,概述人类历史上的主要疫病。 (2) 依据材料,概括黑死病对欧洲中世纪带来的影响。 (3) 古人有哪些防治疫病的措施值得今天借鉴呢? (4) 依据材料,谈谈你对《本草纲目》体例特点的认识。 (5) 综合中医药学知识的学习,谈谈你对中医药特征的认识。 (6) 西医在中国的传播主要通过了哪些途径? 其传播的主要内容是什么? (7) 阅读教材,西医的传入对中国人的健康产生怎样的影响呢?
1	现代医疗卫生体系与社会生活 (1) 现代医疗卫生体系的建立 (2) 医疗卫生事业的发展与社会生活	〔学思之窗〕两首《送瘟神》表达了毛泽东怎样的情怀? 〔思考点〕新中国是怎样完善医疗保障体系的? 〔学思之窗〕中国是怎样实施健康中国战略的? 〔思考点〕公共卫生观念的养成,对健康中国战略的实施有怎样的意义? 〔问题探究〕谈一谈你对"大卫生、大健康"观念的看法。 〔学习拓展〕结合材料,说明中国的现代医疗卫生体系在防疫抗灾上是如何发挥作用的。	(1) 依据材料,概括"福利国家"制度的利弊。 (2) 这两首诗表达了毛泽东怎样的情怀? (3) 阅读材料,结合所学,说明中华人民共和国是怎样完善医疗卫生体系的? (4) 阅读材料结合所学,思考中国是怎样实施健康中国战略的? (5) 阅读材料,谈谈现代医疗卫生事业迅速发展的特点。 (6) 阅读材料,分析新中国建立之初为什么要开展爱国卫生运动及其带来的影响 (7) 谈一谈你对"大卫生、大健康"观念的看法。

3. 教与学活动设计

流程	主要内容	教与学的活动设计
单元导入	单元内容简介与单元关联	通过阅读分析单元导读的内容,明确本单元学习的主要内容。提示本单元的关键词:疫病;中医药学;西医传入;现代医疗卫生体系。导入本单元的学习。

续表

流程	主要内容	教与学的活动设计
第1课时　历史上的疫病与医学成就	（1）历史上的疫病	阅读教材相关内容，分析教师补充的史料，思考“学思之窗”及教师提出的问题，梳理古代疫病的流行及其影响，了解人类面临疫病侵扰而做出的防治措施。
	（2）中医药的成就	阅读教材相关内容，分析教师补充的史料，思考“学思之窗”及教师提出的问题，了解中医药的主要成就。
	（3）西医在中国的传播	阅读教材相关内容，分析教师补充的史料，思考“学思之窗”及教师提出的问题，梳理西医在中国的传播、发展过程及其对近代中国社会带来的影响。
第2课时　现代医疗卫生体系与社会生活	（1）现代医疗卫生体系的建立	阅读教材相关内容，分析教师补充的史料，思考“学思之窗”及教师提出的问题，知道现代医疗卫生体系内容，了解其建立、发展的过程。
	（2）医疗卫生事业的发展与社会生活	阅读教材相关内容，分析教师补充的史料，思考“学思之窗”及教师提出的问题，了解现代医疗卫生体系的发展对人类社会生活的影响。
单元总结	知识体系建构与单元认识深化	建构单元知识结构，通过阅读教材，归纳历史上疫病的概况、中医药学成就和现代医疗卫生体系的内容；阅读材料，认识中医药学的博大精深、现代医疗卫生体系的影响，理解疫病对人类历史进程带来的影响。

单元导入

教师设问：请阅读第六单元导言，思考并回答：

（1）依据单元导言的内容，归纳本单元学习内容的结构。

（2）依据单元导言的内容，用几个关键词概括本单元的内容。

【设计意图】　通过对单元导读内容的学习，初步了解本单元的基本内容，学会抓关键词，快速理解单元要义。

教师总结：通过对单元导言部分的阅读，我们可以归纳出本单元内容分为四个层次。一是疫病在给人们带来灾难的同时，也客观促进了医疗条件的进步；二是中国古代医药博大精深，至今还在发挥巨大作用；三是西医在传入中国后改善了中国的医疗卫生条件；四是第二次世界大战后现代医疗卫生体系逐步建立完善，对现代人的社会生活带来了积极的影响。本单元的关键词可以概括为：疫病；中医药学；西医传入；现代医疗卫生体系。

第二部分

课时教学设计

第14课　历史上的疫病与医学成就

一、学习目标

1. 结合地图了解中外古代历史上的疫病流行的情况，通过阅读材料认识疫病流行对人类历史的影响。

2. 通过梳理教材内容和阅读材料，归纳古代中医药学的主要成就，理解中医药学对人类防治疫病的意义，认识中医药对保护人类身体健康的贡献。

3. 通过阅读材料，概括近代西医在中国传播和发展的情况，理解西医东传对我国民众卫生健康观念和生活方式产生的积极影响。

二、学习重点

知道历史上疫病流行与危害；了解中医药学的主要成就。

三、学习难点

理解疫病及其防治的历史影响。

四、教与学活动

【导入新课】

教师讲述：2020年新冠病毒突袭而来，给人类带来一场新的疫情，全球亿万人不幸感染，给世界带来了巨大的影响。回望历史，疫病可谓与人类历史发展相伴，给人类带来了巨大的灾难，但人们在疫病面前并没有倒下，而是在疫病的防治上积累了大量的经验。

【学习新课】

(一) 历史上的疫病

1. 历史上疫病的概况及其影响

教师讲述：疫病指由细菌、病毒等强烈致病性微生物感染人体而引起的急性传染病。其传播速度快、范围广、时间长，危害极大，使地区与国家的稳定受到严重冲击，因而不仅是个体问题，更涉及公共卫生与国家安全问题。人类发展过程中，饱受疫病的折磨。

教师设问：请大家观看"历史上重大疫病示意图"，结合教材内容，概述人类历史上的主要疫病。

教师讲述：天花和鼠疫是历史上破坏性较大的疫病。天花是最早的疫病之一，延续了数千年之久，古埃及法老拉美西斯五世木乃伊上的天花瘢痕，是目前最早的天花例证；历史上不少帝王与贵族罹患天花，平民百姓更是不计其数。鼠疫是古代社会暴发时间极长、危害极大的疫病，导致人口的锐减与社会生产停滞倒退，给人类留下了惨痛的回忆。14世纪欧洲爆发的"黑死病"持续时间长，人口死亡过半，给社会带来巨大冲击。

【设计意图】 通过引领学生阅读、分析教材相关内容，了解历史上疫病的基本概况。同时在讲述的过程中，使用地图，让学生对于历史上的疫病有一个时空上的认知。

教师讲述：接下来我们再来以中世纪的黑死病为例，看看疫情给人类带来的影响。请阅读下列材料。

材料一 黑死病对欧洲社会的最直接的影响，是造成人口的大量死亡。中古城市人口集中，接触相对密切和频繁，卫生设备落后，卫生知识缺乏，遭受的危害最为惨烈。1348年黑死病流行高峰时，阿维尼翁每天死亡40人，半数居民死于瘟疫。伦敦市有一处坟地埋葬了5万具尸体。1349年，巴黎死亡总数达50 000人，占城市人口总数的一半。现代人口学家对染病的广大地区的全面估计，欧洲人口8 000万中死亡2 400—2 500万，即近总人口的三分之一。

人口的大量死亡造成欧洲社会政治秩序的极大混乱。在黑死病以前的二三百年时间里，欧洲各国政府都在艰难而缓慢地发展着管理机构，训练着所需要的各级官员，突然间数以万计的训练有素的官员被瘟疫消灭了，政府机构所受到的冲击是可以想见的。大批官员的死亡，使公共治安、法庭审判，甚至日常生活秩序都陷入瘫痪状态中。为了使各级政府机构重新发挥它的神经指挥功能，大批不学无术、愚蠢无能的虚伪奸滑之徒涌填到各级官衙。这些人以其自私之动机趁瘟疫造成的混乱中饱私囊，极力搜刮民众膏血。另一方面，幸存的普通民众也在绝望中转向了狂饮暴食……毁坏劳动成果，谋财害命、欺骗、通奸、盗窃，已成通常之事。在某些地方，无家可归的人和因饥饿而入绿林的土匪游荡纠合，大肆劫掠。庞大的国家机器在低效率中运转，社会政治秩序陷入动荡和混乱中。

——张绪山：《14世纪欧洲的黑死病及其对社会的影响》，载《东北师大学报(哲学社会科学版)》，1992年第1期

材料二 经历黑死病，医疗体系同样受到很大的冲击，开始走向一个全新的方向。过去的医疗体系主要是固守已有的传统和知识，尤其是希波克拉底和盖伦等的理论知识，不求实

践和研究新问题。但黑死病后，医学开始走向职业化。医学的进步表现在医学哲学和机构开始发展，而且医药学变得专业化；第二个变化便是外科和外科医生的兴起；与此相关，方言医学文献兴起；第三个变化是医院的新作用。以前医院主要用于隔离而不是治愈，现在则主要用于治愈，新的管理和组织技巧发生了变化。医院的药物发生了变化，公共卫生和健康开始发展，这些公共机构报告流行病的情况，负责实施隔离，出现了专门对付瘟疫的医生。

——赵立行：《1348年黑死病与理性意识的觉醒》，载《江西师范大学学报(哲学社会科学版)》，2007第1期

教师设问： 依据材料一、二所述内容，概括黑死病对欧洲中世纪带来的影响。

参考答案： 黑死病对欧洲社会的最直接的影响，是造成人口的大量死亡。人口的大量死亡造成欧洲社会政治秩序的极大混乱。政府机构受到冲击，民众也在绝望中转向了狂饮暴食。甚至教会、学校等思想文化领域都受到了人口死亡所带来的巨大冲击。

另外，医疗体系同样受到很大的冲击，开始走向一个全新的方向。第一是，医学开始走向职业化；第二个变化便是外科兴起和方言医学文献兴起；第三个变化是医院的新作用。

【设计意图】 本部分是利用黑死病的影响来理解历史上的疫病对于人类历史的影响，这是本课的难点内容。教师提供材料，引导学生阅读理解黑死病对人类历史产生的巨大影响。黑死病作为一场恐怖的大瘟疫，造成人口的大量死亡。人口死亡导致社会秩序混乱。社会的混乱动荡使得人们的心理发生巨大的变化，精神世界的冲击带来了一场思想解放运动。此外，作为一场巨大的疫病浩劫，对于当时的医疗卫生体系的发展也产生了诸多的影响。本部分内容的处理，可以充分发挥学生的主观能动性，进行活动讨论或者展示，教师通过史料的补充或讲解，丰富完善学生的答案，过程中帮助学生建立相应的逻辑关系，搭建思维台阶，解决本课内容的难点。

教师讲述： 历史上的每一次疫病给人类带来的最大的影响，其实都是人口的大量死亡。比如，20世纪早期，斑疹伤寒在俄国和波兰大流行，造成数百万人死亡。1918—1919年，流感全球大暴发，全世界死亡人口在2000万人以上。此外，疫情在给人们的健康带来巨大威胁的同时，甚至导致政治、经济的变动。比如，古希腊雅典的瘟疫导致雅典政治的走向明显转变。再如，明朝末年的鼠疫，加速了明王朝的灭亡。

过渡： 在与疫病的斗争中，人类也逐渐重视起疫病的防治工作。

2. 历史上的疫病防治

教师讲述： 古罗马非常注意公共卫生，把修建饮水道、下水道当作重要工程。中国古代不少地方官，在任职期间组织人力清理污水、疏通井渠河道；在大灾之后，及时掩埋尸体，发放药物，采取各种方法预防疫病。人类历史上出现过大量防治疫病的方法。东晋葛洪所著《肘后备急方》记载了青蒿对疟疾的治疗作用。中国古人为了防治天花，发明了人痘接种。人痘接种法在明朝中期已经广泛使用，后来传到欧洲。

古代已经建立疫病的救治机构。西汉后期，政府对疫病患者进行隔离，“民疾疫者，舍空邸第，为置医药”；隋唐时期，寺庙也收治病人。古罗马时期的医院也收治疫病患者。

教师设问： 那么，古人有哪些防治疫病的措施值得今天借鉴呢？

参考答案： 古代拥有一定的公共卫生观念，采取了清理污水、隔离患者以及掩埋尸体等措施，在今天还有借鉴意义；依赖中医药探索治疗疫病的方法，对治疗天花、疟疾、伤寒等疫

病形成一定的经验；建立专门机构，隔离病人予以救治，符合现代科学。

【设计意图】 让学生在阅读中加深历史理解，通过挖掘古代防疫措施的合理性，在培养学生历史解释素养的同时，也借鉴古代经验，形成解决现实问题的智慧。

（二）中医药的成就

教师讲述： 中国古代医学家在临床实践的基础上形成了宝贵的理论探索，建构起独具特色的中医药体系。请大家阅读教材相关内容，完成下列表格（中国古代医药学成就）。

时间	成就
战国	扁鹊的（望、闻、问、切）四诊法
战国至西汉	《黄帝内经》
东汉	华佗创制“麻沸散”和“五禽戏”
东汉	张仲景《伤寒杂病论》
东晋	葛洪《肘后备急方》
唐朝	孙思邈《千金方》
唐朝	《唐本草》
北宋	出现针灸铜人
明朝	李时珍《本草纲目》

【设计意图】 通过阅读教材，填充表格，落实书本基础知识，知道中医药学成就。通过表格，知道中国古代医药学成就的时间脉络。

教师讲述：《黄帝内经》作为我国古代医学文献中最重要的典籍之一，全面总结了秦汉以前的医学成就。书中充分反映出中医学整体观念和辨证论治两大特点，对人体的生理、病理，以及诊断、治疗、预防、养生等内容，有着比较全面的论述。《黄帝内经》的成书，标志着中国医学从经验积累的阶段上升到理论总结的阶段，为中医学的发展奠定了重要的理论基础。

《伤寒杂病论》是我国医学史上第一部临床治疗方面的巨著，作为对我国医学史发展影响最大的著作之一，奠定了中医辨证诊治的重要医学思想。即根据病因、病机的不同，将病、证、症三者有机结合起来，以决定治疗原则的临床治疗模式。症作为病、证的临床具体表现，依症辨病是明确疾病、诊断辨病的重要内容。《伤寒杂病论》奠定了中医临床学的基础。

过渡： 除了以上两本重要的医学奠基著作之外，中国古代还有一本重要的药物学巨著，被誉为“东方药学巨典”。这就是明朝李时珍的《本草纲目》。接下来，我们一起来简单认识一下。

材料三　予开卷细玩，每药标正名为纲，附释名为目，正始也。次以集解、辨疑、正误，详其土产形状也。次以气味、主治、附方，著其体用也。上自坟典，下及传奇，凡有相关，靡不备采。

——王世贞:《〈本草纲目〉原序》

教师设问: 依据材料三,谈谈你对《本草纲目》体例特点的认识。

参考答案: 全书框架一目了然;体例完备,大纲、条目、解释、辨误、图像、功用全面;重视前代医学家的研究成果;作者深入临床实践,辨析真伪,裨补缺漏。

教师讲述: 新中国成立后,由于党和国家的高度重视,中医药事业迎来新生。在"中西医结合"方针引导下,中医药的体系日趋完备,一大批中医人才成长起来。中医药工作者博采众方,整理古代中医典籍,开发中成药,促进中西医结合,发挥了中医药养生保健的重要价值。

教师设问: 综合上述对中医药学知识的学习,谈谈你对中医药特征的认识。

参考答案: 重视临床经验;讲求辨证施治,注重人与自然的和谐;形成了独具特色的医学遗产,如针灸、推拿、食疗等;留下了大量的中医典籍。(言之成理即可。)

【设计意图】 教材对于中医药学成就有简要介绍,但是《黄帝内经》《伤寒杂病论》有奠基性质的作用,而《本草纲目》的影响是世界性的,所以单列出来进行详细介绍,加深学生对中医药学成就的认识,理解中医药学特征。

(三) 西医在中国的传播

教师讲述: 近代西医在近代自然科学的影响下快速发展。近代以来,西医立足于实验科学与精密仪器,在解剖学、诊断学和药物学等方面取得显著成就。17 世纪,血液循环理论的提出、显微镜的研制推动了医学的进步;19 世纪,实验药理学出现。

明末清初,伴随着西学东渐,西医开始传入中国,但当时的中国相对保守,人们对新事物的认可度有限,西医的影响尚不显著。鸦片战争以后,通商口岸相继开放,西医在中国沿海各大城市传播较快,其先进性也随西方文化的渗透逐渐得到更多人的认可。

材料四 西方医学在近代中国的传播,主要是通过传教士、留学生及思想比较开明的清廷官员和洋务人士这些媒介进行的。基督教传教士在传播西医过程中是前驱,担当了先锋角色。传教士的到来促进了西医在中国的传播和发展,培养了大批医学人才。他们把西方先进的医学知识和经验带到了古老的中国,创办了中国首批西医院和西医学校,翻译了大量医学书籍报刊,培养了大批西医人才,造福了近代中国社会。而且,传教医生在客观上把各种新颖的医学技术、医学器材、药物知识、医疗机构建设体制以及医学教育模式引入中国,初步形成了以西医医院为主体的医疗和医学教育网络,促进了西方医学的传播和发展。传教士还掀起了 19 世纪末、20 世纪初的留学潮,为中国医学生提供了更加直接和全面学习西医的机会。

——秦永杰、王云贵:《传教士对中国近代医学的贡献》,载《医学与哲学(人文社会医学版)》,2006 年第 7 期

教师设问: 西医在中国的传播主要通过了哪些途径?其传播的主要内容是什么?

参考答案: 西方医学在近代中国的传播,主要是通过传教士、留学生及思想比较开明的清廷官员和洋务人士这些媒介进行的。他们传播的内容主要包括:带来医药学知识、医学器材,创办西医医院和学校,翻译西医书籍,培养西医人才等。

【设计意图】 通过简要介绍,再提供相应材料,学生进行阅读,认识西医在近代中国传

播的内容。

教师设问：阅读教材，大家思考一下，西医的传入对中国人的健康产生怎样的影响呢？

参考答案：近代以来，西医借助科学实验，医疗技术日益进步。西医的传入给近代中国的医疗卫生带来显著变化。首先是医疗机构的近代化。西式医院在大城市逐步建立，医疗条件大为改善。其次是医疗技术的科学化。诊断、治疗借助仪器与实验手段。最后是公共卫生观念的形成。西医的消毒措施带来了防疫的进步，提倡科学处理垃圾粪便、推广自来水、进行食品监督等措施有助于公共卫生的维护。

教师设问：西医在中国的传播，除了直接的健康影响外，还有其他的影响吗？

材料五　近代以来西方医学的传入，给中国社会带来较大的影响。首先，西医的传入，使得中国人以全新视野看待医学，对于人体、医药、牛痘等卫生防疫，以及西方的医事制度有初步的了解认识。社会上出现的新的知识体系，开始改变人们的观念行为。其次，传教士对于西医的传播，冲击传统的中医学界，由于当时社会的变革与开放，很多士大夫、医家接纳西方医学知识观点，中西医开始对话，渐趋汇通。再者，由于明清时期我国社会文化的健全自信，当时人们对于西方医学多持好奇、开放、接纳的姿态，西方解剖学以其科学实证精神对于明清时期的知识界具有一定影响，一批先知开始摒弃传统思想的束缚，对西方医学持开放的姿态，促进医学科学的发展，开始树立科学求实的精神，促进传统医学观念的革命。

——张晓丽：《近代西医传播与社会变迁》，南京：东南大学出版社，2015 年，第 29—30 页

参考答案：增强了中国人对西医的认识；改变人们的医学观念；冲击了传统的中医学界；推动了中西医对话与汇通；促进了近代中国医学科学的发展。

【设计意图】　通过阅读教材和补充的史料，分析西医传入中国带来的影响。西医东传客观上促进了近代中国社会的进步。

【本课小结】

通过本课的学习，我们了解了历史上的主要疫病及疫病给人类带来的影响，一方面疫病的肆虐危害人类健康，与此同时，疫病的流行也刺激人们进行抗争，改变人类历史的进程。古人在不断总结防疫经验的过程中，推动了人类医学的进步。在中国古代，人们在实践中，建立起了独特的中医药学。中医药学不仅有着博大精深的理论体系，而且临床诊断治疗经验丰富，保障了中国古代人们的健康成长，是中国文化的瑰宝。随着近代西医在中国的传播，中国的医疗卫生事业遇到了巨大的挑战与机遇，最终是在博采众长、继承创新中，取得了很大发展。新中国成立后，中西医结合的方针，更进一步地推动了中国医药学的进步。

第 15 课　现代医疗卫生体系与社会生活

一、学习目标

1. 通过阅读教材，知道现代医疗卫生体系的基本内容，理解现代医疗卫生体系发展的

脉络及历史意义。

2. 通过阅读材料，了解人类健康状况、生活方式和卫生观念的变化，认识现代医疗卫生体系的发展对社会生活带来的影响。

3. 结合21世纪以来人类面临的疫病困扰，了解现代医疗科技进步的表现，认识现代医疗卫生国际合作的重要意义。

二、学习重点

了解现代医疗卫生事业的建立及发展。

三、学习难点

理解医疗卫生体系对社会生活的影响。

四、教与学活动

【导入新课】

展示教材两幅图片：深圳市的医护人员为儿童注射疫苗；北京市一社区卫生服务中心。

教师讲述：同学们在小时候肯定都有过注射疫苗的经历。其实疫苗是预防传染病的生物制品，疫苗接种被公认为公共卫生领域中成本较小且最有效的防病手段，甚至有的疫苗可以做到终生免疫。在我们国家，现在已经推行计划免疫，有效控制了很多严重威胁人类健康的重大疫病。而计划免疫是现代医疗卫生体系的重要组成部分，今天我们就一起来学习现代医疗卫生体系的建立与发展。

【设计意图】 结合现实生活，利用学生已有的注射疫苗的经历，来引入本课的学习主题。

【学习新课】

（一）现代医疗卫生体系的建立

1. 现代西方医疗卫生体系的建立

教师讲述：现代医疗卫生体系，包括基本医疗卫生体系、医疗服务体系、药品供应体系与医疗保障体系等内容。它们对保障人类健康、提高生活质量具有重要意义。20世纪中期以来，许多西方国家建立了基本医疗卫生体系。各层级的医院、专业公共卫生机构、基层医疗单位大量出现，公共卫生监督工作也取得很大进展，威胁人类健康的麻疹、百日咳、白喉、脊髓灰质炎、肺结核等重大传染病得到控制。西方国家的医疗服务体系日益完善，其药品供应也得到了基本保障。城乡居民无论年龄、性别、职业、收入，都享有一定的医疗服务权利。

第二次世界大战后，现代医疗保障制度在很多西方国家推广。美国的医疗保障体系在社会保障体系中发挥了重要作用；欧洲尤其是北欧国家宣布建成“福利国家”。这为民众的医疗卫生事业带来物质支持。

材料一　所谓“福利国家”，是指国家通过构建社会保障体系，保证个人和家庭的经济安全；通过加大社会服务开支，保证全体公民享受较好的公共福利。

“福利国家”的建立，在缓和收入分配不平等，保持社会稳定方面起到一定积极作用。但是，这些社会福利毕竟由国家财政负担，因此，当 20 世纪 70 年代主要资本主义国家发生经济危机时，减少福利就成为“改革”的内容之一。80 年代，美英法等国都不同程度地减少政府公共开支，改革社会保障制度，在提高社会效率和维护社会公平之间寻求新的平衡。

——《中外历史纲要》下，北京：人民教育出版社，2019 年，第 116—117 页

教师设问：依据材料，概括“福利国家”制度的利弊。

参考答案：“福利国家”制度能够缓和社会矛盾，促进经济恢复和发展；但福利会增加国家财政负担。

【设计意图】　了解现代西方医疗保障体系的重要内容，通过阅读材料，认识西方福利国家制度的利与弊。进行历史解释素养的培养。

2. 中国医疗卫生体系的建立

教师讲述：新中国成立后，基本医疗卫生体系逐渐建立起来。国家搭建起覆盖全国的医疗网络，出台了一系列的法律法规，大力推行计划免疫，积极防治传染病，把食品、饮用水、药品的安全监督视为重要的工作。

血吸虫病是世界上对人类危害严重的寄生虫病之一，主要分布在亚洲、非洲和拉丁美洲等 70 多个国家和地区。我国长江中下游以南的 12 个省（直辖市、自治区）是血吸虫病流行区。江西省曾是我国血吸虫病流行严重的省份之一，该病对流行区人民群众身体健康和社会经济发展造成过严重危害。1958 年 7 月，江西省余江县血吸虫病防治工作取得巨大成功，毛泽东兴奋得夜不能寐，“遥望南天，欣然命笔”，创作了《七律二首・送瘟神》：

材料二

其一

绿水青山枉自多，华佗无奈小虫何！
千村薜荔人遗矢，万户萧疏鬼唱歌。
坐地日行八万里，巡天遥看一千河。
牛郎欲问瘟神事，一样悲欢逐逝波。

其二

春风杨柳万千条，六亿神州尽舜尧。
红雨随心翻作浪，青山着意化为桥。
天连五岭银锄落，地动三河铁臂摇。
借问瘟君欲何往，纸船明烛照天烧。

教师设问：这两首诗表达了毛泽东怎样的情怀？

参考答案：血吸虫病给人民带来了巨大灾难，江西省余江县饱受其害；新中国成立后，在党和政府的引领和组织下，医护人员和广大人民群众做了大量工作，最终消灭了血吸虫病。毛泽东写的《送瘟神》，正是表达了他对人民健康事业高度关注，对血吸虫病防治工作的

充分肯定。

【设计意图】 通过史料阅读，理解新中国的医疗卫生体系的建立是迅速且有效的，体会在新中国建立之初，党和国家领导人高度重视人民健康安全，大力推动医疗卫生事业的发展。

材料三 医疗机构承担与医疗救治有关的传染病防治工作和责任区域内的传染病预防工作。城市社区和农村基层医疗机构在疾病预防控制机构的指导下，承担城市社区、农村基层相应的传染病防治工作。

——《中华人民共和国传染病防治法》(2013 年 6 月 29 日第十二届全国人大常委会第三次会议修正)

材料四 药品生产企业应当对药品进行质量检验。不符合国家药品标准的，不得出厂。药品生产企业应当建立药品出厂放行规程，明确出厂放行的标准、条件。符合标准、条件的，经质量受权人签字后方可放行。

——《中华人民共和国药品管理法》(2019 年 8 月 26 日第十三届全国人大常委会第十二次会议第二次修订)

教师设问： 阅读材料三、四，结合所学，说明我国是怎样完善医疗卫生体系的？

参考答案： 新中国成立后，我国医疗机构的服务职能不断扩大。国家逐步把城乡居民健康档案管理、健康教育、预防接种、传染病及突发公共卫生事件报告处理等内容纳入国家基本公共卫生服务中。药品供应体系也不断完善，国家规范药品收费标准，加大医疗扶贫力度，有效缓解了我国老少边穷地区医疗资源匮乏的状况。除此之外，我国还大力推进医疗保障体系建设，出台了相应的法律法规。在城镇建立职工公费医疗系统，在农村培训乡村医生；改革开放后城镇职工基本医疗保险制度、城镇居民医疗保险制度、新型农村合作医疗制度和城乡医疗保险救助制度逐渐完善，多层次医疗保障体系建立起来，覆盖人数不断扩大、筹资数额逐年增长。

【设计意图】 学生阅读材料和教材内容，在教师的诠释下了解新中国成立以来不断完善医疗卫生体系的措施。

材料五 实施健康中国战略。人民健康是民族昌盛和国家富强的重要标志。要完善国民健康政策，为人民群众提供全方位全周期健康服务。深化医药卫生体制改革，全面建立中国特色基本医疗卫生制度、医疗保障制度和优质高效的医疗卫生服务体系，健全现代医院管理制度。

——习近平：《决胜全面建成小康社会　夺取新时代中国特色社会主义伟大胜利——在中国共产党第十九次全国代表大会上的报告》(2017 年 10 月 18 日)

教师设问： 阅读材料结合所学，思考中国是怎样实施健康中国战略的。

参考答案： 首先，把人民健康放在优先发展的战略地位，将人民健康当作民族昌盛与国家富强的标志。其次，扩展健康服务内涵。“大健康、大卫生”要求我们除患者之外，还要将尚未患病的老人、儿童、亚健康人群等疾病易感人群也包含进服务范围中来。再次，政府构建医疗保障机制，让广大人民群众病有所医。最后，加快推进医疗卫生体制改革，使之与人民群众对美好生活的需要相适应。(言之成理即可。)

【设计意图】 学生阅读材料，理解“基本医疗卫生制度”“医疗保障制度”“医疗卫生服务体系”等的内涵以及人民群众的卫生观念，认识“健康中国”建设的现实意义。

（二）医疗卫生事业的发展与社会生活

1. 医疗卫生事业的发展

材料六　在过去的一百年里，卫生保健的巨大变化是生物医学科学和医疗技术突飞猛进的结果。19世纪末20世纪初细胞病理学、细菌理论、遗传学、实验生理学等一系列生物医学基础学科的建立，成为现代医学发展的显著标志。而医学与各门自然科学和技术的结合越来越紧密是现代医学技术发展的另一个标志。20世纪医学进步给人印象最深刻的就是在庞大的现代化医院内令人目不暇接的各种诊断治疗仪器和设备。从20世纪初应用于临床的X射线、心电图，到中期的电镜、内窥镜、示踪仪、超声诊断仪，再到CT扫描、正电子摄影(PET)、核磁共振成象(MRI)等，使诊断学发生了革命性的变化。准确化、精密化、动态化、微量化、自动化、无伤害化已成为现代临床诊断的特点。此外，铁肺、肾透析机、起搏器、人工脏器等，显示出新技术、新材料在临床治疗中发挥着重要作用。药物学的迅猛发展为临床治疗提供了强大动力。

——张大庆：《医学史十五讲》，北京：北京大学出版社，2007年，第217—218页

教师讲述：阅读材料，谈谈现代医疗卫生事业迅速发展的特点。

参考答案：西方发达国家的基础医学突飞猛进，生物医学科学和医疗技术快速发展。自然科学领域的新技术广泛应用到临床中，研发出各种诊断治疗仪器和设备，推动了现代临床诊断准确化、精密化、动态化、微量化、自动化、无伤害化。

【设计意图】　通过教师讲述和阅读材料，在了解现代医疗卫生事业发展取得巨大成果的同时，还概括总结其特点，对历史现象进行抽象概括，培养历史解释的素养。

教师讲述：现代医疗卫生事业的发展，使得人类的平均预期寿命从1980年的62.8岁增长到2019年的72.6岁。我国的医疗技术发展迅速，在断肢再植手术、人工合成牛胰岛素、人造瓣膜、试管婴儿等领域，都取得了世界领先的成就；人民健康状况明显改观，中国人口的平均预期寿命从1949年的35岁增加到2018年的77岁，达到了世界中等发达国家水平。

过渡：现代医疗卫生事业发展除了延长了人类的人均寿命之外，还对人们的日常生活和公共卫生观念都产生了巨大的影响。

2. 医疗卫生事业的发展对社会生活的影响

材料七　新中国成立初期，卫生设施匮乏，传染疫病流行，民众健康水平较低，改变落后的卫生状况，保护更新劳动力，为经济建设做准备成为政府工作的重要内容。同时，由于国际国内环境存在的不稳定因素，卫生建设作为社会建设的一部分也被上升到保家卫国的政治高度。1952年12月，中共中央正式提出开展“爱国卫生运动”，并成立“爱国卫生运动委员会”在主管机构设置上予以配合。在较低水平的城乡卫生环境条件下，开展爱国卫生运动能够移风易俗，宣传全新的卫生观念，振奋国民精神，对提升国民体质和实现国家改造具有强大的动员作用。

群众的卫生意识发生变化，逐渐接受了现代卫生意识，生活方式发生了改变。公共卫生关系国家或地区范围内全部人的卫生习惯与健康安全、公共卫生制度的构建以及公共卫生

习惯的教化养成,爱国卫生运动通过将卫生政治化,改变了群众生活习惯,增强了国人体质,推动了科学的卫生观念进入国民意识中,部分实现了“移风易俗”。

——李洁:《新时代下开展爱国卫生运动与促进全民健康》,载《医学与哲学》,2018年第7期

教师设问: 阅读材料七,分析新中国建立之初开展爱国卫生运动的原因及其带来的影响。

参考答案: 原因:医疗卫生基础薄弱;经济建设的需要;国内国际环境的不稳定;党和国家领导人的重视。影响:卫生意识发生变化;生活方式发生了改变;改变了群众生活习惯,增强了国人体质,推动了科学的卫生观念进入国民意识中,部分实现了“移风易俗”。

【设计意图】 利用医疗卫生事业建设的素材,分析时代背景,培养时空观念和历史解释的素养。同时,由此例子引出医疗卫生事业的发展对人们生活方式的改变。

教师讲述: 新中国成立以来,党和政府把公共卫生事业当作一件大事,将保护人民的生命安全和身体健康放在首位,发动群众,开展形式多样的清理环境、预防疾病、保护健康的爱国卫生运动。它体现出我国卫生工作的鲜明特色,有助于人民群众养成文明卫生的生活方式。

与此同时,医疗卫生事业的发展强化了全民的卫生意识。许多国家的公共卫生观念日益深化,传染病的预防、食品药品与公共卫生的监管,以及卫生知识的宣传取得巨大进步。讲卫生成为现代公民的基本素质。

材料八 要倡导健康文明的生活方式,树立大卫生、大健康的观念,把以治病为中心转变为以人民健康为中心,建立健全健康教育体系,提升全民健康素养,推动全民健身和全民健康深度融合。

——习近平:《在全国卫生与健康大会上的讲话》(2016年8月19日)

教师设问: 谈一谈你对“大卫生、大健康”观念的看法。

参考答案: 一是倡导健康文明的生活方式。全面普及健康科学知识,推动健康文明进学校、进机关、进社区、进家庭,引导广大群众合理膳食、戒烟限酒,养成文明健康的生活方式。二是强化重点人群健康服务。要针对妇幼、少年儿童、老年人、残疾人、流动人口等不同群体的健康需求,量身定做服务和管理措施,坚决不让一个人掉队。三是构建绿色安全的健康环境。要加快建立完善食品药品监管标准化体系,确保群众“舌尖上的安全”。

【设计意图】 通过材料可知,“以治病为中心”转变为“以人民健康为中心”的观念是重点。预防、保健和康复等服务同样是健康工作的重要任务,获得健康是最终目的。理解“大健康”是对人民健康服务需求的正向回应。

【本课小结】

本课共两个子目,首先,我们主要学习的现代医疗卫生体系包含了基本医疗卫生体系、医疗服务体系、药品供应体系和医疗保障体系四个方面的内容。其次,通过新中国成立后开展的“爱国卫生运动”,我们了解了医疗卫生事业的发展对人们身体健康状况、生活方式以及卫生观念的影响。

【单元总结】

教师讲述： 不少历史学家认为，纵然历史存在必然性，但是突如其来的疫病暴发也会对历史发展产生巨大影响。

教师设问： 这种观点有没有道理？试用事实说明。

参考答案： 有一定道理。历史存在具有必然性与偶然性，疫病的暴发就是人们不能忽视的偶然性事件。例如，古希腊伯罗奔尼撒战争时，雅典鼠疫横行导致军民大量死亡；亚历山大大帝死于疫病，亚历山大帝国分崩离析。但是人类并不是坐以待毙的，而是能够认识规律，对许多疫病进行防治。

【设计意图】 引导学生回忆疫病带来的历史影响，同时看到历史现象是众多合力作用的结果，认识到事物发展的必然性，也要充分认识偶然事件对历史进程的影响。培养学生历史解释和唯物史观的素养。

教师讲述： 请同学们阅读教材"学习拓展"中的两段材料。摘录如下：

材料一　古希腊医学家希波克拉底留下了著名的《希波克拉底誓言》：

我要竭尽全力，采取我认为有利于病人的医疗措施，不能给病人带来痛苦和危害。我不把毒药给任何人，也决不授意别人使用它。我要清清白白地行医和生活。……对看到或听到不应外传的私生活，我决不泄露。如果我能严格遵守上面誓言，请求神祇让我的生命和医术得到无上光荣。

——《中外历史纲要》下，北京人民教育出版社，2019 年，第 85 页

材料二　凡大医治病，必当安神定志，无欲无求，先发大慈恻隐之心，誓愿普救含灵之苦。若有疾厄来求救者，不得问其贵贱贫富，长幼妍媸，怨亲善友，华夷愚智，普同一等，皆如至亲之想；亦不得瞻前顾后，自虑吉凶，护惜身命。见彼苦恼，若己有之，深心凄怆。勿避险巇，昼夜寒暑，饥渴疲劳，一心赴救，无作工夫形迹之心。如此可为苍生大医，反此则是含灵巨贼。

——（唐）孙思邈：《大医精诚》

教师设问： 上面两段材料有什么共性？它们对医生的伦理道德提出了什么要求？

参考答案：《希波克拉底誓言》与《大医精诚》都是医德教育的重要文献，至今在医学院校中发挥巨大作用。两段材料均强调医生的高尚道德，要求医生对患者负责，对职业负责，尊重患者，不计私利。

【设计意图】 通过阅读史料，提取信息，寻找中西医德原则的共性。

材料三　2008 年 5 月 12 日，四川汶川发生特大地震。全国参加地震灾区医疗防疫的人员达 10 万人次，救治伤病员 164 万人次。大救治、大转运、大接治、大防疫规模空前。2019 年底，新冠肺炎疫情在湖北武汉发现。为救治感染患者，大量人力物力火速投入到医院的改造和建设中。武汉的火神山、雷神山医院，从方案设计到交付使用仅用了 10 天。由武汉会展中心、体育场馆等改造的 16 家方舱医院，以先进的设备、充足的床位和完善的功能，前后救治新型冠状病毒感染者 1.2 万人次。这些医院的建设和改造为武汉夺取抗疫胜利提供了重要保障。

——《经济与社会生活》，北京：人民教育出版社，2019 年，第 90 页

教师设问：结合材料，说明中国的现代医疗卫生体系在防疫抗灾上是如何发挥作用的。

参考答案：中国现代医疗卫生体系把人民的生命安全和身体健康放在首位，高度重视灾后防疫与疫情防治；能够在短时间内调集全国范围的医护人员投入救灾和抗击疫情的一线；迅速开展基础医疗建设，调配和生产各类医疗物资，为抗灾防疫提供坚实的物质支持；不惜一切代价挽救生命，尽最大努力救治伤员和患者，体现以人民为中心的治国理念。

教师讲述：通过阅读材料，了解在汶川地震灾区医疗防疫和抗击新冠肺炎疫情中现代医疗卫生体系的作用。注意从中央到地方对救灾和抗击疫情的重视力度、参加抗灾的医务工作者数量、救治伤员和患者的数量、专门医院和方舱医院的建设速度等各方面阐释。

通过这单元的学习，了解疫病对人类历史发展的影响，知道人类抗疫防病的历程，要树立战胜疫病的信心，不断创新疫病防治的体系，树立适应现代社会发展的健康观念，在追求自身健康美好生活的同时推动社会发展。

第三部分

学习资源拓展

第14课　历史上的疫病与医学成就

材料一　古代中国的疫病介绍

南方天气炎热，潮湿多雨，暑湿极重。古人认为，人生活于地势低、天气潮湿的环境，就会很易于患病，因而寿命也较短。医书中记载，脚气病、瘴疟、杨梅疮、麻风四种疾病，在古代岭南地区最为流行。

脚气病不是传染病，是维生素B1缺乏病，在东南亚地区很常见，是与食用精米有关；病征却是脚部疼痹，脚胫肿满，软弱无力，不能步行，医家以为便是暑湿之气形成风毒，从地下入侵脚部，邪气入侵体内，以此来解释为什么先在岭南、江东等地流行。

瘴疟是以按蚊为媒介的疟疾，因而疟疾传播与按蚊生长有密切关系，按蚊只生存于其界线大致在北纬60度和南纬40度之间，原因在于按蚊理想生长区在最高气温月份平均温度15.6度以上的地区，潮湿多雨炎热的气候是按蚊理想的生长地方。岭南地区正处于高疟区，故此，以古人观察到疟疾在岭南地区流行，与其气候有关是不错的。

杨梅疮一般视为梅毒，是性传染病，一般相信欧洲或美洲是起源地，16世纪时通过来华的商人而进入中国，而岭南沿海地方，如广州、澳门，是对外通商口岸，外国人到来经商而同时把梅毒也传进来。由于梅毒病患者溃烂生疮，古人以为犹如湿热天气使物易霉一样，故以为是与气候有关。

麻风病自古有之，明代以前通常称为癞、大风等名，在明清时代两广甚为流行。

古人如何理解岭南地区的自然环境及气候，并以脚气病、疟疾、麻风病、梅毒为例子，说明岭南地区自然环境与疾病的关系。

——摘编自范家伟：《地理环境与疾病：论古代医学对岭南地区疾病的解释》，载《中国历史地理论丛》，2000年第1期

材料二　古代中国的疫病分布的时空特征

中国历史上是一个多疫灾的国度，在770BC—AD1911年间，疫灾频度为25%，平均每4年中就有一年发生过疫灾。

中国疫灾的时间分布不均衡，3—6世纪的魏晋南北朝、14—19世纪的明清时期是我国两个疫灾高峰期。疫灾频度的变化与社会的治乱变化相关，大体而言，疫灾相对稀少的时期也是社会相对稳定、国力相对强盛的时期。

中国疫灾频度具有不同时间尺度的周期性变化，较小的周期叠加形成较大的周期。在

世纪和千年时间尺度上，疫灾频度与气候的寒冷程度成正相关，寒冷期疫灾频繁，温暖期疫灾稀少，气候越寒冷，疫灾越频繁，寒冷期越长，疫灾频繁期也越长，3000 年来中国气候的趋干趋冷，也在很大程度上造就了中国疫灾日趋频繁的长期变迁趋势。

中国疫灾分布的总体特征是城市重于乡村，都城重于一般城市，人口稠密地区重于人口稀少地区，自然疫源地区重于非疫源地地区，自然灾害多发地区重于自然灾害少发地区。

区域开发过程和人地关系演变对疫灾分布变迁起着重大影响，3000 年来中国疫灾区域有从黄河中下游向外逐渐扩展趋势，疫灾重心有由北向南、由东向西迁移的趋势。

——龚胜生：《中国疫灾的时空分布变迁规律》，载《地理学报》，2003 年第 6 期

材料三　古代中国疫病的影响

建安十三年（公元 208 年），曹操兵败赤壁，三国鼎立的局面由此形成。曹操兵败赤壁，原因是多方面的，但是其中一个极为重要的因素是：一场大规模的瘟疫极大地削弱了曹军的战斗力。《三国志·魏志·武帝操》云："十三年春正月，公还邺，做玄武池以肄舟师。秋七月，公南征刘备。十二月，孙权为备攻合肥。公自江陵征备，至巴丘，……公至赤壁，与备战不利。于是大疫，吏士多死者，乃引军还。备遂有荆州、江南诸郡。"在《三国志》《资治通鉴》等史料中对曹军发生大疫还有很多记载，如"权遂遣瑜及程普等与备并力逆曹公，遇于赤壁。时曹军众已有疾病，初一交战，公军败退。""（建安）十四年春三月，军至谯，作轻舟，治水军……辛未，令曰：'自倾以来，军数征行，或遇疫气，吏士死亡不归，家室怨旷，百姓流离，而仁者岂乐之哉？不得已也'"。"（火烧赤壁后）刘备、周瑜水陆并进，迫操至南郡，时操军兼以饥疫，死者大半……引军北还。"

——张志勇：《浅析瘟疫对古代战争的影响》，载《南方论刊》，2013 年第 6 期

材料四　中国古代政府的疫病防治

西周时期，我们的祖先就已经开始探索导致疫病流行的原因，他们注意到了自然环境和疫病之间的关系。经过历代医家对传染病病原和传播途径的不断探索，到了晚近时期，我国医学对传染病的认识已经形成了一个相对完善的辩证体系。在每一个历史时期，都涌现出许多研究疫病的名家，他们著书立说，把自己的理论向医学界、民间乃至整个社会进行推广和普及，使祖国医学对传染病的治疗进入了比较成熟的阶段。

除了专业医务人员外，中央和各级地方政府乃至平民百姓，都在同自然灾害的斗争中发挥着重要的作用。长期以来，古代政府在与疫病做斗争的过程中，逐渐形成了一整套较为得力的疫病防治措施。由于疫病具有流行性、群发性、连发性、危害大、频率高等特点，因此，防疫救灾工作的统一协调措施必须依靠政府的力量才能得到切实有效的实施。

——石涛：《我国古代政府的疫病控制措施》，载《山西大学学报（哲学社会科学版）》，2004 年第 1 期

材料五　两汉时期民间的疫病应对

两汉时期，面对时常爆发的疾疫，各级政府逐渐产生了有效的应对机制。两汉时期是医学快速发展的时期，出现了华佗、张仲景、程高等名医，也有《黄帝内经》《神农本草经》《伤寒杂病论》等经典医学著作，记载了不少应对疾疫的医药措施。两汉时期，在疾疫爆发后，政府会选择医药治疗作为疾疫应对的一种重要方式，尤其是东汉时期，医药治疗已经成为常态的应对机制，一般会由中央政府出面，派遣大员带领医护人员和药物巡行疫区。但是，也要看

到，中央政府出面派遣的“光禄大夫”“中谒者”“使者”“常侍”等并不是精通医药的官员，也不是主管医疗卫生的官员，他们对疾疫的流行与否、影响大小并无有效应对策略。

——潘明娟、王社教：《两汉疾疫及其应对机制初探》，载《陕西师范大学学报（哲学社会科学版）》，2012 年第 4 期

材料六　古希腊的疫病与影响

身体健康的人突然头部发烧；眼睛变红，发炎；口内从喉中和舌上出血，呼吸不自然，不舒服。其次的病症就是打喷嚏，嗓子变哑；不久之后，胸部发痛，接着就是咳嗽。以后就是肚子疼，呕吐出医生都有定名的各种胆汁。这一切都是很痛苦的。大部分时间是干呕，产生强烈的抽筋；到了这个阶段，有时抽筋停止了，有时还继续很久。抚摸时，外表上身体热度不高，也没有呈现苍白色；皮肤颇带红色和土色，发现小脓包和烂疮。

——[古希腊]修昔底德：《伯罗奔尼撒战争史》，谢德风译，北京：商务印书馆，2018 年，第 138 页

材料七　瘟疫与西罗马帝国的衰落

周期性爆发的瘟疫对罗马帝国的影响是全方位的，无论是对其人口、经济、军事、政治，还是对宗教等诸多方面都产生了不可低估的影响。

第一，瘟疫导致罗马帝国人口大量减少和人的体质的下降。瘟疫最为直接的后果就是造成人口的大量死亡。西罗马帝国的人口大概从帝国早期的 7 000 万减少到帝国后期的 5 000 万，瘟疫显然是造成人口减少的重要原因之一。另一方面，瘟疫大大影响了罗马人的体质，造成了“健康的破坏、生活的腐化堕落”，致使人口出生率降低。使人口难以在短时间内得到恢复，而人口的大量减少又会成为其他一系列社会问题出现的诱因。

第二，瘟疫导致了罗马经济的衰退。频繁爆发的瘟疫导致了整个帝国不断出现饥荒和通货膨胀，造成了罗马经济生活的极度混乱，甚至到了崩溃的边缘。罗马帝国时期，在生产技术和资源方面并没有根本性的进步和提高，所以人口的下降就意味着粮食和商品生产的减少。同时，由于瘟疫肆虐带来的人口的大量减少和耕畜的大量死亡，使整个帝国的土地出现了大面积的抛荒，农村在粮食收获的季节则无人收割，从而出现了可怕的大规模饥荒。

第三，瘟疫严重削弱了罗马的军事实力。频繁发生的瘟疫造成的人口大量减少直接导致其兵源供给不足，这就迫使罗马帝国政府不得不大量使用蛮族人（主要是日耳曼人）雇佣兵，造成了军队的“蛮族化”。并进一步影响了罗马战略的重大变化。其表现主要有两个方面：一是帝国不再向东扩张，二是对由日耳曼人马考曼尼发动的侵略的征讨推迟了 4 年，这是罗马帝国军队第一次没有立即发动战役驱逐蛮族的侵犯，而是允许他们居住在帝国的边境。此后，罗马帝国由战略进攻完全进入了战略防御。

第四，瘟疫还造成了罗马帝国政局的动荡和混乱。首先，瘟疫造成的局面混乱，为野心家的争权夺利创造了机会。蛮族人所占比例上升导致在对外战争中军队组织纪律涣散、将帅不和等许多问题的产生，也为 3 世纪后期蛮族将领拥兵自重、觊觎皇权埋下了祸根。安东尼王朝以后，由于军队的混乱，统治集团内部篡权夺位以及随之而来的内战，使整个帝国几乎处于瘫痪和瓦解状态。

第五，瘟疫导致道德信仰陷入全面危机，助催了基督教的兴起和壮大，也进而改变了罗马帝国乃至以后西方的医学史。瘟疫周期性的肆虐使罗马的医生们束手无策，导致几乎所

有人都开始反对希腊医学的科学和合理的发展，迷信活动逐渐抬头。面对瘟疫带来的突如其来的巨大灾难，罗马人哀苦无告，只得转而祈灵于宗教。对那些极度恐慌的受害者来说，基督教给予了他们在任何其他宗教信条中都找不到的希望。

如果把瘟疫作为帝国衰亡的唯一或者主要原因是过于简单化了，但毋庸置疑，瘟疫确是西罗马帝国走向灭亡的重要原因之一，并在一定程度上改变了欧洲乃至人类的历史。

——王延庆：《瘟疫与西罗马帝国的衰亡》，载《齐鲁学刊》，2005 年第 6 期

材料八　西欧中世纪的黑死病及其影响

到达拜占庭时，皇后发现小儿子安德洛尼科斯死于瘟疫。瘟疫来自极北之地的斯基泰人(Scythians，位于俄罗斯南部)，它袭击了世界上几乎所有的海岸并杀死了大部分人。它不仅肆虐本都(Pontus，位于黑海南岸)、色雷斯(Thrace，位于巴尔干半岛东南)和马其顿，还袭击了希腊、意大利及其诸岛、埃及、利比亚、犹大(Judea，今巴勒斯坦的南部地区和约旦的西南部)和叙利亚，几乎扩散到整个世界。

瘟疫无药可救，无论有规律的生活还是强健的身体都无法抵挡它。它对强壮的人和虚弱者一视同仁，条件好的人和穷人一样死去。这一年没有发生别的(重大)疾病。原先有病的人肯定会死于瘟疫，什么医术都不管用。疾病在每个人身上的发展过程也不一样，无力抵抗的人当天就死了，有些甚至活不过几个小时。那些能撑过两三天的人一开始会发高烧，这时疾病正侵袭他们的头部。他们无法说话并对周遭一切失去知觉，随后好像进入了沉睡。有时他们可能会醒过来，但舌头僵硬，说不出话，而且由于头部后侧的神经死亡，只能发出含糊的声音。他们会突然死去。有时瘟疫会侵入肺部而非头部，它引发炎症导致胸部剧痛。

病人痰中带血，呼吸腥臭。发烧导致咽喉和舌头干枯并发黑充血。这与饮水多少无关。病人永远处于失眠和虚弱中。

上臂和小臂出现脓肿，有时也出现在上颌骨或身体其他部位。有时脓肿较大，有时较小。病人体表出现黑色水泡。有人全身爆发黑斑，有人数量不多但很明显，有人则色浅而密集。所有死于该疾病的人都会有上述症状，但有的出现了所有症状，有的只有几种，甚至在为数不少的病例中，死者只出现一种症状。幸存者寥寥无几，但他们不会再次感染该疾病，它不会两次威胁到他们的生命。

小腿或手臂上会形成大的肿块，切开后有大量腥臭脓液流出，这是该疾病与众不同的地方。也有人出现了全部症状却意想不到地康复了。谁也帮不上忙，即使有人把对自己有效的疗法介绍给另一个病人，对后者来说也是有害无益。有人还因帮别人治病而感染。瘟疫造成了巨大破坏，许多房屋被遗弃。家畜和主人死在一起。最可怕的是失去信心。当有人感觉自己生病时，他们知道没有康复的希望，于是陷入绝望，这导致了衰弱加剧和疾病恶化，病人会马上死去。没有语言可以表达该疾病的本质，只能说它与人类日常罹患的各种恶疾完全不一样，它的降临是因为上帝想要恢复人间的贞洁。许多人都改过自新，使自己心灵向善，有的还是死了，但也有人战胜了疾病。那段时间，他们摒弃一切邪恶，过着有德的生活。甚至有许多人虽然还没患病，却已经把财产分给了穷人。如果有人感觉自己患病了，他绝不会冷漠到不为自己的过错忏悔，以便在上帝的审判席前得到最大的救赎机会，他不相信灵魂是无可救药的。在拜占庭有许多人死去，皇帝之子安德洛尼克斯也在患病后第三天去世了。

——摘自克里斯托斯·巴特索卡斯：《14 世纪两段关于“黑死病”的希腊文描述》，转引

自：约瑟夫·P. 伯恩：《黑死病》，王晨译，上海：上海社会科学院出版社，2013 年，第 164—166 页

材料九　张仲景《伤寒杂病论》的流传

中医学的"伤寒"并非现代医学的"肠伤寒"，是多种外感热病的统称（包括现代医学的多种急性传染病）。伤寒在古代曾一度严重流行，给人类带来极大的危害，从而很早就引起了医家的重视。《伤寒杂病论》原书 16 卷，成书后很快散失于战乱之中。至西晋王叔和重新搜集药方得保存，但六朝隋唐时秘藏而不显，故唐代孙思邈有"江南诸师秘仲景方不传"之叹。且后世史志所载书名、卷数等颇为纷乱。直到北宋经校正医书局林亿等校定，始有今传本《伤寒论》和《金匮要略》两书，前者专论伤寒，后者专论杂病。但《伤寒杂病论》原书的全貌，已不可确知了。

——李经纬：《中医史》，海口：海南出版社，2015 年，第 52 页

材料十　葛洪及《肘后备急方》

葛洪（284—364），字稚川，自号抱朴子，丹阳句容（今江苏句容县）人。出生于官僚家庭，早年曾一度参战镇压农民起义，但为时很短，后曾悲观厌世，弃戎从医，专事医药研究与炼丹制药及文学著述，直至终年。

葛洪的主要医学成就是留于后人一部《肘后备急方》。这是葛洪编著而成的一部医学手册。该书涉及古代急救、传染病和内、外、妇、五官、精神、伤骨各科，以及疾病的预防、诊断、治疗等。对病种、病源和症状的描述简洁扼要，选方实用，疗法简便。所选药物体现验、便、廉的特点。此外，《肘后备急方》保存了不少珍贵的古代传染病资料，卷二中的"虏疮"，是世界上关于天花的最早记载。

——张大萍、甄橙主编：《中外医学史纲要》，北京：中国协和医科大学出版社，2010 年，第 161 页

材料十一　李时珍《本草纲目》的特点及其影响

《本草纲目》体例严谨，医药兼备，重点突出，真正是"博而不繁，详而有要"。《本草纲目》对医药学作出了卓越的贡献，在药学上他首创了最先进的药物分类方法，建立了本草学的新体系。《本草纲目》对明代以前的药物学进行了系统的总结，纠正了历代本草中药物名实异同问题，更正了药性药效上存在的错误，丰富了药学知识。《本草纲目》在药学理论上，总结了药物气味阴阳五味宜忌，五运六淫用药法则，脏腑虚实标本用药式，归纳了用药的四味法则和升降浮沉的规律。《本草纲目》在医学上也同样取得了令人瞩目的伟大成就，理论上将阴阳学说作了进一步的发挥；在金元医家刘元素"六气皆从火化"理论的基础上，提出"火为百病""痰病火病十居七八"的论述，对后世医家启发很大。在脏腑学说方面，对命门、三焦及脾、肾都作了精辟的论述。

《本草纲目》虽然是一部药学著作，但就其内容而言远远超越了药学范畴，几乎涉及古代科学的各个领域。在植物学上，用大量篇幅详细地介绍了古代的植物知识，载有明确的鉴别和分类方法，将形态与生态相同的种属植物排列在一起，开创了植物分类学的先河。在动物学上，对各种动物形态、生活习性等方面都有详细的记述，其分类方法也与现代动物分类相近。在矿物学上，对矿物的名称、分布、品种、形状、性质、作用、鉴别方法，甚至找矿、采矿都有精确的阐述，为地质学尤其是矿物学提供了大量的科学依据。对物理学、化学亦有诸多述

及,如雨露冰霜的形成等。还记载了许多有关气象学和物候学的知识,为后世多学科科研提供了十分珍贵的资料与线索。

——王剑:《李时珍大传》,北京:中国中医药出版社,2011 年,第 76—77 页

材料十二　西医传入中国的过程

西洋医学最初登陆中国要追溯到明朝末年。据载:1600 年以前,西方的医术已渐次流入中国。一些传教士把解剖学、生理学知识带到中国。如邓玉函的《泰西人身说概》、罗雅各的《人身图说》、艾儒略的《性学·镜述》、高一志的《空际格致》、毕方济的《灵言蠡勺》和汤若望的《主制群征》等。这些译著曾引起当时中医药界的注意,但反响不大,仅寥寥几人有所回应。汪昂、赵学敏、王学权、王宏翰等是其中的代表人物。

中医学界对西洋医学认识的升华,要推延到鸦片战争以后,伴同洋务运动和维新思想的产生,中医界出现了一些潜心探讨西洋医学的人。医学史界通常认为,唐容川是最早产生中西医汇通思想的人。虽然对西洋医学的看法有过周折,但是提倡取长补短,通过汇通寻求中国医学发展。

甲午以前,汇通派医家多半自行采撷西医学,相互之间并无联系。后人依其对待西医的相同态度而称之为"汇通学派",但多讥其"汇而不通"。庚子以后,中国被迫开放的局面,加深了思想界、知识界的民族危机感,改良派思潮呼唤"医学救国",中医学界也真正觉醒起来。此时的中医学界多以西方医学作比照,发现自身之不足,于是纷纷力倡"改良中医学",主张引进西医、吸收西医之长。

清末的中国医学界并无明显的中西医界限,中西医之间表面上相安无事,然而,由于西医势力逐渐扩大,医界过分抨击中医之弊,一些中医人士倍感中医地位受到威胁,起而反击,中国医界内部开始出现纷争的端倪。这一苗头无形之中为民国时期中西医大规模论争埋下了伏笔。

——郝先中:《清代中医界对西洋医学的认知与回应》,载《南京中医药大学学报(社会科学版)》,2005 年第 1 期

材料十三　近代中西医之争的实质

真正意义上的中西医之争,正是由这些受科学主义思潮影响的西医学精英发起。无论是学理层面的探讨,还是政治角度的争斗,话语权争夺的背后,是中医自我认同与力求得到西医和其他人即他者认同的统一。

在中西医之争上,西医界称中医为旧医,称自己是新医,将中西医之争视为是"新旧之争"、先进与落后之争,试图通过这样的话语定位分清自己和中医的地位;中医界称自己为国医,称西医为西医,将中西医之争视为"中西之争",试图与民族国家建构联系,占有一定的政治话语力量。

为了应对"科学主义"的威胁,争取民意和更多政治上的优势,中医药界把中医存废问题上升到三民主义的政治层面:一曰民族主义;二曰民权主义;三曰民生主义。政治角度的话语权为中医赢得了一定的局面,挽救了自身灭亡的命运。

——姜连堃、孙灵芝、程伟:《从话语权的争夺透视近代中西医之争》,载《西部中医药》,2011 年第 7 期

材料十四　近代中西医之争的社会影响

如果说洋务运动之前,由传教士引入的西医未能对民众的就医偏好产生明显影响,人们

视中西医各有千秋，视病而择，中医仍是人们的主要就医选择，那么经历洋务运动和维新变法，在精英人士的推崇和官方的倡导下，西医被视为挽救摇摇欲坠大清王朝于将倾的自强之术，越来越受到广大民众特别是知识分子的青睐。

人们逐渐接受了西医，传统的就医习惯和医疗观念日渐式微。中医界人士对西洋医学也经历了相似的心路历程，从疑虑到认可、接纳的认知轨迹，最终采取开放的姿态认可与接纳西医，并试图通过"汇通"中西医精华，寻求中国医学的发展路径。

在政府和知识分子强力干预下，中西医受到不平等的待遇，二者也因此逐渐处于不对等的地位。时至五四新文化运动之际，在文化启蒙和政治运动的双重交织下，中医和西医之间的对峙逐步升级。特别在"启蒙"与"理性"的社会语境下，中医逐渐被置于批判的靶心。罗志田对此作如是之评价，"整个进程是以西医主动进攻而中医防守反击为特征"，"在中西医的竞争中，政治力量发挥了直接的作用"。

——张婷婷：《近代社会变迁视野下的西医传播与近代中医》，载《南京中医药大学学报(社会科学版)》，2011 年第 2 期

第 15 课　现代医疗卫生体系与社会生活

材料一　近代西方医疗卫生体系的发展

19 世纪 30 年代，英国成立了研究霍乱的特别委员会。1840 年英国国会对城市卫生尤其是工人住宅区的卫生状况进行了一系列的调查，并采取了许多加强城市卫生建设的措施。1847 年，英国利物浦任命了第一个卫生官员，1848 年英国通过了社会保健法，1850 年，英国成立了国家卫生局。有关童工、女工、孕妇、职业病和卫生保健的法规也逐渐颁布。

法国在 19 世纪初也成立了一批国家卫生机构：1802 年，在马赛省成立了欧洲第一个卫生委员会；1810 年，法国通过了一系列调节工人劳动的法律，并成立了疾病自愿保险委员会；1822 年，法国成立了最高卫生委员会等等。欧美的其他国家也先后采取了相应措施。

19 世纪 80 年代以后，一些国家相继成立了卫生研究机构，如 1885 年在柏林、罗马和巴黎成立了卫生研究所；1891 年成立了李斯特研究所；1899 年建立利物浦和伦敦热带病学校。这些机构在广泛开展卫生保健和流行病学调查的同时，也十分注重实验研究在预防医学和社会医学领域中的价值，从而促进了这些学科的形成和独立发展，有力地推动了现代预防医学和公共卫生的建立。

——王振国、张大庆：《中外医学史》，北京：中国中医药出版社，2013 年，第 173 页

材料二　英国福利国家的建立

战后英国国内一个显著的变化是实施了比较完整的福利政策，形成了福利国家。

在福利政策方面，政府主要通过以下四项法令，建立起一整套社会保险和福利制度。

《国家保险法》(1946 年通过)，提供了"从摇篮到坟墓"，或者说"从出生到死亡"的社会保险项目，投保人在怀孕、疾病、工伤、失业、妇女丧偶、退休、死亡时都可以申请得到补助。另外，新生婴儿和儿童受教育时期，也可以获得补助金。当时全国投保的人数达 2 300 多万。

《国家健康福利(工伤)法》(1946 年通过),规定雇工受工伤后,除了由雇主支付一定的费用外,还可获得国家颁发的救济金。

《国家医疗法》(1946 年通过),规定给予每个英国公民免费享受医疗、药品、住院和护理等福利。由于看病人数激增,1949 年起改为每次收取 1 先令的处方费。1951 年保守党政府上台后,又规定对镶假牙、配眼镜、使用其他医疗器械和服务收取一定的费用,1969 年收费进一步增加。

《国家援助法》(1948 年通过),补充了上述法令,并取代了原有的《济贫法》,规定对那些根据上述法令尚不能满足需求的人提供援助。

——王斯德主编:《世界通史·第三编·现代文明的发展与选择——20 世纪的世界史(第二版)》,上海:华东师范大学出版社,2012 年,第 161 页

材料三　英国公共医疗保障制度

英国采用的是政府主导型的全民免费医疗卫生服务体制。在医疗卫生服务领域内政府与市场之间的关系上,政府处于绝对的主导地位。政府负责各医疗机构的财政拨款,使公民享受免费的医疗卫生服务。政府作为医疗卫生服务的拥有者和购买者,直接拥有对各公立医院、私立医院进行管理和监督的权力。这样,最大的受益者就是收入不高的普通民众。

英国是社区医疗卫生服务实施时间较为持久且比较完善的国家。20 世纪 50 年代,英国开始建设社区医疗卫生服务。此后,社区医疗卫生服务逐渐从最初的精神病服务领域扩展到残疾人、老幼孕等其他医疗卫生服务领域,并最终覆盖全国所有的医疗卫生服务领域。目前,社区医疗服务是英国全民免费医疗的基础,是英国公民接受基本医疗卫生服务的重要途径和手段,突出了英国医疗卫生服务体系注重预防保健和覆盖广泛的特点,不仅可以满足居民的基本医疗卫生服务需求,还拥有决定患者是否应该接受上一级医疗机构服务的权力。社区医疗服务的医师基本都是全科医生,只要是注册的居民,都会有一位家庭医生为之提供基本医疗保健服务。

——费菲:《西方各国医疗保障制度面面观》,载《首都医药》,2010 年第 12 期

材料四　德国社会保险医疗保障

德国实行的社会保险型医疗保障制度也是公共医疗保障制度,但同第一种模式相比,其复杂程度更高。其根据不同的人群提供不同的医疗保障计划,也是通过工资税进行筹资。德国是世界上第一个建立医疗保险制度的国家,其社会保险模式的特点是:医疗保险基金社会统筹、互助共济,主要由雇主和雇员缴纳,政府酌情补贴。目前世界上有上百个国家采取这种模式。

德国的医疗服务体系大致分为四个部分:一是开业医生,主要负责一般门诊检查、咨询等。二是医院,负责各种形式的住院治疗。德国的医院有公立医院、非营利医院和私营医院三种形式。三是康复机构,负责经医院治疗后的病人的康复。四是护理机构,负责老年人以及残疾人的护理。在德国,病人一般先到全科医生的开业诊所就医,如果医生认为有必要住院,再转至医院进行手术治疗,治疗完毕后,或转至康复机构和护理机构,或由病人的全科医生负责接回进行术后治疗。政府不鼓励病人直接去医院就诊。同时在医疗服务的提供上引入市场机制。即实行强制性的社会医疗保险制度。德国现行医疗保险体制由两大系统组成。法定医疗保险为主,私人医疗保险为辅。其中,90%左右的居民由全民健康保险覆盖,

8%左右的居民由私立健康保险覆盖，2%的人群(如军人和警察等)享受免费医疗。其运作模式是第三方付费，即参保人的就诊治疗费用由所投保的法定保险机构或私人保险机构支付。支付方式各异：对开业医生实行总额预付制，对医院实行按病种付费，对康复和护理机构按病人的住院天数及所确定的日服务价格计算。

——费菲：《西方各国医疗保障制度面面观》，载《首都医药》，2010 年第 12 期

材料五　新中国初期的卫生防疫体系建设

建国之初，察哈尔省北部发生鼠疫。1949 年 10 月 22 日，政务院召开防疫会议，决定采取紧急措施扑灭疫情。为此，成立了中央防疫总队，先后组建了 9 个防疫大队，平时协助地方开展防疫工作，一旦出现疫情则集中奔赴疫区进行扑灭工作。此后，卫生部下发的《关于一九五〇年医政工作的指示》明确要求：县卫生院要把负担全县防疫工作作为首要任务。到 1950 年底，全国卫生防疫工作有了明显进展，共设立了 8 个专业防疫队，另有 12 个鼠疫防疫队，各地方还建立中西医参加的地方防疫队。是年，还在疫情高发区设立了专门的防治所、站，同时开展血吸虫病、疟疾、黑热病、丝虫病等的重点调查和防治工作。

为适应"一五"时期有计划地开展大规模社会主义经济建设的客观需要，1952 年 12 月，卫生部在北京召开的第二届全国卫生会议决定以卫生工作保证国家的经济建设：(1)充实与建立工矿交通部门的卫生组织，重点推行卫生监督制度，试行车间负责制；建立劳动卫生及职业病的研究机构。(2)重点建立卫生防疫站、防疫所及研究机构。对于血吸虫病、钩虫病、疟疾、黑热病的防治，组织专门的指导系统和研究与防治机构。1953 年 1 月，政务院第 167 次政务会议批准在全国范围内建立卫生防疫站。此后，按行政区域划分，以卫生防疫站为骨干，逐级建立起在各级卫生部门领导下，综合性、专业化、城乡结合的卫生防疫专业体制。以河北省为例，至 1956 年全省已建各级卫生防疫站 140 个，共有防疫人员 1939 人。同时，各级科研部门合作开展流行病学调查和防疫研究，进行医药、疫苗等方面的研制工作，全面促进了建国初期的卫生事业。

——胡克夫：《新中国社会主义卫生事业和防疫体系的创立与发展》，载《当代中国史研究》，2003 年第 5 期

材料六　新中国成立后的医疗卫生体系建设

新中国成立 50 多年以来，国家通过大规模地开展疾病的防治工作，对传染病、地方病、流行病、多发病进行了大量的调查研究与防治，开展计划免疫，使各种疾病的发病率大幅度下降。在环境卫生、劳动卫生、食品和营养卫生、妇幼卫生、流行病学等方面取得了一定成绩。

随着我国经济建设的开展，环境污染日益严重，大气污染和水源污染已严重地影响了人群健康和工农业生产。近年来，我国加强了对环境保护的研究，从 1971—1984 年，国家组织人力先后对我国五大水系、177 条河流、5 个湖泊、6 个海湾的水质和 221 个城市的空气质量进行了系统调查，积累了大量数据。建立了全国饮用水资料数据库，汇编了《中国生活饮水地图集》，为我国饮用水的规划工作提供了科学依据。在农村的水改方面，到 1986 年为止，8.48 亿农村人口中，有 4.23 亿人口的饮水条件有了不同程度的改善，其中 1.19 亿人喝上了自来水。

为改善劳动条件，保障生产人员身体健康，我国制定了一些劳动卫生标准，加强了健康

监督、中毒急救、职业流行病学、卫生毒理学等方面的研究，开展了尘毒危害的治理和改造工作，有效地解决了光气、汞、铬、硫化烟气、粉尘、噪声等职业危害，取得了比较明显的效果。在改善工矿企业工人劳动条件，防治职业病、职业中毒方面，开展了大量调查研究工作，制定和颁发了一系列条例、标准和管理方法，对保护劳动者的健康起了积极的作用。

——张大萍等编：《中外医学史纲要》，北京：中国协和医科大学出版社，2007 年版，第 254 页

材料七　新中国爱国卫生运动概况

爱国卫生运动是党和政府根据国情需要，运用国家行政功能，发挥制度优势，以群众运动的方式，组织实施的规模宏大、卓有成效的社会卫生系统工程。在 1950 年召开的第一届全国卫生工作会议上，国家就制定了卫生工作“面向工农兵，预防为主，团结中西医”的三项原则。1952 年，周恩来总理在第二届全国卫生工作会议上，提出把原来的卫生工作原则再加上一条“卫生工作与群众运动相结合”。从此，爱国卫生运动在卫生工作四大原则的指导下逐步成为独具中国特色的卫生防疫事业。到 1959 年，以除四害、讲卫生、消灭主要疾病为中心的爱国卫生运动取得了巨大的成就。天花、鼠疫、霍乱等烈性传染病基本绝迹，血吸虫病、丝虫病、钩虫病、疟疾等几种严重危害人民健康的疾病，也得到了有效的防治。同时，爱国卫生运动还起到了移风易俗的作用，不仅大大改变了城乡卫生面貌，还使人们逐步养成了讲卫生光荣、不讲卫生耻辱的社会风尚，出现了以山西省稷山县为代表的农村卫生先进红旗和以广东省佛山市为代表的城镇卫生先进红旗。

——肖爱树：《20 世纪 60—90 年代爱国卫生运动初探》，载《当代中国史研究》，2005 年第 3 期

材料八　现代医疗卫生服务的新趋势

“互联网＋”在医疗卫生领域的应用一般分为两类：临床医疗服务，即“互联网＋”临床医疗服务；健康咨询与信息服务，即“互联网＋”健康服务，属于非临床医疗服务的辅助、支持范畴，包括提供预约诊疗、院内导航、检查检验结果查询、划价缴费、健康教育等服务；还包括慢性病咨询、健康指导、疾病风险与健康评估等。“互联网＋”临床医疗服务是具有资质认证的医务人员利用“互联网＋”技术开展的临床诊疗服务，包括远程医疗、互联网诊疗以及互联网医院服务。远程医疗包括病理诊断、影像诊断、监护、会诊等，属于医疗机构之间或医务人员之间的协同诊疗服务，医疗机构间需事前签订协议，并提前告知患者可能存在的医疗风险。互联网医院包括基于“互联网＋”技术的虚拟医院，主要通过互联网平台提供医疗服务，或与一些线下医疗机构开展协作；也包括实体医疗机构应用“互联网＋”技术拓展与延伸医疗服务范围，即通过远程病理诊断、影像诊断、监护、会诊等方式，实时获得相关病人的全面医疗信息等，并给予患者安全监护或临床医疗指导服务，帮助人们随时听取上级医生建议，获得各种临床治疗与健康相关信息，改变了只能前往医院“看病”的传统就诊模式。

“互联网＋”作为一种工具，提升与拓展了医疗与公共卫生服务的能力与范围。“互联网＋”作为一种工具，促进了医疗卫生管理与服务模式的转型发展。“互联网＋”作为一种工具，在技术层面已破解了医改所面临的诸多困境与挑战。“互联网＋”技术所带来的不仅是技术的创新，更是思维方式与发展理念的改变，以及医疗服务与健康治理模式的转变，充分体现了“互联网＋”技术在促进医改，特别是在推进“健康中国”建设中所发挥的作用与价值。

借助“互联网＋”相关技术所构建的开放、高效、精准的网络化生态格局，以其覆盖面广、维度丰富、数据量大、实时性高和智慧医疗与智慧健康的特点，推动了健康融入所有政策，促进了全社会广泛参与健康治理，使社会与居民共建共享的健康促进战略向全民健康广覆盖迈进。不仅引领以“疾病为中心”的传统医疗服务模式向“以健康为中心”的服务模式转变，也为深化医改注入了新的活力，促进了政府管理职能的转变，完善了社会健康治理模式，已成为引领医疗服务供给侧结构性改革以及推进“健康中国”建设的新引擎。

——王小万、刘丽杭：《论“互联网＋”技术与现代医疗卫生服务》，载《人民论坛·学术前沿》，2017 年第 24 期

材料九　国际卫生合作

国际性的官方医疗组织可追溯至 1909 年，当时一个国际公共卫生机构在巴黎成立，以监测鼠疫、霍乱、天花、斑疹伤寒和黄热病的发病情况，同时也尝试为欧洲国家制定统一的卫生和检疫标准。在 20 世纪的两次世界大战之间，国联建立了一个卫生处，下属的几个特别委员会讨论过疟疾、天花、麻风病和梅毒等的全球发病情况。但这个时期更重要的工作是洛克菲勒基金会攻克黄热病和疟疾的计划。然后，在 1948 年，新的更为雄心勃勃的世界卫生组织组建成立。借助有力的政府支持，世界卫生组织开始把最先进的科学的医学知识应用于落后地区，只要当地政府愿意提供配合。

因此可以说，1940 年代以后，医学科学和公共卫生管理对人类生活状况的影响已经真正地全球化了。在大部分地区，传染病已不再重要，许多传染病在它们原本多发且严重的地方已呈衰退之势。的确，这种对人类健康与幸福纯粹的增益，怎么评价亦不为过；现在若要理解传染病曾经对人类，甚至就对我们的祖父辈意味着什么，都需要想象力了。然而，正如当人类学会了干预复杂生态系统的新方法后总必须面对的那样，自 1880 年代以后，医学研究对微寄生关系的成功控制，也产生了一些始料未及的副产品和危机。

——[美]威廉·H. 麦克尼尔著：《瘟疫与人》，余新忠、毕会成译，北京：中国环境科学出版社，2010 年，第 172 页

材料十　世界卫生组织的作用

作为一个政府间国际组织，世界卫生组织不仅仅是在组织法的规定下以特定形式确立的国家间多边合作的模式，也正在逐步成为全球化进程中加强合作、强调一致性的重要手段。世界卫生组织及其政策的作用主要体现在两个方面。

一是创制全球性卫生规则和制度。国际社会没有统一的凌驾于各国之上的立法机构，把全球性的规则和制度条约化、政策化是协调各国关系活动的基础。世界卫生组织承担着全球性健康相关条约、规则和制度创立者的角色，其政策正是把全球性策略固定下来，达到各方共同认可、共同执行的有效模式。

二是监督和履行全球性卫生行动。目前国际社会虽然没有一个强制执行的国际法律规则和对所有国家都有管辖权的司法机构，但政府间国际组织一般都通过订立公约、缔约协定，帮助和督促各国履行公约和协定，并通过监督机制，在一定程度上推动全球性规则付诸实施。

——代涛、韦潇、郭岩：《世界卫生组织的政策类型及其特点》，载《中国卫生政策研究》，2010 年第 4 期

材料十一　携手抗疫、共克时艰

重大传染性疾病是全人类的敌人。新冠肺炎疫情正在全球蔓延，给人民生命安全和身体健康带来巨大威胁，给全球公共卫生安全带来巨大挑战，形势令人担忧。当前，国际社会最需要的是坚定信心、齐心协力、团结应对，全面加强国际合作，凝聚起战胜疫情强大合力，携手赢得这场人类同重大传染性疾病的斗争。

在此，我愿提出以下 4 点倡议。

第一，坚决打好新冠肺炎疫情防控全球阻击战。国际社会应该加紧行动起来，坚决遏制疫情蔓延势头。我愿在此提议，尽早召开二十国集团卫生部长会议，加强信息分享，开展药物、疫苗研发、防疫合作，有效防止疫情跨境传播。要携手帮助公共卫生体系薄弱的发展中国家提高应对能力。我建议发起二十国集团抗疫援助倡议，在世界卫生组织支持下加强信息沟通、政策协调、行动配合。中方秉持人类命运共同体理念，愿同各国分享防控有益做法，开展药物和疫苗联合研发，并向出现疫情扩散的国家提供力所能及的援助。

第二，有效开展国际联防联控。病毒无国界。疫情是我们的共同敌人。各国必须携手拉起最严密的联防联控网络。中方已经建立新冠肺炎疫情防控网上知识中心，向所有国家开放。要集各国之力，共同合作加快药物、疫苗、检测等方面科研攻关，力争早日取得惠及全人类的突破性成果。要探讨建立区域公共卫生应急联络机制，提高突发公共卫生事件应急响应速度。

第三，积极支持国际组织发挥作用。中方支持世界卫生组织发挥领导作用，制定科学合理防控措施，尽力阻止疫情跨境传播。我建议，二十国集团依托世界卫生组织加强疫情防控信息共享，推广全面系统有效的防控指南。要发挥二十国集团的沟通协调作用，加强政策对话和交流，适时举办全球公共卫生安全高级别会议。中国将同各国一道，加大对相关国际和地区组织的支持力度。

第四，加强国际宏观经济政策协调。疫情对全球生产和需求造成全面冲击，各国应该联手加大宏观政策对冲力度，防止世界经济陷入衰退。要实施有力有效的财政和货币政策，促进各国货币汇率基本稳定。要加强金融监管协调，维护全球金融市场稳定。要共同维护全球产业链、供应链稳定，中国将加大力度向国际市场供应原料药、生活必需品、防疫物资等产品。要保护妇女儿童，保护老年人、残疾人等弱势群体，保障人民基本生活。中国将继续实施积极的财政政策和稳健的货币政策，坚定不移扩大改革开放，放宽市场准入，持续优化营商环境，积极扩大进口，扩大对外投资，为世界经济稳定作出贡献。

我呼吁二十国集团成员采取共同举措，减免关税、取消壁垒、畅通贸易，发出有力信号，提振世界经济复苏士气。我们应该制定二十国集团行动计划，并就抗疫宏观政策协调及时作出必要的机制性沟通和安排。

——习近平：《携手抗疫　共克时艰——在二十国集团领导人特别峰会上的发言》(2020 年 3 月 26 日)

材料十二　团结合作是国际社会战胜疫情最有力武器

一、病毒没有国界，疫情不分种族，人类是休戚与共的命运共同体，唯有团结协作、携手应对，国际社会才能战胜疫情。

二、中国秉持人类命运共同体理念，中国政府始终本着公开、透明、负责任态度，毫无保留同世卫组织和国际社会分享防控、治疗经验，积极开展抗疫国际合作，坚决维护中国人民生命安全和身体健康，坚决维护世界各国人民生命安全和身体健康。

三、患难见真情，中方赞赏国际社会给予我们的宝贵理解和支持，中国人民铭记在心，中华民族是懂得感恩、投桃报李的民族，中方始终在力所能及范围内为国际社会抗击疫情提供支持。

四、公共卫生安全是人类面临的共同挑战，重大传染性疾病是全人类的敌人，需要各国携手应对，全面加强国际合作，凝聚起战胜疫情的强大合力。

五、中国及时采取果断有力措施，不仅是对本国人民健康负责，也是在为世界公共卫生事业作贡献，中国为抗击疫情付出了巨大牺牲，国际社会对此已有公论。

——习近平：《团结合作是国际社会战胜疫情最有力武器》，载《求是》，2020 年第 8 期

后　记

本书是教育部基础教育课程教材发展中心、教育部课程教材研究所何成刚研究员主持编写的“高中历史教学设计丛书”中的一册。

何成刚、刘汝明和赵文龙共同策划、确定了本书的写作思路，并参与了本书的统稿、研讨和定稿工作。杨红丽（北京市海淀区教师进修学校）、赵文龙（北京市海淀区教师进修学校）、王丰（首都师范大学附属育新学校）、邢秀清（北京市第一〇一中学）、刘汝明（北京市海淀区教师进修学校）、孙淑松（北京市第一〇一中学）、雷洋（中国人民大学附属中学）承担了本书各单元教学设计的写作任务，并全程参与了研讨与修改。

本书突出“经济与社会生活”模块的学习价值，注重各单元教学设计与课时教学设计的整体性和系统性，注重增强课堂“教—学—评”的一致性，注重历史学习中问题链梳理，引导学生在“情境—问题—任务—活动”中进行参与式和反思式学习，促进学生的学科核心素养的进阶发展。编写过程中，我们借鉴了教育部基础教育课程教材发展中心“深度学习”教学改进项目在海淀实践研究的经验，吸收了北京市教育科学“十三五”规划重点课题“普通高中学校课程建设的评价指标与实践改进研究”（立项编号：CADA18076）的相关成果，参考了北京市海淀区《中小学课堂教学指导意见》（海教发〔2018〕6 号）的基本要求，目的是要落实《普通高中历史课程标准（2017 年版 2020 年修订）》中提出的开展“史料研习”式教学等建议，实现高中历史课程育人的功能与价值，促进学生全面而有个性的发展。

感谢复旦大学出版社朱建宝、张彦珺两位编辑为本书出版付出的辛勤劳动。

图书在版编目(CIP)数据

高中历史教学设计. 经济与社会生活/何成刚总主编;刘汝明,赵文龙主编. —上海: 复旦大学出版社, 2021.8(2022.7 重印)
ISBN 978-7-309-15585-3

Ⅰ.①高… Ⅱ.①何… ②刘… ③赵… Ⅲ.①中学历史课-教学研究-高中 Ⅳ.①G633.512

中国版本图书馆 CIP 数据核字(2021)第 058457 号

高中历史教学设计. 经济与社会生活
何成刚 总主编
刘汝明 赵文龙 主编
责任编辑/朱建宝

复旦大学出版社有限公司出版发行
上海市国权路 579 号 邮编: 200433
网址: fupnet@fudanpress.com http://www.fudanpress.com
门市零售: 86-21-65102580 团体订购: 86-21-65104505
出版部电话: 86-21-65642845
江苏句容市排印厂

开本 787×1092 1/16 印张 16.5 字数 391 千
2022 年 7 月第 1 版第 2 次印刷

ISBN 978-7-309-15585-3/G·2232
定价: 58.00 元